JUÍZES OU BUROCRATAS?

PRÁTICAS, ESTEREÓTIPOS E DISCRICIONARIEDADE DA JUDICIALIZAÇÃO DA PREVIDÊNCIA RURAL NO BRASIL

CLARA MOTA

Diogo R. Coutinho
Prefácio

Rogério Arantes
Apresentação

JUÍZES OU BUROCRATAS?

PRÁTICAS, ESTEREÓTIPOS E DISCRICIONARIEDADE DA JUDICIALIZAÇÃO DA PREVIDÊNCIA RURAL NO BRASIL

Belo Horizonte

FÓRUM
CONHECIMENTO JURÍDICO

2023

© 2023 Editora Fórum Ltda.

É proibida a reprodução total ou parcial desta obra, por qualquer meio eletrônico, inclusive por processos xerográficos, sem autorização expressa do Editor.

Conselho Editorial

Adilson Abreu Dallari
Alécia Paolucci Nogueira Bicalho
Alexandre Coutinho Pagliarini
André Ramos Tavares
Carlos Ayres Britto
Carlos Mário da Silva Velloso
Cármen Lúcia Antunes Rocha
Cesar Augusto Guimarães Pereira
Clovis Beznos
Cristiana Fortini
Dinorá Adelaide Musetti Grotti
Diogo de Figueiredo Moreira Neto (in memoriam)
Egon Bockmann Moreira
Emerson Gabardo
Fabrício Motta
Fernando Rossi
Flávio Henrique Unes Pereira

Floriano de Azevedo Marques Neto
Gustavo Justino de Oliveira
Inês Virgínia Prado Soares
Jorge Ulisses Jacoby Fernandes
Juarez Freitas
Luciano Ferraz
Lúcio Delfino
Marcia Carla Pereira Ribeiro
Márcio Cammarosano
Marcos Ehrhardt Jr.
Maria Sylvia Zanella Di Pietro
Ney José de Freitas
Oswaldo Othon de Pontes Saraiva Filho
Paulo Modesto
Romeu Felipe Bacellar Filho
Sérgio Guerra
Walber de Moura Agra

FÓRUM
CONHECIMENTO JURÍDICO

Luís Cláudio Rodrigues Ferreira
Presidente e Editor

Coordenação editorial: Leonardo Eustáquio Siqueira Araújo
Aline Sobreira de Oliveira

Rua Paulo Ribeiro Bastos, 211 – Jardim Atlântico – CEP 31710-430
Belo Horizonte – Minas Gerais – Tel.: (31) 99412.0131
www.editoraforum.com.br – editoraforum@editoraforum.com.br

Técnica. Empenho. Zelo. Esses foram alguns dos cuidados aplicados na edição desta obra. No entanto, podem ocorrer erros de impressão, digitação ou mesmo restar alguma dúvida conceitual. Caso se constate algo assim, solicitamos a gentileza de nos comunicar através do e-mail editorial@editoraforum.com.br para que possamos esclarecer, no que couber. A sua contribuição é muito importante para mantermos a excelência editorial. A Editora Fórum agradece a sua contribuição.

Dados Internacionais de Catalogação na Publicação (CIP) de acordo com ISBD

M917j   Mota, Clara

Juízes ou burocratas?: práticas, estereótipos e discricionariedade da judicialização da previdência rural no Brasil / Clara Mota. Belo Horizonte: Fórum, 2023.

231p. 14,5x21,5cm
ISBN 978-65-5518-585-0

1. Políticas públicas. 2. Judicialização. 3. Direito econômico. 4. Previdência rural. 5. Discricionariedade judicial. 6. Estereótipos. 7. Desigualdades. I. Título.

CDD: 342
CDU: 342

Ficha catalográfica elaborada por Lissandra Ruas Lima – CRB/6 – 2851

Informação bibliográfica deste livro, conforme a NBR 6023:2018 da Associação Brasileira de Normas Técnicas (ABNT):

MOTA, Clara. *Juízes ou burocratas?*: práticas, estereótipos e discricionariedade da judicialização da previdência rural no Brasil. Belo Horizonte: Fórum, 2023. 231p. ISBN 978-65-5518-585-0.

Para Cecília e Isabel, com amor.

LISTA DE ABREVIATURAS E SIGLAS

BPC/LOAS – Benefício de Prestação Continuada
CEJUC – Centro Judicial de Conciliação
CIn – Centro Nacional de Inteligência da Justiça Federal
CJF – Conselho da Justiça Federal
CNJ – Conselho Nacional de Justiça
CONTAG – Confederação Nacional dos Trabalhadores Rurais Agricultores
FONAJEF – Fórum Nacional dos Juizados Especiais Federais
FUNRURAL – Fundo de Assistência e Previdência do Trabalhador Rural
IN – Instrução Normativa
INSS – Instituto Nacional do Seguro Social
PBF – Programa Bolsa Família
PRONAF – Programa Nacional de Fortalecimento da Agricultura Familiar
PRORURAL – Programa de Assistência ao Trabalhador Rural
STF – Supremo Tribunal Federal
STJ – Superior Tribunal de Justiça
TCU – Tribunal de Contas da União
TRF – Tribunal Regional Federal

SUMÁRIO

PREFÁCIO
Diogo R. Coutinho 13

APRESENTAÇÃO
Rogério Arantes 17

CAPÍTULO 1
INTRODUÇÃO 25
1.1   Apresentação 25
1.2   Contornos do problema 28
1.3   As críticas à hiperjudicialização e à discricionariedade judicial 33
1.4   As críticas a uma justiça cara 38
1.5   Perguntas e hipóteses do livro 42
1.6   Juízes ou burocratas? 43
1.7   Articulação entre abordagens teóricas e metodológicas 47
1.8   Mapa do livro 55

CAPÍTULO 2
LITERATURA SOBRE JUDICIALIZAÇÃO DE POLÍTICAS
PÚBLICAS E O CASO DA JUDICIALIZAÇÃO DA
PREVIDÊNCIA RURAL 59
2.1   Introdução 59
2.2   Judicialização de direitos socioeconômicos na América Latina: pressões por austeridade e modelos de resposta judicial 61
2.3   Constitucionalização e abertura da via judicial 70
2.4   O papel dos juizados especiais federais na equação dos litígios 76
2.5   Processo de interiorização da justiça federal 80
2.6   Características da judicialização da previdência rural 84
2.7   Palavras finais 88

CAPÍTULO 3
OS CONTORNOS DO CONFLITO: HISTÓRICO E AMBIGUIDADES
DA POLÍTICA DA PREVIDÊNCIA RURAL 91
3.1   Introdução 91
3.2   Histórico da previdência rural 92
3.3   A política pública e seu conflito persistente: os distintos
        critérios utilizados pela justiça e pela administração 99
3.4   A previdência rural segundo a interpretação dos tribunais............103
3.5   Uma judicialização redutora de desigualdades? 114
3.6   Palavras finais 119

CAPÍTULO 4
DINÂMICAS DA JUDICIALIZAÇÃO DA PREVIDÊNCIA RURAL:
ANÁLISE DAS ENTREVISTAS QUALITATIVAS 121
4.1   Introdução 121
4.2   Sobre as entrevistas 124
4.3   O rito e os atores envolvidos nos processos de aposentadoria
        por idade rural: uma análise das entrevistas qualitativas 128
4.4   A linha de frente 142
4.5   Impactos da judicialização da previdência rural:
        elementos teóricos e percepção das entrevistas 146
4.6   Judicialização da previdência rural e diálogo interinstitucional.......151
4.7   Palavras finais 154

CAPÍTULO 5
NO BALCÃO DA JUSTIÇA: DISCRICIONARIEDADE
E ESTEREÓTIPOS DA JUDICIALIZAÇÃO DA
PREVIDÊNCIA RURAL 159
5.1   Introdução 159
5.2   Sobre a amostra...162
5.3   Perfil das sentenças da judicialização da previdência rural...............168
5.4   As incertezas do percurso e o nervosismo do encontro 174
5.5   A identidade do trabalhador rural brasileiro: formação
        histórica e repercussões em juízo..179
5.6   A perspectiva de gênero: mulheres rurais no balcão da justiça.........185
5.7   Resultados e discussões 192

CAPÍTULO 6
CONCLUSÕES 195
6.1   O percurso do livro 195
6.2   Comentários finais 202

REFERÊNCIAS 205

ANEXO 231

PREFÁCIO

Os estudos sobre a judicialização do acesso à saúde têm um importante papel na lenta construção de uma incipiente agenda brasileira de estudos sociojurídicos. Nos últimos quinze ou vinte anos, o modo como o Judiciário concedeu medicamentos (à margem das listas de remédios cobertos pelo SUS) a quem quer que os pudesse demandar na justiça vem sendo estudado e discutido na academia jurídica. Alguns desses estudos mostram que a invocação do direito à saúde previsto na Constituição serviu como justificativa para que juízes ordenassem a cobertura de tratamentos ou internações – não raro de alto custo – sem que, ao fazê-lo, levassem em consideração os efeitos distributivos, associados ao impacto orçamentário, de suas decisões.

Ao estudar as decisões judiciais por meio das quais as classes médias altas e os ricos brasileiros obtiveram acesso a tratamentos de saúde não acessíveis no sistema público (mesmo quando poderiam por eles pagar em hospitais e clínicas privadas), pesquisadores e pesquisadoras jogaram luz, de forma provocativa e empiricamente lastreada, em decisões judiciais que podem, ao fim e ao cabo, produzir injustiças materiais e sistêmicas. Isso porque os mais pobres, sem recursos para contratar advogados, terminam por se prejudicar por conta dos efeitos regressivos das decisões vindas das canetas bem intencionadas de magistrados. Pesquisas aplicadas como essas, hoje já se sabe, vêm contribuindo para aperfeiçoar as políticas públicas e os arranjos institucionais no campo da saúde, bem como para tornar públicos os dilemas e escolhas trágicas que a promoção de direitos sociais por parte de juízes suscita.

O resultado é que a judicialização da saúde está se tornando, aos poucos, mais racional e progressivamente mais justa. O debate teve e segue tendo grande importância quando se trata de compreender, na prática, como direitos econômicos e sociais têm, na vida real, seus contornos de efetividade desenhados por magistrados que, movidos pela inafastabilidade da prestação jurisdicional, terminam por influenciar e moldar a política pública em diferentes níveis federativos.

Pois bem: este livro que a leitora ou o leitor agora tem em mãos, de autoria de uma juíza que aqui, como acadêmica e pesquisadora de mão cheia que também é, desbrava outras veredas da judicialização de direitos econômicos e sociais. Clara Mota, como se verá, estudou como juízes e juízas decidem, atuando de forma que lembra a ação de burocratas, casos envolvendo a concessão de benefícios da previdência rural (aposentadorias), numa espécie de "segundo *round*" (em suas palavras) da política pública.

Para isso, Clara Mota discute as causas e condicionantes do movimento em direção à ampliação do controle judicial e revisa de forma estruturada e competente a literatura sobre judicialização de políticas públicas. Descreve seus contornos, desafios e paralelos na América Latina e em outras partes. Seus achados mostram que os benefícios de aposentadoria rural por ela estudados no caso brasileiro se distinguem, quando se fala em sua judicialização, do padrão observado até então pelos estudos voltados ao campo da saúde (concessão de medicamentos e de leitos hospitalares). Vale dizer: direitos econômicos e sociais distintos são judicializados distintamente, a depender de sua estrutura, das políticas públicas que os implementam, bem como das teorias que em distintos lugares e culturas jurídicas foram criadas.

Clara Mota evidencia e preenche, com isso, uma lacuna nos trabalhos empíricos nacionais sobre a judicialização e revela que no Brasil direitos previdenciários e assistenciais favorecem, dadas as suas peculiaridades, uma modalidade distinta de apreciação e decisão judicial. Diz ela: "o intenso tráfego de processos judiciais de aposentadoria rural (...), isoladamente considerado, é irrelevante sob o ponto de vista orçamentário, mas, num prisma sistêmico, constrói uma política pública demasiadamente disfuncional e anexa à burocracia que controla". Trata-se de uma judicialização não capturada pelas elites urbanas, como no caso da saúde, e sim de outra peculiar, uma judicialização em massa que afeta, numa ação imbricada com instâncias administrativas, o modo como a população rural, com recursos e informação extremamente escassos para valer-se de assistência jurídica, aposenta-se no Brasil.

Este estudo mostra que na definição de quem é um "segurado especial" (merecedor da tutela judicial, portanto), o uso da discricionariedade, o recurso a estereótipos e mesmo o viés do preconceito se misturam em meio a trâmites burocráticos que mais lembram uma repartição administrativa que uma corte. Trata-se de um Judiciário do mundo real e rural ao qual camponeses e trabalhadores rurais se apresentam, em um cenário jurídico de subjetividade e fragilidade, para usufruir de um direito que lhes é assegurado. Com isso, a autora nos mostra algo preocupante: a decisão judicial nesses casos é frágil e depende excessivamente das idiossincrasias e do humor de quem a toma. Essa é a riqueza da descrição das dinâmicas da judicialização da previdência rural feita neste trabalho a partir dos relatos de quase duas centenas de servidoras e servidores da Justiça Federal nos estados da Bahia e de Goiás, vinculados ao TRF da 1ª Região.

O estudo cuidadoso dessa "adjudicação de linha de frente" mostra também que as unidades jurisdicionais observadas por Clara Mota chegam a realizar 45 audiências em apenas um dia – uma verdadeira linha de produção burocrática na qual sentenças são "carimbadas". As decisões proferidas, contudo, revelam posturas "intuitivas" e baseadas na "experiência", nas quais se "perdem as fachadas clássicas de imparcialidade que envernizam os ritos judiciais". A autora revela ademais que, a partir de uma amostra de quase trezentas sentenças judiciais, os resultados das audiências confirmam sua hipótese de uso enviesado e questionável de discricionariedade, no sentido mais incerto e problemático da palavra. Ainda nas palavras da autora, os achados indicam que, "por meio de sentenças curtas, as juízas e os juízes adotam decisões cujos argumentos se baseiam sobretudo em provas documentais e não seguem uma linha previsível", crava.

O disparate: um contingente expressivo de processos "se baseia em argumentação acerca da aparência física dos postulantes e em vieses discriminatórios quanto aos segurados especiais, especialmente as mulheres", que se convertem em "atrizes da roça" para tentar obter, por meio de ritos penosos, uma tutela judicial benéfica. A conclusão tão importante quanto incômoda: a análise das sentenças revela que "no fundo, os atos retomam a ideia de uma identidade rural que sempre deve estar associada à pobreza e à precariedade". As propostas: Clara Mota, ao final, sugere aperfeiçoamentos concretos e exequíveis: para ela, a judicialização da previdência rural merece ser escrutinizada por uma agenda própria e adicional de pesquisa, e a atuação judicial merece ser parametrizada por protocolos que diminuam a seletividade identificada, assim como os desfechos de processos que descreve como casuísticos e erráticos. O CNJ tem um papel chave nisso, a ser melhor conhecido, acrescenta. Argumenta, ainda, que a persistência da baixa comunicação entre burocracia e justiça no que tange à origem dos conflitos descritos deve ser endereçada de forma coordenada por ambas as instâncias (Executivo e Judiciário). Como se vê, a descrição crítica vem acompanhada de proposições objetivas e claras (com o perdão do trocadilho) de aprimoramento.

Este auspicioso trabalho, cuja leitura é essencial para quem se interessa por direitos econômicos e sociais (sua eficácia e legitimidade), políticas públicas e sua judicialização, resulta da tese de doutoramento da autora, defendida com brilho na Faculdade de Direito da USP. Trata-se do produto final de uma pesquisa conduzida com grande dedicação e esmero, tanto do ponto de vista teórico, quanto da perspectiva metodológica. Esse e outros méritos da tese de Clara Mota foram reconhecidos pela banca de especialistas tarimbados e exigentes, de diferentes áreas do conhecimento, que a arguiu e aprovou com distinção e louvor, com recomendação enfática de publicação.[1]

Não é sempre que uma pesquisadora consegue, com tanto êxito e conhecimento de causa, fazer uma análise crítica do trabalho a que ela já se dedicou, com muitos colegas, como profissional implicada (juíza). Para tanto, vale dizer, foi preciso deixar a toga de lado temporariamente para, como acadêmica dedicada e interessada no direito "em ação", enraizado na sociedade, enfrentar, sem dourar a pílula, a realidade nua e crua neste interessante e importantíssimo estudo. Enfim, uma joia que não assegura menos que uma excelente leitura e fonte de informação rica para quem pretende entender como, na prática, direitos dependem de políticas públicas, de instituições que as estruturem, mas também de pessoas. Para o bem ou para o mal.

São Paulo, fevereiro de 2023.

Diogo R. Coutinho
Professor da Faculdade de Direito da USP

---

[1] Compuseram a banca de defesa da tese da autora, Octavio Luiz Motta Ferraz, Rogério Bastos Arantes, Vanessa Elias de Oliveira, Daniel Wei Liang Wang e Jane Reis Gonçalves Pereira. A elas e eles, agradeço imensamente o diálogo e a colaboração antes (na fase de pesquisa e elaboração da tese) e na defesa de Clara Mota.

APRESENTAÇÃO

Há quase meio século, Cappelletti e Garth lançavam um dos livros mais influentes no debate sobre a necessidade de reforma da justiça, com vistas à ampliação do acesso dos mais pobres, dos conflitos de massa e das causas coletivas. *Acesso à justiça* teve grande influência no Brasil e inspirou nossos reformadores, especialmente os processualistas, a pensarem em fórmulas capazes de fazer a justiça chegar aos mais necessitados e a coletividades incapazes de se fazerem representar num judiciário de matriz liberal, individualista, elitista e cara. Este livro de Clara Mota se insere na longa e profícua tradição de estudos sobre as transformações judiciais orientadas para a expansão do Judiciário no mundo contemporâneo, oferecendo-nos um balanço inédito e rigoroso da experiência de litigância em torno da previdência rural no Brasil.

De fato, a partir da década de 1980 o sistema de justiça brasileiro experimentou transformações importantes. Antes mesmo da Constituição de 1988, inovamos no acesso à justiça com a criação dos juizados de pequenas causas – hoje juizados especiais –, com a normatização dos direitos difusos e coletivos e a criação de um novo tipo de ação para representá-los – a ação civil pública –, além da legitimação extraordinária do Ministério Público para defesa de tais direitos e interesses, permitindo que a instituição engrenasse trajetória de crescente independência para atuar em nome de causas coletivas e sociais. A Constituição de 1988 consolidou tais mudanças e lançou novas, como a criação de novos tribunais, a ampliação do rol de legitimados para acionar diretamente o controle constitucional pelo STF, a previsão de criação das Defensorias Públicas destinadas à defesa jurídica dos necessitados, entre outras.

Embora centrada no Judiciário, a reforma orientada para o acesso à justiça não deixou de renovar o sistema como um todo, valorizando as diversas carreiras jurídicas e suas instituições, às vezes na chave da promoção da cidadania, às vezes na chave do controle do poder político. A valorização da justiça foi um dos componentes centrais dos processos simultâneos de redemocratização e de reconstitucionalização do país, mas a consolidação de seu novo *status* teve que se dar em meio à dupla pressão advinda do aumento considerável de demandas judiciais e dos conflitos recorrentes com os demais poderes. A trajetória não foi linear e motivou inclusive uma ampla reforma constitucional do judiciário – aprovada em 2004, depois de anos de tramitação legislativa. A proposta de emenda constitucional foi disputada por atores políticos e judiciais em torno de três eixos principais: o da instituição de alguma forma de controle externo, o da concentração do controle constitucional no STF e o da modernização da justiça com vistas principalmente à celeridade, mas também à ampliação de acesso. Tudo somado, ao final o judiciário saiu mais fortalecido do que as ameaças sofridas durante os debates legislativos fariam crer, e mesmo o órgão criado sob a bandeira do controle se tornou um poderoso instrumento de gestão e de administração da justiça sob o comando majoritário dos próprios magistrados – o Conselho Nacional de Justiça.

Se este longo, não linear, mas efetivo processo de afirmação da justiça consagrou os esforços daqueles que se empenharam por tais resultados desde os anos 1980, de outro lado é necessário registrar o surgimento de uma visão crítica que ofereceu e desenvolveu o conceito de *judicialização da política* como contraponto da supostamente inequívoca necessidade de ampliação do *acesso à justiça*.

A expressão *judicialização da política* carregou, desde o início, um sentido crítico, para não dizer francamente negativo, como se, nos fenômenos que visava descrever, houvesse algo de errado com a política, com a justiça ou com ambas. Denunciava a perda de nitidez das fronteiras que deveriam separar justiça e política, seja pelo ativismo judicial dos que habitam o primeiro território, seja pela omissão, incompetência ou corrupção dos que habitam o segundo. Apesar da imprecisão do termo, ele inspirou e abriu alas para uma geração de cientistas sociais e de pesquisadores do direito interessados em processos de transferência de autoridade, da política para a justiça, de tomada de decisão envolvendo os mais variados aspectos da vida social. E tais processos ocorreram em abundância.

O modelo constitucional brasileiro tem propiciado a judicialização da política em quatro dimensões principais. Tomando de empréstimo termos da língua inglesa que descrevem com precisão tais dimensões, são elas: *Polity, Policy, Politics e Police*. A *Polity* diz respeito à dimensão constitucional do regime político brasileiro, salvaguardada por um sistema híbrido de controle que permite que o judiciário seja acionado desde as instâncias inferiores até o Supremo Tribunal Federal, nas formas incidental, concreta, mas também direta e abstrata, contra leis e atos normativos que eventualmente contrariem a constituição. Como a prerrogativa de acionar as cortes para fins de controle constitucional é amplamente difundida no Brasil, a judicialização de conflitos envolvendo a *Polity* é recorrente entre nós. Nessa dimensão, a tensão que se estabelece envolve as relações entre os poderes, naquilo que é mais caro a qualquer autoridade política, a produção de leis e atos normativos.

A *Policy* diz respeito às políticas públicas, cuja judicialização também começa no marco constitucional, graças a uma peculiaridade brasileira: nossa constituição é *policy-oriented*, isto é, não se limitou a definir a estrutura do regime político, mas enveredou pela constitucionalização de políticas públicas, fenômeno que não se limitou ao texto promulgado em 1988, mas que se agravou significativamente por meio do emendamento constitucional posterior. Abaixo da constituição, um subsistema jurídico que normatiza interesses e direitos difusos e coletivos permite que políticas públicas dos mais diversos setores sejam judicializadas por provocação de indivíduos, atores sociais e estatais, mas sobretudo pelo Ministério Público. Nessa dimensão, a tensão que se estabelece envolve o conflito entre juízes, membros do MP e gestores públicos em torno de princípios e critérios que devem nortear as políticas públicas e as respostas a demandas judicializadas. Em áreas como a saúde, a judicialização não se limita mais a pedidos e respostas judiciais idiossincráticas, mas evoluiu para uma interação entre órgãos judiciais e administrativos em busca de soluções de equilíbrio superior, ensejando inclusive o desenvolvimento de uma nova institucionalidade, a partir de iniciativas do Conselho Nacional de Justiça, e na qual os diferentes atores compartilham entendimentos e responsabilidades com vistas à tomada de decisão.

Hoje, para lidar com os limites e efeitos da judicialização da *Policy* em diversas áreas, o próprio CNJ inaugura programas de ação que podemos denominar de *políticas públicas da justiça*, isto é, iniciativas do próprio Judiciário que, embora tenham origem em demandas judicializadas, são arquitetadas em sede administrativa da justiça (no caso, o CNJ), atraem a *Policy* e os demais atores estatais e sociais a ela devotados para uma nova arena institucional, de modo a induzir (quando não vincular) a conduta daqueles que serão instados a tomar decisões, buscando assim um patamar mais elevado de coordenação para enfrentar os dilemas da *Policy* judicializada. Nesse tipo de solução, cada vez mais frequente, a transferência de autoridade para a tomada de decisão não resulta apenas da provocação dos atores e das oportunidades conferidas pelas regras, mas do deslocamento do *policy-making* do terreno da administração pública para o da justiça, a fim de resolver problemas que antes da judicialização da política não existiam.

A *Politics* diz respeito ao jogo político propriamente dito, travado entre os atores políticos eleitos para o parlamento e para o executivo, nos diferentes níveis da federação. A judicialização nessa dimensão começa pelas intervenções da justiça sobre as próprias regras do jogo, como atestam as decisões judiciais sobre financiamento eleitoral, fidelidade partidária, cláusula de barreira, verticalização das coligações eleitorais entre outras. E se estende para a arbitragem de conflitos entre os poderes, entre governo e oposição, entre partidos e entre os próprios políticos individuais, como ocorre em casos de processos de *impeachment*, abertura de CPIs, tramitação de projetos polêmicos de lei, mas também cassação de mandatos e adoção de medidas cautelares mais ou menos coercitivas sobre ocupantes de cargos eletivos.

Por fim, mas não menos importante, muitas vezes a judicialização da política termina em *Police*. O Brasil se tornou um exemplo de destaque de investidas dos atores jurídicos, inclusive policiais, sobre a classe política, no controle da corrupção e do desvio dos recursos públicos. Entre os críticos da judicialização, um subgrupo atento a essa dimensão chega a falar em criminalização da política. A bem da verdade, as tentativas de combater a corrupção pela via judicial começaram pelas ações cíveis de improbidade administrativa nos anos 1990, jurisdição na qual as possibilidades de atuação do órgão provocador, o Ministério Público, pareciam mais promissoras, uma vez que na esfera cível não há incidência do privilégio do foro especial por prerrogativa de função, o inquérito civil prescinde da atuação policial e da supervisão judicial, e as condenações implicam sanções severas, ainda que não incluam pena de prisão. Esse cenário se transformou a partir dos anos 2000, quando a via criminal passou a predominar, em boa medida graças à reestruturação da Polícia Federal, à recuperação do prestígio do inquérito policial e à demonstração de maior eficácia de foros ditos privilegiados que alcançaram grau inédito de efetividade, como no caso do Mensalão processado e julgado pelo STF. Entretanto, foi com a Lava Jato que o cerco criminal se fechou sobre amplo espectro da classe política. Do apogeu ao declínio, a operação marcou história pelos feitos e desfeitos, agravando a tensa relação entre justiça e política no Brasil.

Em meio a esse amplo e intricado conjunto de possibilidades institucionais de ação da justiça sobre a política, somos agraciados com este livro de Clara Mota, que joga luz de modo original sobre a judicialização da previdência rural no Brasil. No espectro do debate que vai do acesso à justiça à judicialização da política – tal como descrito acima – é difícil posicionar a presente obra, dada a maneira equilibrada com a qual a autora lida com os polos opostos dessa discussão. A extraordinária qualidade do trabalho repousa numa análise franca da vasta, porém pertinente, bibliografia relacionada ao tema. Como um excelente exemplo de pesquisa empírica em Direito, além de sua própria experiência como magistrada, a autora recorreu a dados quantitativos na construção do problema, realizou entrevistas com diretoras e diretores de secretarias de unidades da Justiça Federal, analisou documentos e extraiu evidências de uma amostra de 288 decisões judiciais, de dois estados da Federação (Bahia e Goiás), relativas a pedidos de aposentadoria rural por idade. Se a atuação como juíza federal diretamente na matéria lhe propiciou um lugar privilegiado de observação, impressiona como a análise não se deixa orientar exclusivamente pela experiência pessoal, antes, está sempre ancorada nos dados quantitativos e qualitativos produzidos pela pesquisa.

Assim, o leitor inclinado a defender a ampliação do acesso à justiça encontrará elementos de apoio no livro, ao passo que os críticos da judicialização da política também.

Milhares de pessoas recorrem anualmente à justiça para obter aposentadoria e outros benefícios decorrentes do trabalho rural negados em sede administrativa pelo INSS. Dados de 2018 apresentados no livro atestam que 25% do total de benefícios praticados no Brasil decorrem de decisões judiciais. Isso porque tem sido elevado o número de decisões judiciais favoráveis aos pedidos, puxado especialmente pelos juízes da 4ª Região da Justiça Federal, enquanto nas demais haveria maior equilíbrio entre concessões e indeferimentos. O impacto orçamentário da judicialização da previdência rural é, portanto, significativo, agravando a situação deficitária do INSS nesse setor, mas ampliando a cobertura da população aparentemente necessitada, ainda que de maneira não uniforme pelo território nacional.

Nos termos descritos por este livro, a judicialização da previdência rural contém, em boa medida, elementos de *Polity, Policy, Politics* e *Police*. Clara Mota assinala que a disputa judicial tem como pano de fundo a definição constitucional de segurado especial, sendo que INSS e Justiça apresentam critérios e formas distintas de sua caracterização no cotidiano dos balcões previdenciários e das audiências judiciais. Mais do que isso, a "previdenciarização" do segmento rural foi uma opção de *Policy* feita pela constituição original, mas a autora se pergunta se a população alvo não estaria mais bem atendida se passasse às políticas de assistência social do governo. Por outro lado, distancia-se da crítica da judicialização da política pública nos termos em que ela é feita, por exemplo, sobre a área da saúde – na qual ricos extraem recursos públicos para apropriação privada de medicamentos, distorcendo os termos da política pública que deveria beneficiar os mais pobres – para assinalar que a judicialização da previdência rural atende de fato pessoas comparativamente mais necessitadas e envolve baixos valores. Um jogo político peculiar foi identificado pela riquíssima descrição que a autora faz das audiências, no contexto do que denomina "linha de frente", no qual os papéis de juízes, procuradores e burocratas do INSS são intercambiados entre si, não sendo raro que servidores se sintam confiantes em atender pedidos, com base em orientações jurisprudenciais, que não atenderiam em sede meramente administrativa, sob o receio de responsabilização pessoal. Por fim, mas não menos importante, pesa sobre a judicialização da previdência rural sempre o temor da fraude e do crime, sendo que muitas sentenças de improcedência analisadas pela autora parecem se basear na forte desconfiança, por vezes subjetiva, dos magistrados sobre a idoneidade dos pedidos. A existência de um mercado advocatício de características peculiares é outra evidência mobilizada para sugerir que a judicialização nesse campo não deve ser idealizada, em regra, como reparação de injustiças cometidas pelo INSS.

Ao final, o que se tem é a descrição densa de uma prestação jurisdicional precária, de audiências breves e sentenças curtas nas quais juízes muitas vezes se baseiam e/ou reiteram uma visão estereotipada do trabalhador rural calejado, rústico e queimado de sol, e nas quais a documentação apresentada por vezes sucumbe à abordagem discricionária dos julgadores. O exemplo de mulheres que têm o benefício indeferido por um viés de gênero na apreciação das provas é eloquente, mostrando que o balcão da justiça nem sempre funciona em bases mais justas, previsíveis e menos casuísticas que o balcão da administração pública, embora seu funcionamento custe quatro vezes mais, segundo análise da autora.

De fato, no clássico *Acesso à Justiça*, Cappelletti e Garth já alertavam para as limitações e os riscos da opção preferencial pela justiça como arena de consecução de direitos, sobretudo em sociedades profundamente desiguais e injustas. Mesmo a criação de portas especiais de acesso a populações mais pobres, para temas específicos, não é garantia de justiça, pois seus operadores podem não estar à altura do desafio. Ademais, a ampliação do acesso pode acarretar o aumento do número de casos e de pressão sobre todo o sistema, introduzindo um ciclo de precarização da prestação jurisdicional que se pretendia redentora, mas que termina dragada em suas próprias bases.

O caso da judicialização da previdência rural descrito por Clara Mota ainda não evoluiu para sucessivas rodadas de interação entre juízes e burocratas capazes de ensejar soluções de equilíbrio superior, ou mesmo de *políticas públicas da justiça* para o setor. Pode ser que isso venha a ocorrer, a exemplo de outras áreas, mas o livro dá uma contribuição original e importante quando levanta alternativa ao caminho que vai da ampliação do acesso à justiça à judicialização precária e indutora de novas desigualdades. Seja como for, os defensores do acesso à justiça e os críticos da judicialização da política encontrarão aqui subsídios para levar adiante suas bandeiras, graças ao equilíbrio, à sensibilidade, ao rigor empírico e à consistência teórica que notabilizam este livro.

São Paulo, março de 2023.

Rogério Arantes
Professor do Departamento de Ciência Política da USP

CAPÍTULO 1

INTRODUÇÃO

> *"Lugar sertão é onde os pastos carecem de fechos; onde um pode torar dez, quinze léguas, sem topar com casa de morador; o gerais corre em volta. Esses gerais são sem tamanho. Enfim, cada um o que quer aprova, o senhor sabe: pão ou pães, é questão de opiniães... o sertão está em toda a parte."*
> Grande Sertão Veredas, 1956. João Guimarães Rosa.

1.1 Apresentação

Este livro pretende descrever as dinâmicas da judicialização massiva de benefícios sociais no Brasil, teorizando sobre as práticas, os estereótipos e a discricionariedade que marcam a intervenção do Poder Judiciário nesse campo.

Para construir um panorama sobre como a justiça se relaciona com políticas que distribuem renda e com os seus usuários, dentre as muitas prestações sociais existentes, escolhi tratar dos benefícios fruídos pela população rural, o que se deu em virtude de duas razões principais. Em primeiro lugar, pesou o fato de que, hoje, sem parâmetros claros para o deferimento ou a negativa de benefícios, ¼ (um quarto) de todas as aposentadorias por idade rural do país é concedido pelas mãos da justiça, criando-se um cenário quantitativamente relevante (TCU, 2018). Além disso, as concessões e as negativas, no caso dos benefícios rurais, acontecem em encontros face a face, em audiências de instrução que congregam juízes e trabalhadores. Nelas, devem ser realizadas perguntas que, em alguns minutos, forneçam elementos para enquadrá-los ou não na rotulagem dos beneficiários da política pública (*labeling*).[1]

Essas interações que ocorrem no balcão da justiça, em condições de exiguidade de tempo e de pressão de volume de trabalho, são favoráveis para iluminar as categorizações e seletividades empregadas no momento da deliberação judicial, interessando de modo amplo à análise de outras formas de judicialização e ao exame do próprio funcionamento da justiça brasileira. Assim, tanto a intensidade da atuação do Poder Judiciário quanto a forma como ela se dá podem criar um caso especial de controle judicial de políticas públicas,[2] no qual os juízes assumem um papel de implementadores diretos, mantendo contato com as partes e lidando com elas em um modo particular de adjudicação. Daí a pergunta provocativa do título sobre se "juízes" e "burocratas" não seriam, talvez, agentes mais semelhantes nas suas compreensões e atitudes do que imaginamos ao analisar o tipo ideal de cada função.

Nesta obra, o leitor encontrará o relato da judicialização numa ótica que a vê de baixo para cima (*bottom-up*) e que não se confina nos parâmetros econômicos e eficientistas que costumam servir-lhe de métrica. Partindo da ideia de que o grande volume de processos ocasiona uma judicialização que se expressa como segundo *round* da administração pública, o trabalho busca enxergar as rotinas que gerenciam e endogenizam a litigância, acomodando-a institucionalmente.

No plano jurisdicional, o livro revela estratégias de enfrentamento dos processos que são marcadas pelo exercício de discricionariedade e estereotipização da clientela rural. Os achados da pesquisa deixam claro que os *outputs* para os usuários do sistema de justiça contêm forte viés de gênero na valoração das provas trazidas pelas seguradas

---

[1] A rotulação (*labeling*) operada pela burocracia em nível de rua é descrita e observada por Lipsky (1980, p. 68) e Hupe *et al.* (2015, p. 8).

[2] Em alguns momentos deste trabalho, utilizo a expressão judicialização de direitos socioeconômicos, e não de políticas públicas. Embora adote um conceito amplo de políticas públicas (*policies*), definindo-as, a partir de Marques (2017), como "o estado em ação", e as políticas públicas não sejam apenas as disposições jurídicas que as veiculam (BUCCI, 2013), boa parte da literatura produzida pelos juristas a respeito da judicialização utiliza a terminologia "direitos socioeconômicos", termo que, no que tange à constitucionalização da aposentadoria rural como tal, não me parece trazer prejuízos às conclusões do trabalho. É relevante ainda a esquematização fornecida por Couto e Arantes (2019, p. 55) em que são definidos os níveis da *polity*, *politics* e *policy*. Os autores esclarecem que a *polity* são os "parâmetros gerais do jogo político", ou seja, a sua estrutura. A *politics* seria o "jogo político" em si e, por fim, as *policies* são as "decisões decorrentes do jogo político", ou seja, a sua conjuntura.

mulheres; levam à rejeição aleatória de documentos que são considerados provas "artificiais"; posturas contraditórias quanto à avaliação de vínculos urbanos havidos na trajetória dos segurados, ora pesando desfavoravelmente, ora sendo ignorados; utilização de fórmulas chapadas para a resolução dos casos, a exemplo de manifestações ao estilo *"prova boa"*; invocação da aparência física dos segurados como reforço argumentativo de pré-compreensões quanto à existência de *"um rural de verdade"*; e, enfim, a essencialização da identidade do rurícola enquanto pobre e destituído de patrimônio.[3]

Algumas inquietações moveram esta obra, e a pesquisa que lhe dá substrato.[4] No limite de uma atividade em que milhares de casos são decididos em audiências de curta duração, o que divisa a atuação dos juízes daquela que é própria dos assim chamados burocratas? Quais são os argumentos utilizados pela justiça para influir na política pública da previdência rural, e o que tal experiência pode nos ensinar sobre outras formas de judicialização? Para tratar dessas indagações, reuni elementos empíricos, articulando-os com a literatura que trata de judicialização de políticas públicas e, no âmbito da ciência política, aquela que se debruça sobre a análise da atuação dos burocratas em nível de rua (LIPSKY, 1980). As conclusões têm a pretensão de dialogar com a literatura do segmento, porém movendo-se para além das fronteiras que circunscrevem a judicialização previdenciária.

A proposta deste livro é a de deslocar, enfim, o eixo da crítica à judicialização para a perspectiva dos seus usuários, para o trato da clientela rural, projetando algumas possíveis soluções para a política pública e para o dilema da judicialização massiva de benefícios sociais. Tal mudança de perspectiva não torna as outras irrelevantes, mas é capaz de diluir a dicotomia entre argumentos econômicos e morais no trato da judicialização, de se voltar à aferição de efetivo acesso à justiça e de mapear discriminações perpetradas pelo próprio Poder Judiciário na seleção daqueles que serão contemplados ou não com os benefícios.[5] Isso equivale a dizer que a "loteria" judicial possui também um custo humano, o qual será, em última análise, o objeto central das preocupações desta obra.

---

[3] Cf. Capítulo 5.
[4] Esta pesquisa foi defendida como tese de doutorado junto à Faculdade de Direito da Universidade de São Paulo em 06 de dezembro de 2021, sendo aprovada com distinção.
[5] Partindo de uma reflexão similar, os estudos de Rebecca Sandefur (2008) revelam que as iniquidades no resultado de processos judiciais influenciam o acesso à justiça e a busca de grupos minoritários aos mecanismos de solução de controvérsia.

1.2 Contornos do problema

"A parte autora produziu, em audiência, a mais importante das provas, com a sua simples presença física e linguagem peculiar, mãos calejadas, pele sofrida do implacável sol do semiárido, unhas machucadas, conhecimento abundante, com vocabulário próprio, da vida do agricultor nordestino. Nenhuma outra prova material poderia ser mais relevante".[6]

A Turma Nacional de Uniformização, órgão de julgamento colegiado que representa a última instância do sistema de juizados federais existentes no Brasil, encerrou com essas palavras uma lide concessiva do benefício de aposentadoria por idade rural, pensão previdenciária paga aos trabalhadores do campo que realizam atividade de agricultura ou pesca artesanal, em regime de economia familiar, sem auxílio de empregados.[7] [8]

Ainda que, naquela oportunidade, os julgadores tenham tratado dos documentos que poderiam ser considerados como prova da condição de rurícola da parte autora, um dos fatores determinantes para o deferimento da pretensão foi, sem dúvida, o exame de características físicas, apreendidas, de modo subjetivo, pelo juiz que primeiro sentenciou a causa.

---

[6] Ver precedente do PEDILEF nº 05060099720114058102, de 24.10.2014.

[7] Pensão aqui assume o sentido geral de benefício previdenciário. Aos "segurados especiais", isto é, aos trabalhadores rurais e pescadores artesanais, que trabalham em regime de economia familiar, são garantidos benefícios, no valor de um salário mínimo, por força do art. 195, §8º, da Constituição Federal de 1988, segundo o qual: "o produtor, o parceiro, o meeiro e o arrendatário rurais e o pescador artesanal, bem como os respectivos cônjuges, que exerçam suas atividades em regime de economia familiar, sem empregados permanentes, contribuirão para a seguridade social mediante a aplicação de uma alíquota sobre o resultado da comercialização da produção e farão jus aos benefícios nos termos da lei". A jurisprudência tem conferido igual tratamento de "segurado especial" aos trabalhadores boias-frias que transitam por propriedades alheias prestando serviço temporário. Sandro Pereira Silva (2021), lembrando que os trabalhadores da agricultura familiar representam um segmento amplo e que sofre grandes variações regionais, enumera os requisitos que os caracterizam segundo a Lei nº 11.326, de 2006: i) titularidade de uma pequena propriedade (até quatro módulos fiscais); ii) utilização prioritária da força de trabalho da própria família; iii) renda familiar predominantemente originada de atividades econômicas vinculadas ao próprio estabelecimento; e iv) que dirija o estabelecimento rural em regime de economia familiar.

[8] Em linhas gerais, a Lei nº 10.259, de 2001, dispõe que a Turma Nacional de Uniformização de Jurisprudência (TNU) tem competência para julgar pedido de uniformização de interpretação de lei federal quanto à questão de direito material fundado em divergência entre decisões de turmas recursais de diferentes regiões. O órgão é composto por 10 juízes federais provenientes das turmas recursais dos juizados, sendo 2 juízes federais de cada Região, e a sua presidência cabe ao Corregedor-Geral da Justiça Federal.

Essa decisão adotada no caso de uma mulher rurícola residente no Distrito de Jardim Mirim, Ceará, está longe de ser isolada. Após terem os seus requerimentos administrativos negados pelo Instituto Nacional do Seguro Social (INSS), milhares de rurícolas recorrem à justiça para tentar se aposentar. Conforme antecipado no tópico anterior, segundo o diagnóstico oficial mais atualizado, 25% do total de benefícios de aposentadoria por idade rural concedidos no Brasil decorrem de decisões judiciais (TCU, 2018). Existem mais benefícios rurais do que população do campo identificada como tal pelas estatísticas demográficas (MARANHÃO; VIEIRA FILHO, 2018), sendo elevado o contingente de concessões tidas como fraudulentas (CGU, 2019).[9][10] Os processos de aposentaria por idade rural surgem ainda como alguns dos que mais se repetem na Justiça Federal, levando a uma média de 486 mil novos ajuizamentos por ano.[11][12] Além da aposentadoria por idade, são concedidos aos segurados especiais (rurais ou pescadores) os benefícios de pensão por morte, auxílio-doença, aposentadoria por invalidez, salário-maternidade e auxílio-reclusão, sempre limitados ao valor de um salário mínimo.[13] O impacto sistêmico dessa judicialização é acentuado seja pela alta taxa de concessão de benefícios pela justiça, seja porque a previdência rural atende 9,3 milhões de pessoas e apresenta um déficit total aproximado de R$110,7 bilhões por ano (MARANHÃO; VIEIRA FILHO, 2018). Ainda que o resultado deficitário decorra de uma multiplicidade de causas, algumas delas estruturais, como a baixa capacidade contributiva do setor rural, as decisões judiciais agravam um quadro orçamentário que já se mostra complexo.[14]

---

[9] Relatório da Controladoria-Geral da União (2019) informa que 6.022 aposentadorias teriam sido concedidas pelo Poder Judiciário sem observância dos requisitos legais.

[10] Rebecca Maranhão e João Eustáquio Vieira Filho (2018) informam que "em 2015, a população residente rural acima de 55 anos era de 6,2 milhões. Contudo, o número emitido de benefícios rurais ficou em torno de 9,3 milhões. Esse cenário mostra a quantidade de beneficiários da previdência rural foi superior à população que se declara rural. Os dados sugerem a fragilidade e o alto grau de subjetividade das provas que o trabalhador apresenta para comprovar as atividades no campo".

[11] Conforme dados apurados através de relatório extraído com o *software* Power BI (*Business Intelligence*) no âmbito desta pesquisa (Anexo 1).

[12] Ao se considerar os processos incidentes sobre os demais benefícios, a judicialização da previdência social como um todo, segundo o Relatório Justiça em Números do Conselho Nacional de Justiça para o ano de 2019, gera aproximadamente 1.411.571 novos processos a cada ano, constituindo o assunto mais demandado na Justiça Federal. O orçamento envolvido na judicialização de benefícios previdenciários em geral representa R$92 bilhões de reais do orçamento da União (TCU, 2018).

[13] Ver art. 39 da Lei nº 8.213/91.

[14] Anita Brumer (2002) trata da baixa capacidade contributiva do setor rural, lembrando que "o modelo de previdência social adotado no Brasil para o setor urbano, cujos

Além disso, o controle judicial sobre as negativas da administração previdenciária não é exercido de modo uniforme em todo território nacional. Existem variações regionais que fazem com que, em alguns estados como Goiás, 72% dos benefícios de aposentadoria por idade rural tenham sido deferidos pela justiça, enquanto em outros, como Pernambuco, essa margem tenha ficado na casa de 8% (TCU, 2018). A fotografia maior, contudo, é a de uma judicialização que acaba por superar globalmente a média geral de litigância que incide sobre os atos do Instituto Nacional do Seguro Social (INSS), hoje em torno de 11%.[15] Tal estado de coisas gera repercussões tanto no plano institucional quanto nas decisões isoladamente consideradas.

A literatura sobre judicialização de políticas públicas aponta que esse modelo, em que a litigância se torna o curso quase inevitável da política pública e a implementa por meio de condenações a conta-gotas, falha por não endereçar as decisões administrativas que originam os conflitos. Desse modo, a judicialização se cristaliza, perdendo a capacidade de gerar influências recíprocas com a política, em um formato que impacta também a política pública de administração da própria justiça ao lhe agregar estruturas endógenas que tornam a judicialização resiliente (VASCONCELOS, 2018; OLIVEIRA, 2019; TULLII, 2017; HARTMANN; MOLHANO, 2017).

No caso da previdência rural, há anos administração pública e Judiciário seguem divergindo sobre o enquadramento dos segurados especiais. Numa relação que parece inversamente proporcional, quanto mais a jurisprudência dos tribunais superiores amplia as margens da sua interpretação normativa, mais a administração restringe os seus critérios e aumenta o índice de negativas.[16]

A tendência das cortes brasileiras de operar de modo difuso e à margem das políticas por elas atingidas é identificada em vários trabalhos

---

trabalhadores de um modo geral têm empregos assalariados formais e rendimentos regulares, não pode ser aplicado ao setor rural, no qual os trabalhadores não contam com rendimentos regulares (muitos vivem da produção para o autoconsumo, não auferindo nenhum rendimento monetário) nem se classificam de modo geral como assalariados. Resulta disso que a capacidade contributiva do setor rural para a previdência social é muito baixa, tornando praticamente impossível o equilíbrio entre contribuições e benefícios".

[15] Os dados percentuais foram extraídos da Auditoria TC nº 017.878/2017-9 e consideram o intervalo dos anos de 2014 a 2017 (TCU, 2018). Segundo o relatório, em janeiro de 2019 havia 35 milhões de benefícios na folha de pagamento de benefícios do INSS (Maciça), sendo que 4 milhões (11,1%) eram benefícios com marca de despacho judicial.

[16] Essa relação será explicitada no capítulo 3, momento em que detenho sobre a jurisprudência do Superior Tribunal de Justiça acerca do tema da aposentadoria por idade rural.

que versam sobre o tema da judicialização (TAYLOR, 2008; FARACO *et al.* 2014; WANG; VASCONCELOS, 2015), sendo apresentados, em alguns deles, resultados pontualmente positivos de adaptação e cooperação entre os poderes Executivo e Judiciário (OLIVEIRA; NORONHA, 2011). Tratando da jurisprudência do Supremo Tribunal Federal (STF) em matéria de benefício de prestação continuada (BPC/LOAS), estudo elaborado por Wang e Vasconcelos (2015) é um exemplo de pesquisa que fotografa uma judicialização, naturalizada e endêmica, mas alheia à existência de uma política de assistência social e de um programa constitucional de combate à pobreza, ou seja, que segue seu curso sem assumir contornos mais profundamente responsivos e dialógicos em relação à política pública afetada.[17] Segundo esse mecanismo em que as vias judicial e administrativa seguem paralelas e ambas engarrafadas, os processos judiciais deixam de transcender os seus limites e de fomentar a *accountability* dos governantes em relação aos seus deveres para com os mais necessitados (YAMIN, 2011, p. 334; SABEL; SIMON, 2004), criando, muito mais, uma situação de "loteria" entre merecedores e não merecedores de proteção social (WANG; VASCONCELOS, 2015).

No plano jurisdicional, inúmeras estratégias são utilizadas pelos juízes para lidar com um volume tão elevado de trabalho.

Os estereótipos acerca da aparência e condições de vida da população rural compõem um conjunto de crenças compartilhadas a respeito dos membros dessa comunidade, sendo sacados pelos juízes em sentenças proferidas após audiências curtas, cuja realização os tribunais federais consideram obrigatória, sob pena de serem anulados

---

[17] Sobre o insulamento da academia jurídica em relação ao papel das políticas públicas, ver o trabalho de Flávia Annenberg (2015). Para a autora, a prática acadêmica dogmática e insulada serve como lastro para que o próprio controle judicial dos atos administrativos assuma um formato binário e apartado das políticas em si. Por esse tipo de visão, as decisões judiciais acabam reféns de um padrão dicotômico, variando entre anulação ou afirmação da validade das condutas perante a lei. Por tal modo de proceder, é como se ao universo jurídico somente interessasse enxergar violações individuais e isoladas a algum direito subjetivo, saindo do raio das suas possibilidades uma contribuição para as políticas públicas para além do emprego de formas abstratas e casuísticas, voltada ao diálogo em prol de uma melhor regulação. Por sua vez, Javier Couso (2010, p. 144) considera que, nos países da *civil law*, a "academia jurídica não é apenas uma produtora de ferramentas heurísticas; antes disso, ela constitui o próprio modo pelo qual os atores moldam a sua representação quanto aos propósitos e a natureza do direito". No contexto regional latino-americano, a "doutrina" tem a especial posição de ser considerada pelas diferentes legislações como uma "fonte" formal do direito, operando o aclaramento do sentido das regras e do modo pelo qual os atores devem operar no ambiente jurídico. Daí que os vetores teórico-formalistas se traduziam numa prática de judicialização reprodutora da mesma lógica.

os processos por cerceamento de defesa.[18] Uma busca simples na base de dados do Conselho da Justiça Federal revela a dimensão do emprego desses estereótipos nas decisões: constam dezenas de julgados sobre aposentadoria por idade rural com menções às palavras "mãos" e "pele".[19]

A ideia subjacente a esse procedimento das audiências é a de conferir aos trabalhadores a oportunidade de levar pessoalmente ao juízo as provas documentais capazes de confirmar o seu direito e narrar, pela via oral, as suas atividades. Assim, os trabalhadores postulantes devem apresentar evidências que constituam "início de prova material" do seu tempo de serviço e, caso se reconheça que exista um substrato mínimo, os processos devem obrigatoriamente submeter-se à audiência.[20]

Aprofundarei nas próximas seções deste capítulo o diagnóstico das críticas habituais à judicialização da previdência, de modo a tornar mais claro o escopo deste trabalho, que pretende enxergá-la, ao final, por outro prisma.

---

[18] As sentenças proferidas em caso de concessão de benefícios aos trabalhadores rurais (aposentadoria, salário-maternidade e auxílio-doença) que não são precedidas de audiência de instrução e julgamento costumam ser anuladas pelas Turmas Recursais ou Tribunais Regionais Federais, órgãos responsáveis pelo julgamento dos processos em segunda instância. A tese é majoritária e se ilustra pelo argumento constante em acórdão do TRF da 1ª Região, que diz que "tendo em vista o entendimento sedimentado no âmbito deste Tribunal no sentido de que, sendo a prova oral imprescindível para o julgamento da causa, o comparecimento das testemunhas à audiência com a parte autora, independentemente de intimação, dispensa a aplicação do disposto no art. 407 do CPC/1973" (nesse sentido, confira-se a AC 0030742-03.2014.4.01.9199, e-DJF1 30.05.2016, e a AC 0035628-45.2014.4.01.9199, e-DJF1 18.09.2015). Em recente julgamento, o TRF da 4ª Região confirmou a orientação predominante no sentido de que "em se tratando de benefício devido ao trabalhador rural, é essencial à comprovação da atividade a prova testemunhal, uma vez que se presta a corroborar a prova material apresentada, ao se deparar com prova testemunhal administrativa insuficiente para o reconhecimento do labor rural" (IRDR 5045418-62.2016.4.04.0000/TRF, julgado em 12.12.2018).

[19] Conforme levantamento exploratório, datado de 29 de maio de 2020, verifiquei que o banco de jurisprudência alimentado pelo Conselho da Justiça Federal não contém as decisões prolatadas pelos juízes de primeira instância da Justiça Federal. Com a menção às palavras "mãos" e "pele", foram encontrados 217 julgados também com a expressão "aposentadoria rural" e "mãos" e mais 183 com as palavras "aposentadoria rural" e "pele".

[20] O conceito de início de prova material decorre do art. 55 da Lei nº 8.213, de 1991, que diz que "a comprovação do tempo de serviço para os fins desta Lei, inclusive mediante justificativa administrativa ou judicial, observado o disposto no art. 108 desta Lei, só produzirá efeito quando for baseada em início de prova material contemporânea dos fatos, não admitida a prova exclusivamente testemunhal, exceto na ocorrência de motivo de força maior ou caso fortuito, na forma prevista no regulamento".

1.3 As críticas à hiperjudicialização e à discricionariedade judicial

O panorama de litigiosidade excessiva no campo da previdência dos trabalhadores rurais não se confina a uma agenda teórica. O tema influenciou o debate no Congresso Nacional a propósito da reforma do sistema previdenciário, que se deu por meio das propostas de Emendas à Constituição nº 287/2016 e 06/2019, esta última aprovada e atualmente em vigor, servindo como mote para propostas de cortes de direitos.

Nas suas justificativas, ambos os projetos sustentavam a existência de demasiada informalidade na comprovação da atividade rural e de uma indesejável divergência entre administração e Poder Judiciário no que toca aos critérios de valoração de provas. Os parlamentares viram nisso a causa para um número muito grande de concessões de aposentadorias e de ações judiciais. Na tramitação da Emenda à Constituição nº 103, de 2019, chegou-se a fundamentar a necessidade de instituição de uma "nova previdência", estruturada em "pilares fundamentais" que seriam o combate às fraudes e a redução da judicialização.[21]

Ainda que essa avaliação tenha se dado por uma lente reformadora privatista, segundo a qual a noção de previdência seria equivalente à de capitalização, ou seja, a uma poupança individual que garante ao trabalhador apenas a devolução do montante em relação ao qual ele diretamente contribuiu, foram fatores negativamente considerados nesses projetos a baixa arrecadação da previdência rural, o seu viés semiassistencial e a litigância movida pelos trabalhadores do campo.[22] Escapou-lhe o histórico das conquistas sociais do campo, bem como o

---

[21] A Proposta de Emenda à Constituição nº 06/2019 foi aprovada e hoje está vigendo como a Emenda à Constituição nº 103, de 2019. A justificativa da reforma faz ainda remissão à Medida Provisória nº 871, de 2019, que instituiu as "operações pente-fino" incidentes sobre benefícios previdenciários. A PEC nº 06/2019 é, assim, tributária de uma lógica que desenha a política previdenciária através do olhar da fraude. Paradoxalmente, acaba sendo, ela mesma, geradora de mais gastos e judicialização (ALVES; MORAES, 2018).

[22] Além do modelo de capitalização, Jane Berwanger (2011, p. 68) explica que existem os formatos de sistemas previdenciários de repartição e mistos. O primeiro seria aquele em que "a atual geração de segurados financia os benefícios previdenciários pagos, aspecto a que se atribui a característica de solidariedade deste sistema, tornando-se importante instrumento de justiça social e distribuição de renda", ao passo em que o segundo teria o caráter de prever não só uma previdência pública, como também uma privada, submetendo a primeira a travas mais rígidas e contribuições escalonadas e mais altas para a concessão de benefícios.

caráter precário das relações de trabalho e de propriedade no meio rural, marcadas pela alocação de mais de 40% dos trabalhadores em situação de informalidade (DIEESE, 2014). Os projetos passavam ao largo das dificuldades estruturais e compreendiam que a disfuncionalidade da judicialização deveria ser remediada pela cobrança de contribuições, cujos boletos constituíssem prova material do direito dos trabalhadores, alcançando-se, com isso, o que seria uma almejada objetividade do procedimento administrativo, capaz de finalmente desjudicializá-lo.[23]

Ao cabo, finda a reforma da previdência, não vingou a proposta de aumento da idade para a aposentadoria dos trabalhadores rurais, tampouco a ideia de uma contribuição mínima a ser paga pelas famílias do campo. Foi mantida a sistemática atual por força da qual os segurados especiais contribuem hipotética e fictamente sobre o resultado da comercialização da sua produção, mas não se faz necessária prova de recolhimento mínimo para a fruição do benefício, bastando, para tanto, a demonstração do exercício de atividade rural pelo período de carência. Os parlamentares compreenderam que os rurícolas experimentariam severas dificuldades para realizar os pagamentos com regularidade, afinal a precariedade social do campo já faz com que as provas exigidas pela legislação para a concessão de benefícios não costumem ser apresentadas em juízo (MARANHÃO; VIEIRA FILHO, 2018).

A preocupação com a judicialização da previdência, além de chegar ao Congresso Nacional, atingiu também o Conselho Nacional de Justiça (CNJ) e o Tribunal de Contas da União (TCU).[24] A temática tem se apresentado nos últimos anos como um problema relevante para as instâncias de controle.

Em pesquisa recente, o CNJ (2020) analisou decisões judiciais e entrevistou atores relevantes na arena da judicialização da previdência social, construindo um cenário que demonstrou a constância do fenômeno ao longo dos anos e a forte disparidade regional no acolhimento ou

---

[23] A ideia original da PEC nº 06/2019 estava contida na sua proposta de art. 35: "Até que entre em vigor a nova lei a que se referem os §8º e §8º-A do art. 195 da Constituição, o valor mínimo anual de contribuição previdenciária do grupo familiar será de R$600,00 (seiscentos reais)". A reforma previa ainda que a idade mínima para aposentadoria dos trabalhadores rurais ficasse em 60 (sessenta) anos e que houvesse uma carência aumentada para 20 (vinte) anos.

[24] Cf. Auditoria TC nº 017.878/2017-9, de relatoria do Ministro André de Carvalho. A Corte apontou que a estrutura existente para o seu julgamento consome R$3,3 bilhões de reais, utilizando a força de trabalho de 1.132 magistrados federais.

rejeição dos pedidos. O estudo sedimentou a hipótese de que as demandas judiciais sofrem influência de condições socioeconômicas e práticas locais. No caso específico da judicialização da aposentadoria por idade rural, os resultados mostram que o Tribunal Regional Federal da 4ª Região chega a conceder 89% dos benefícios, liderando uma tendência mais concessiva.[25]

Já o Tribunal de Contas da União (2018), ao fazer uma auditoria para tentar apurar as origens e causas dessa forma de litigiosidade, concluiu que os processos de trabalho do INSS e da Justiça Federal seriam custosos, insulados e deficientes.

Segundo o diagnóstico da Corte, o acentuado volume de processos se deveria: i) aos incentivos processuais à litigância, onde sobressaem os de índole econômica como a gratuidade de justiça e a possibilidade de pagamento de honorários advocatícios sobre parcelas atrasadas; ii) à divergência de entendimento quanto à matéria de fato entre os Poderes Judiciário e Executivo, inclusive no que tange à interpretação das normas legais e constitucionais; iii) à preferência dos advogados pela judicialização em detrimento da solução administrativa; iv) à dificuldade da União em apresentar defesa adequada; vi) aos problemas relacionados à legislação vigente; vii) e, por fim, aos "erros" do INSS na análise da legislação.

Indo além da enunciação dessas causas, a auditoria do TCU trouxe algumas impressões subjetivas, colhidas em comentários e entrevistas qualitativas respondidas por juízes e procuradores que orbitam ao redor da judicialização da previdência. Nesses registros, grassa a sensação de que há uma larga discricionariedade exercida pelos magistrados. O resultado do trabalho aponta que haveria um cenário de ativismo judicial "criador de teses jurídicas", "descumpridor da jurisprudência dominante" e ainda promotor de "justiça social"

---

[25] São importantes conclusões do estudo as de desencaixe de visões entre burocracia e Judiciário, relatando-se que, no âmbito da judicialização da previdência, a incompatibilidade de critérios se manifestaria sobretudo em perícias médicas, gerando um contingente de demandas individuais que preponderam em relação às coletivas. Ainda que a pesquisa tenha vislumbrado a existência de iniciativas de diálogo interinstitucional, tais como a instituição de agências para cumprimento de decisões judiciais, fóruns previdenciários e acordos de cooperação, elas não estariam sendo capazes de alcançar a diminuição de litígios. O estudo do Insper/CNJ (2020) notou ainda que o atendimento preferencial a advogados nas agências do INSS coincide com forte aumento da judicialização e que a reforma administrativa da autarquia, embora tenha reduzido filas, tendeu ao aumento da negativa de benefícios.

através de decisões.²⁶ O panorama seria, em linhas gerais, o de uma justiça altamente interveniente na fase de implementação das políticas previdenciárias e assistenciais num modo considerado incoerente e causador de insegurança jurídica. As declarações dos procuradores que representam o Poder Executivo são de que seria "fácil para o Poder Judiciário afastar as regras legais, mesmo sem declará-las inconstitucionais"; bem como que haveria uma "postura assistencialista" por parte dos juízes, marcada pela "falta de controle".

Os problemas identificados pelo TCU não são exatamente compartimentados. Discricionariedade e altas taxas de litigância são circunstâncias que se comunicam.²⁷

De fato, a judicialização, aqui compreendida como a expansão do poder judicial para domínios prioritariamente ocupados por legisladores, administradores e políticos (TATE, 1995, p. 28), pode impactar as políticas públicas em diferentes fases e modos e é, em si, ativadora de um gatilho de ação coletiva que costuma levar a mais judicialização (TAYLOR, 2008, p. 48). Atores do sistema de justiça anteveem o cenário de conflito e a ele se adaptam (OLIVEIRA, 2019, p. 19). Portanto, o componente do volume de processos não é indiferente tanto para o resultado dos feitos específicos, quanto para a administração da justiça.

No primeiro plano relativo à solução de casos, Daniel Wang (2018, p. 20) assinala que a maior abertura das cortes e a quantidade elevada de processos ocasionam impactos no processo de deliberação. Um grande contingente de casos costuma significar julgamentos menos detidos e mais sujeitos a pressões incidentes até mesmo na escolha do que será ou não julgado (*docket control*).²⁸ Epstein, Landes e Posner (2013) chamam de "paradoxo da discricionariedade" o fato de as

---

[26] O TCU colheu a opinião aberta de 158 procuradores que promovem a defesa do Instituto Nacional do Seguro Social em juízo, colhendo, por enquete com respostas abertas e facultativas, as manifestações acima transcritas. A preocupação em chegar na origem da litigiosidade fez com que fossem ouvidos 348 juízes federais (27% da força de trabalho) e 844 procuradores federais que atuam junto ao INSS (22% do contingente dos que atuam na defesa do INSS em direito previdenciário).

[27] Ainda que discricionariedade seja uma expressão com diversos sentidos para o direito e fora dele, nesse primeiro momento, adoto-a como *"maior grau de liberdade"* no agir judicial (VERÍSSIMO, 2006, p. 28). Esta liberdade, embora tenha limites prescritos (HUPE, 2013, p. 435), é dinâmica e não estanque.

[28] Arguelhes e Hartmann (2017), ao se referirem à Suprema Corte brasileira, lembram que o controle discricionário de pauta pode ocorrer para que que tribunais se posicionem de determinadas formas na arena política, e o tempo pode influenciar decisivamente o resultado do julgado.

condições de trabalho dos juízes, tais como o volume de casos e tempo disponível para análise, gerarem uma menor vinculação deles a regras procedimentais. A discricionariedade abriria espaço a preferências subjetivas, idiossincráticas e ideológicas (EPSTEIN et al., 2013).

A noção de que múltiplos componentes movem as preferências de juízes é inovadora em relação à abordagem clássica em matéria de teoria do comportamento judicial. A visão segundo a qual juízes se posicionariam a partir de preferências estrategicamente orientadas para a realização dos seus valores políticos se tornou hegemônica desde o trabalho de C. Herman Pritchett (1948). Porém, essa perspectiva se inverteu em trabalhos recentes, como os de Epstein e Knight (2013), os quais sinalizam que a satisfação com o próprio emprego, salário, desejo de promoção, condicionantes externas e até a busca por mais tempo livre são capazes de moldar o comportamento dos magistrados, devendo ser empiricamente verificadas em detrimento de antigas conclusões mais abrangentes e abstratas. Assim, juízes não seriam atores tão racionalmente estratégicos em busca da implementação das suas próprias ideologias e existiriam importantes variações no exercício da sua discricionariedade. Por exemplo, juízes vinculados a cortes superiores agiriam com mais liberdade e inclinação ideológica do que os seus pares que operam em cortes de apelação e primeiro grau (EPSTEIN; KNIGHT, 2013).[29]

O fato de as dissonâncias entre administração e Poder Judiciário serem persistentes no tempo contribui, enfim, para que as taxas de litigância sejam mais altas e gerem um cenário de incerteza, infundindo expectativa de sucesso nos processos judiciais (HANSSEN, 1999; PRIEST; KLEIN, 1984). A abertura excessiva à judicialização embute ainda o risco de que se perca importante parcela da legitimidade do Poder Judiciário, aquela que repousa nas noções de integridade e equidade (MCCORMICK, 2005). A inconsistência e ausência de parametrização de decisões é, enfim, algo que mina a noção de *rule of law*, impedindo que os cidadãos consigam prever as consequências das suas ações e pedidos perante a justiça (MALLET, 2015).[30]

---

[29] No mesmo sentido, ver o trabalho de Álvaro Sampaio (2007) que analisa se os juízes brasileiros são ativistas em relação à seara regulatória e associa isso aos custos de transação.

[30] Esse problema da imprevisibilidade das decisões judiciais tem sido endereçado por autores brasileiros do campo da teoria econômica como um "custo de transação". Gico Jr. (2012), considerando que a segurança jurídica é um capital, define que há, nos ciclos de litigância, uma depreciação do capital jurídico.

Por fim, no plano da administração da justiça, a judicialização opera consumindo orçamento e burocratizando-a pela incorporação de muitos funcionários, departamentos e processos (FISS, 1983; RESNIK, 1982). Nessa seara, são criadas lógicas que assimilam a litigiosidade por entrelaçamentos e diálogos interinstitucionais (OLIVEIRA, 2019) ou através da construção de novas camadas de judicialização (*layering*) (HARTMANN; MOLHANO, 2016),[31] [32] isto é, de mais órgãos ou estruturas internas ao Judiciário para assimilar o problema.

Para além do número de processos, o elevado montante de orçamento público comprometido com a judicialização da previdência social é um dos núcleos essenciais da crítica ao modelo vigente, devendo ser sopesado na análise dos potenciais benefícios redistributivos e de expansão da cobertura propiciados pela judicialização.[33] Tenenblat (2017, p. 118) resume que, ao longo dos anos, o enfrentamento da hiperjudicialização por meio da estratégia de expansão orgânica da justiça não tem surtido os efeitos esperados, mantendo-se a profusão de litígios, sem serem endereçadas – como era de se esperar – as raízes das violações de direitos.

1.4 As críticas a uma justiça cara

Se o Poder Judiciário é uma das instituições que podem influir no diálogo entre a economia e o direito, no Brasil, os números indicam que essa dinâmica é peculiar e aguda. Com números que mostram a existência de um acervo de 77,1 milhões de processos em tramitação

---

[31] Hartmann e Molhano (2016) falam numa contraposição entre *layering* e *conversion*. Segundo os autores, "*these concepts are useful to describe the changes observed in Brazil. The experiences proposed by the Healthcare Forum and, up until now, the one with the NATs seem to be both institutional change through layering – e.g. the new spaces created within the Judiciary – and through conversion – e.g. the Judiciary performing a role in extrajudicial settlements. Healthcare judicialization appears, therefore, to have induced endogenous changes in the sense indicated by the literature*".

[32] Destaco como exemplos de iniciativas de coordenação interinstitucional o Centro Nacional de Inteligência da Justiça Federal (Resolução CJF nº 369, de 2017); o Fórum Previdenciário da Justiça Federal da 1ª Região (FORPREV-TRF1); o Círculo de Conciliação em Políticas Públicas da Justiça Federal do Piauí; o Fórum Nacional para Saúde do Conselho Nacional de Justiça; os Núcleos de Apoio Técnico em Ações de Saúde, dentre outras iniciativas que serão detalhadas ao longo deste trabalho (Ver Capítulo 4).

[33] Ver Capítulo 3 sobre o potencial redutor (ou não) de desigualdades da política de aposentadoria por idade rural.

(CNJ, 2020), aqui, a judicialização individual de direitos socioeconômicos pode superar, em algumas circunstâncias, a dimensão dos próprios programas de caráter previdenciário e assistencial criados pelo Poder Executivo. Apenas no ano de 2017, a judicialização da previdência social como um todo consumiu um orçamento que superou em três vezes o valor alocado para o Programa Bolsa Família (PBF), que foi aproximadamente de 29,3 bilhões (BRASIL, 2018). Com reativações de benefícios, requisições de pagamento e precatórios, a engrenagem dos litígios implicou o gasto de R$92 bilhões de reais (TCU, 2018).

Entretanto, a mesma justiça que se vê colapsada pela quantidade de processos faz poucas concessões em relação à sua centralidade na efetivação de direitos socioeconômicos. Ao longo da trajetória da Constituição de 1988, os índices de judicialização têm mantido patamares relutantemente elevados e, sem que se cogite a criação de barreiras temáticas de acesso à justiça[34] ou se aprofundem soluções coletivas, foi a estrutura do Poder Judiciário que se ampliou para fazer frente à questão (VIANNA, 1999).

As variáveis desse problema, que passam pelo comportamento judicial e pelo desenho institucional, costumam ser abordadas por agendas de pesquisa que não necessariamente conversam entre si. Taylor e Kapiszewski (2008) lembram que a maior parte dos estudos sobre judicialização recairia sobre as atividades de cortes constitucionais e, no geral, os trabalhos pouco analisariam variáveis como eficiência e custos do Poder Judiciário. Para tentar dar conta dessa dualidade de perspectivas, Taylor e Da Ros (2019) propõem uma análise mais ampla, compreensiva da intervenção da justiça nas políticas públicas e, ao mesmo, da política pública da própria justiça.

A escassa comunicação entre as duas circunstâncias faz com que efeitos redistributivos aparentes de uma determinada atuação judicial não se conectem com o peso orçamentário que o Poder Judiciário traz consigo. A estrutura regressiva da justiça permanece oculta nos estudos que tratam da interferência judicial em políticas específicas, o que prejudica o avanço de análises quanto aos potenciais efeitos redutores de desigualdade da judicialização, sobretudo em casos em que há maior uniformidade na renda dos litigantes e nas prestações

---

[34] A ideia da criação de barreiras temáticas como medida de qualificação do acesso à justiça foi recentemente defendida por Galanter (2016).

deferidas, como ocorre no âmbito da litigância da previdência rural. O aumento do número de processos, ainda que leve à eventual expansão da cobertura social, acaba por se associar ao crescimento da própria justiça, constituindo ingrediente de uma dinâmica de expansão (Capítulo 2).

A conformação agigantada do Poder Judiciário brasileiro consome orçamento equivalente a 1,3% do Produto Interno Bruto do país, o percentual mais elevado entre as nações ocidentais, mas não entrega celeridade (DA ROS, 2015).[35] A taxa de congestionamento das ações judicias é de 72,2% (CNJ, 2019). A média de tempo de tramitação de um processo de aposentadoria por idade rural é, por exemplo, superior a um ano, redundando em 452 dias.[36]

Os números são expressivos. Os processos judiciais previdenciários custam, em média, quatro vezes o valor dos administrativos. Todo orçamento envolvido no "sistema de judicialização", ou seja, no custeio das instituições que o sustentam, é elevado, e a baixa articulação entre a justiça e o INSS faz com que milhões sejam gastos apenas em multas decorrentes de atrasos no cumprimento de decisões judiciais (TCU, 2018). A tabela abaixo traz uma síntese dos principais impactos orçamentários:

---

[35] Da Ros (2015) expõe os dados financeiros relativos à justiça brasileira, informando que "(...) o orçamento destinado ao Poder Judiciário brasileiro é muito provavelmente o mais alto por habitante dentre todos países federais do hemisfério ocidental. Tal despesa é, com efeito, diversas vezes superior à de outros países em diferentes níveis de desenvolvimento, seja em valores proporcionais à renda média, seja em valores absolutos per capita. Considerando as taxas de câmbio correntes à época da coleta de dados, o orçamento anual per capita do Poder Judiciário brasileiro é equivalente a cerca de US$130,32 ou €94,23.7 Estes valores são superiores aos de todos os países da Organização para a Cooperação e Desenvolvimento Econômico (OCDE) com exceção apenas dos gastos de tribunais suíços (€122,1) e alemães (€103,5). Por habitante, a despesa do Poder Judiciário brasileiro é muito superior em valores absolutos à de países cuja renda média é claramente superior, como Suécia (€66,7), Holanda (€ 58,6), Itália (€50), Portugal (€43,2), Inglaterra (€42,2) e Espanha (€27) (CEPEJ 2014, 43). Isto coloca a despesa com o Poder Judiciário no Brasil em nível equiparável ao de países desenvolvidos, sendo inclusive bastante elevado em relação à grande maioria deles". Também órgãos de imprensa apresentam os custos envolvidos na operação da justiça brasileira. De acordo com notícia do Jornal Valor: "As despesas do Poder Judiciário no Brasil equivalem a 1,3% do Produto Interno Bruto (PIB). Somados a esse percentual o orçamento do Ministério Público, de 0,32% do PIB, e mais 0,2% do custo das defensorias públicas e advocacia pública, o gasto total com o sistema de justiça no país chega a 1,8% do PIB, ou R$121 bilhões. Esse sistema consome 0,2% do PIB na França, 0,3% do PIB na Itália, 0,35% do PIB na Alemanha e 0,37% do PIB em Portugal. O PIB usado para o cálculo é o do Banco Central, de R$5,73 trilhões, em 12 meses até agosto".

[36] Dados de elaboração própria, em cooperação com o Conselho Nacional de Justiça, contidos no Anexo 1.

TABELA 1
Judicialização de benefícios previdenciários: características

Características	
Quantidade de novos processos previdenciários por ano	1.411.571
Concessões de benefícios por decisão judicial/ano	598.588
Custo unitário do processo judicial	R$3.734,00
Custo unitário do processo administrativo	R$894,00
Custos operacionais do sistema de judicialização (orçamentos do Executivo e do Judiciário)	4,6 bilhões
Multas aplicadas ao INSS por descumprimento de decisões	9 milhões
Custo com perícias médicas judiciais	R$199 milhões
Orçamento federal envolvido no gerenciamento do sistema (incluindo-se a folha de pagamento das instituições do sistema de justiça)	R$92 bilhões

Fonte: Elaboração própria a partir de dados do TCU (2018).

Além dessa medição objetiva quanto ao orçamento envolvido, é relevante analisar a ampliação do número de unidades que foi necessário para fazer frente à demanda previdenciária, ou seja, o peso da máquina judicial. Apenas entre os anos de 2009 e 2014 foram criadas 230 varas federais, interiorizando-se a atuação do Poder Judiciário para abranger um maior contingente de população rural e distante dos maiores centros urbanos.[37][38] Essa expansão aumentou a força de trabalho e a necessidade por recursos materiais, fazendo com que, de modo paradoxal, a justiça seguisse precarizada nas áreas mais distantes (INATOMI, 2009) e competisse pelos mesmos recursos que distribui.

Esse impacto poderia ser justificado se a judicialização se movesse criando um "lugar de resistência" para os direitos sociais (INATOMI, 2009) ou uma expansão pontual e estruturante da política. Aparentemente, conforme o diagnóstico traçado até esse ponto, não tem ocorrido uma coisa nem outra.

---

[37] Lei nº 10.772/2003, que instituiu 183 varas federais; Lei nº 12.011/2009, que criou 230 varas federais; e Lei nº 12.665/2012, instituidora de 75 cargos de juiz federal.
[38] Sobre a interiorização da justiça federal como indutora de judicialização, ver o Capítulo 3.

1.5 Perguntas e hipóteses do livro

Desde o ponto de partida dessas observações acerca de um problema complexo e persistente, este livro pretende responder às perguntas sobre *como se operam as dinâmicas da judicialização da previdência rural* e *quais são os argumentos que informam as decisões adotadas*, seja para negar ou conceder os benefícios.

Duas hipóteses estão por trás dessas questões: i) a primeira é a de que há um modelo acomodado de implementação judicializada dos benefícios da previdência rural, marcado por uma engrenagem na qual se entrelaçam, de variadas formas, justiça e burocracia. Ainda que seja possível intuir esse cenário pelos números da judicialização, o modo pelo qual se processam essas práticas não está posto na literatura do segmento; ii) a segunda é a de que a combinação entre uma normatividade flexível e um rito célere, oral e repetitivo, cria uma jurisdição de discricionariedade alargada, que depende mais da estereotipização da população rural, produzindo resultados desiguais. Nessa atuação, os dilemas dos juízes não se distanciariam substancialmente daqueles experimentados pela burocracia na sua atividade cotidiana de verificar como regras gerais podem se ajustar a circunstâncias individuais em contexto de atendimentos massivos e pressões múltiplas (BILAND; STEINMETZ, 2017).

O termo discricionariedade é aqui compreendido, a partir da definição de Evans e Harris (2004), como significando uma série de gradações de liberdade que o agente tem para tomar a sua decisão. Em relação aos juízes, Lipsky (1980, p. 13) descreve essa autonomia como a possibilidade de decidir entre a suspensão da pena e a pena máxima, por exemplo.[39] Como expõe Vasconcelos (2018, p. 225), o conceito de discricionariedade é relativo, pois, mesmo sujeitos a regras, os atores tomam decisões com certa subjetividade. Juízes reservam um grau de atuação subjetiva dentro da margem legal, seja por imperativos ideológicos, seja até por mera criatividade (BILAND; STEIMETZ, 2017; EPSTEIN *et al.*, 2013; DWORKIN, 1977).

Supondo que há uma lacuna teórica quanto ao fenômeno estudado e que a judicialização da previdência é multidimensional, este livro pretende ser descritivo e, ao mesmo tempo, estabelecer diálogo com a literatura do campo de judicialização de políticas públicas. Para

---

[39] Discricionariedade é um termo desenvolvido também no campo da filosofia do direito. A propósito, ver Dworkin (1977).

tanto, o trabalho utiliza abordagens analíticas que variam entre os planos institucional e individual. Enquanto os três primeiros capítulos são teóricos e se dedicam a descrever a política e a evolução da sua litigiosidade, numa narrativa marcada pela preocupação de singularizar a judicialização da previdência rural dentro do espectro da literatura revisada, os dois últimos capítulos são empíricos e analisam as práticas das unidades estudadas e os resultados das sentenças.

A contraposição dessas perspectivas serve para evitar um enfoque final que seja eficientista e dissociado de resultados individuais, os quais são usualmente justificados pelo conteúdo moral dos direitos socioeconômicos.[40] Conforme detalharei logo mais, ao tratar de referências teóricas, a literatura de judicialização tende a antagonizar posturas. Justamente para afastar essa lógica de compartimentalização, o argumento que pretendo construir não é só o de que existe um problema sistêmico, mas sobretudo o de que seletividades e desigualdades se exprimem no produto final entregue pela justiça. É a junção dessas duas pontas que permite a construção de um ferramental crítico quanto à atuação do Poder Judiciário, independentemente de quais mudanças na política social venham ou não ocorrer num futuro próximo.

1.6 Juízes ou burocratas?

Vicki Lens (2012) explica que julgadores expostos a litígios decorrentes de negativa ou redução de benefícios sociais acabam adotando posturas oscilantes entre a figura do burocrata e a do juiz. Segundo a autora, aqueles que praticam uma abordagem de estilo burocrático (*bureaucratic approach*) tendem a aderir a padrões estreitos para valorar as situações, nos mesmos moldes adotados pelos trabalhadores de

---

[40] As pesquisas que não se centram em uma única perspectiva do fenômeno da judicialização permitem que se abram mais flancos aos pesquisadores que se debruçam sobre as análises políticas do Poder Judiciário. Inatomi (2020) informa que abordagens individualistas, institucionalistas e estruturalistas de análise da justiça, ainda que se diferenciem por uma linhagem de padrão argumentativa mais comum a cada uma delas, aproximam-se nas margens mais do que comumente se supõe, de modo a romper a suposta compartimentalização em diversos estudos contemporâneos. Assim, trabalhos que olham os resultados de decisões judiciais não prescindem das condicionantes institucionais que as conformam, daí por diante. Partindo de extensa revisão bibliográfica, Inatomi (2020, p. 162) conclui que "embora análises multidimensionais e exploratórias tenham limitações do ponto de vista científico positivista, elas são demonstrativas de que a troca teórica e metodológica entre as diferentes abordagens é inevitável, levando-as a sair de esquemas teóricos e metodológicos rígidos e fechados".

linha de frente cujos atos controlam. Por outro lado, os julgadores que encampam uma postura ao estilo judicial (*adjudicator approach*) costumam individualizar as disputas, colocando versões em contraste e decidindo com base em uma argumentação mais ampla.[41]

A provocação contida no título desta seção sobre se, na judicialização da previdência rural, os magistrados se portam como "*juízes ou burocratas*" parte de uma aproximação entre os referidos termos e posturas, de modo a criar um ângulo para a análise desse problema que guarda as proporções sistêmicas já esmiuçadas. Explorarei ao longo do livro, e mais especialmente no Capítulo 4, essa ideia de que a judicialização da previdência rural funciona como uma *adjudicação de linha de frente*, numa análise que pretende contribuir com o debate sobre como o sistema de justiça interage com os seus usuários e, nesse caso, mais especialmente com a população do campo.

Gabriela Lotta (2010) esclarece que o modelo weberiano de burocracia parte de uma ressignificação da legitimidade do Estado, centrando-a em uma racionalidade jurídico-legal. O burocrata, nesse contexto, é um agente que executa as regras fielmente, um técnico que se distanciaria do político eleito.[42] Já a imagem clássica do juiz é de outro tipo. A atividade judicial historicamente é considerada como a expressão de vontade de um agente equidistante, que se utiliza de argumentos persuasivos e racionais para chegar à decisão através de processos deliberativos (FULLER, 1978; MENDES, 2011).[43] Martin Shapiro (1981) descreve o tipo ideal das cortes como esse em que há um julgador independente, uma norma legal preexistente, um mecanismo adversarial e um resultado dicotômico, que despoja uma das partes da prestação almejada.

Ambas as figuras, do juiz e do burocrata, mudaram com o tempo. Tatiana Sandim e Marcos de Assis (2019, p. 204) explicam que os estudos contemporâneos sobre implementação de políticas públicas têm se deslocado das análises sobre a relação entre objetivos

---

[41] A análise de Lens (2012) é baseada na figura norte-americana do *administrative law judge*, agente estatal que decide recursos contra negativas de benefícios sociais e, embora possua diversos poderes semelhantes aos de um *trial judge*, é uma figura quase-judicial, sem equiparação completa.

[42] Segundo Weber (1947), "o modelo de burocracia administrativa legal e racional é capaz de ser aplicado em todas as situações e contextos. Ele consiste no mais importante mecanismo para a administração dos assuntos triviais do dia a dia" (tradução minha).

[43] Cyrus Tata coloca a mesma pergunta em outra perspectiva, afirmando que é antiga a indagação sobre se julgar é uma "arte", como parece ser retratado na tradição jurídico-racional, ou uma "pseudociência", como parece surgir em novos estudos de criminologia.

normativos e resultados, o que é próprio da abordagem conhecida como *top-down* (PRESSMAN; WILDAVSKI, 1973; LIPSKY, 1980). Eles sustentam, a partir de Ham e Hill (1993), que há uma dinâmica viva da implementação, caracterizada por processos negociais, influências e interações amplas. Essas novas abordagens trazem para o centro do debate a discricionariedade exercida pelos implementadores das políticas, os quais, diante de determinadas condições de pressão, falta de recursos e *stress*, passaram a ser conhecidos, na expressão cunhada por Michael Lipsky (1980), como "burocratas de nível de rua".

Do seu lado, a atividade jurisdicional e, mais especificamente, o controle judicial de políticas públicas, também sofreram transformações, passando a ser vistos num modo aberto a experiências procedimentais e dialógicas (CHAYES, 1976; SABEL; SIMON, 2004). Ainda, a expansão da litigância fez com que o Poder Judiciário vivesse esse processo de complexificação das demandas em paralelo à sua própria burocratização. Judith Resnik (1982) e Owen Fiss (1983) detalham que os juízes passaram a se envolver em processos de triagem e de incentivo à composição e a contar com o auxílio de diversos colaboradores, numa forma que, para o último autor, gera agudos problemas para a legitimação da autoridade judicial. Nas palavras de Horowitz (1977), "desenvolvendo capacidades para melhorar o trabalho de outras instituições, as cortes correm o perigo de se tornar completamente parecidas com elas".[44]

Esta obra toma como ponto de partida o novo juiz, imerso em sua própria burocracia e numa linha de montagem de decisões judiciais, enxergando-o pela lente dos métodos e teorias que passaram a analisar crítica e empiricamente os resultados das burocracias propriamente ditas.

As características de volume de demandas e burocratização, para Émile Biland e Hélène Steinmetz (2017), geram um padrão diferente de rito e julgamento. As autoras apontam que os juízes que passam a ter encontros massivos e homogêneos com as partes adotam poucas solenidades e fachadas de imparcialidade. Além disso, as pressões de linha de frente, como a forte constrição de tempo para as audiências, levariam a um tratamento rotinizado dos casos judiciais.

No presente estudo, o referencial *lipskyano* não serve como uma preocupação teórica central. Ele dá suporte à descrição das dinâmicas do Capítulo 4, à narrativa sobre o modo de operar a jurisdição massiva,

---

[44] Por uma outra chave, Maurício Corrêa Rezende (2018, p. 122) defende que o processo de burocratização da magistratura passa ainda pelo recrutamento insulado da política, hierarquia verticalizada na carreira, funcionamento formal e corporativista e conservadorismo estrutural.

o qual se mostra capaz de influir no produto das decisões abordado pelo Capítulo 5. Não suponho que a burocracia em nível de rua é uma figura que se encaixa, à perfeição, no modelo de atividade dos magistrados brasileiros. Entre nós, juízes não são agentes de baixo nível hierárquico, sujeitos a controle por parte de gestores de médio escalão para implementar programas governamentais e, ademais, são parcamente responsivos a órgãos de controle por sua produtividade e resultados em geral. Porém, no caso da judicialização da previdência rural, submetem-se a interações face a face para aplicar uma legislação difícil de seguir à risca, havendo larga margem para o uso excessivo de discricionariedade (CAVALCANTI *et al.*, 2018, p. 228). Assim, o referido marco teórico estabelece uma forma de se olhar a judicialização em busca das suas fórmulas de processamento de massa e categorizações (PORTILLO; RUDES, 2014) que será útil para os capítulos empíricos.[45] Permitindo um grau de abertura, Sérgio Cavalcanti, Gabriela Lotta e Roberto Pires (2018, p. 232) manifestam que o grande diferencial dessa abordagem é justamente a possibilidade de permitir a transcendência de observações de diferentes categorias e agentes, residindo "na afirmação de que os burocratas de nível de rua não são uma categoria analítica única e que suas interações com os clientes podem ser entendidas em termos genéricos ao seu papel e não em termos organizacionais específicos".

O esforço deste trabalho de considerar os juízes como atores que constroem a narrativa da previdência rural num modo dinâmico e interno pode, enfim, jogar luz sobre uma especial relação estabelecida entre os Poderes Executivo e Judiciário e as suas respectivas clientelas. O olhar sobre o comportamento judicial em situações de jurisdição massiva, cujos impactos na política pública são elevados, leva ao escrutínio das próprias desigualdades de acesso à justiça e à proteção social. A tentativa pode ser um passo rumo à construção de maior *accountability* e equidade no tratamento das partes que litigam em juízo (MUSHENO; MAYNARD-MOODY, 2003, p. 171).

---

[45] É vasta a agenda de pesquisa que se debruça sobre os critérios utilizados por agentes públicos administrativos no exercício da sua discricionariedade (LIPSKY, 1980; HUPE; HILL, 2007; LOTTA, 2010; MUSHENO; MAYNARD-MOODY, 2003), porém, contrariamente, são raros os diagnósticos que recaiam sobre as rotinas e práticas da judicialização na linha de frente de juizados e varas em 1º grau.

1.7 Articulação entre abordagens teóricas e metodológicas

Em sintonia com as abordagens expostas no tópico anterior, nos seus três primeiros capítulos teóricos, este livro e a pesquisa que o embasa mobilizam a vertente de literatura que trata a judicialização de direitos socioeconômicos como fenômeno a ser apreendido conforme as experiências e circunstâncias, sem uma conotação normativa aprioristicamente positiva ou negativa (OLIVEIRA; NORONHA, 2011). A lente que refuta a idealização das cortes ou burocracias como "nirvanas", bem como a "comparação de instituições reais com projeções idealizadas", conforme detalhamento de Daniel Wang (2018), admite que a judicialização pode estabelecer variadas possibilidades de orientação moral para escolhas alocativas e uma ampla gama de respostas e relações com a esfera burocrática e os jurisdicionados (VASCONCELOS, 2018).

A maior abertura conceitual e metodológica é recente no campo dos estudos sobre judicialização de políticas públicas.[46] Primeiro, as pesquisas costumavam questionar a própria premissa de justiciabilidade ou não dos direitos socioeconômicos (TUSHNET, 2008). Porém, considerando sobretudo a previsão explícita dos direitos sociais em novas constituições editadas a partir da década de 1980, paulatinamente, as análises tomaram algum nível de judicialização como um fato dado. As fronteiras entre direitos fundamentais ditos positivos ou negativos foram diluídas, passando-se à busca pelos desenhos mais adequados para o controle judicial, isto é, para uma discussão centrada em formatos que fossem capazes de prover direitos sem interferir demasiadamente nas dinâmicas democráticas e na separação de poderes (YAMIN, 2011; RODRÍGUEZ-GARAVITO, 2019).

---

[46] A proposta de se promover um exame da judicialização sem um necessário ponto de chegada e numa perspectiva *bottom-up*, considerando essencialmente as práticas e decisões adotadas por juízes em primeiro grau, faz com que o livro ingresse numa seara interdisciplinar. Autores como Diogo Coutinho (2013) e Maria Paula Dallari Bucci (2013) trabalham com a noção de que existe um especial enfoque a partir do qual o direito pode olhar as políticas públicas e contribuir para o seu aperfeiçoamento. Os autores pregam que o direito pode adotar diferentes feições, ora atuando como um objetivo ou ferramenta, ora como arranjo institucional; e, por último, como possível canal de vocalização de demandas, capaz de orientar a escolha de fins e os mecanismos para alcançá-los. Trata-se de uma ótica que se distancia de modelos formalistas, comuns ao modo pelo qual o direito costuma ser ensinado e praticado. Para Marcos Nobre (2009), a confusão com a prática tornaria a pesquisa em direito, não raro, um subproduto do poder político. Desse tipo de relação surgiria um ensino, segundo as palavras dele, "fundamentalmente baseado na transmissão dos resultados da prática jurídica de advogados, juízes, promotores e procuradores, e não em uma produção acadêmica desenvolvida segundo critérios de pesquisa científica".

Por fim, numa chave mais contemporânea, tais pesquisas caminharam numa direção simultaneamente empírica e normativa, pois, mesmo discutindo fins e possibilidades ideais, compreendem cada judicialização como uma experiência real, uma história própria a ser contada.[47] Gloppen e Roseman (2011) resumem que os estudos assumiram um caráter exploratório. Sem se preocupar em testar a validade de grandes teorias, os pesquisadores passaram a tentar revelar a dinâmica das diferentes manifestações de litigância e os impactos ocasionados por elas nas políticas afetadas.

A tendência da literatura sobre judicialização de políticas públicas é, assim, de superação da dinâmica de pêndulo teórico, que costumava ir de um extremo, no qual figurava um mosaico de críticas, para o outro, em que se achava a aclamação do Poder Judiciário como canal de voz de segmentos marginalizados e sub-representados (GARGARELLA, 2006).

No polo das críticas à judicialização, costumam habitar argumentos de acordo com os quais a efetivação de direitos sociais diretamente pelos juízes violaria a isonomia na distribuição de recursos, desrespeitaria a separação de funções dentro do Estado e causaria ineficiência. A partir de problemas verificados sobretudo na litigância em torno do direito à saúde, aponta-se não ser exatamente verdadeira a ideia de que a judicialização de direitos seria prova de democratização de acesso aos serviços públicos (SILVA, 2008, p. 9).[48] Segundo os estudos, tais demandas poderiam acabar sendo manejadas justamente por quem teria mais informação e recursos financeiros, como uma espécie de válvula de escape dos privilegiados. Sem aderir a ela, Wang (2009, p. 12)

---

[47] Ao concluir uma obra com coletânea de estudos de caso em litigância em direito à saúde, Alicia Yamin (2011, p. 335) ressalta que as histórias de judicialização revelam algo da subjetividade de quem as conta, pois "o papel dos tribunais e as possibilidades de efetuar mudanças sociais por meio deles estão inextricavelmente embutidos nos contextos sociais. Cada estudo de caso conta uma história com seus próprios personagens, temas e enredo – e até mesmo grande drama. Há também um elemento inevitavelmente subjetivo na narração das histórias, que vale a pena explicitar".

[48] Pesquisa conduzida por Fernanda Terrazas sustentou que, no universo de litigantes que se insurgiram contra o SUS no Estado de São Paulo no ano de 2007, as receitas médicas eram, em sua grande maioria, prescritas por médicos vinculados ao sistema privado e que 60% das ações foram ajuizadas por pessoas representadas por advogados. A conclusão extraída por Virgílio Afonso da Silva (2008) sobre os dados é a de que "os benefícios de tal judicialização foram mais fruídos por aqueles que tendem a ter os seus interesses considerados no processo político". O estudo foi contestado pelo fato de não haver, à época, Defensoria Pública instalada no Estado de São Paulo e por outros que apuraram que as partes costumam ser mais defendidas por advogados públicos, sem alteração no resultado final. Nesse sentido, Biehl et al. (2016), a partir da análise da concessão de medicamentos no âmbito do Rio Grande do Sul, entendem que as críticas à judicialização podem ser um marco ideológico utilizado para amparar uma posição política maior.

resume a perspectiva dos críticos para os quais, sem contar com *expertise* suficiente, o Poder Judiciário atuaria de modo a ordenar indevidamente como devem ser gastos recursos escassos, promovendo escolhas que competiriam, em última análise, aos gestores.

No campo das "críticas às críticas" está o que Virgílio Afonso da Silva (2008, p. 3) chama de "histórias de sucesso" da adjudicação (2008, p. 3) ou o que Octávio Ferraz (2021) considera, parafraseando Epp (1998), serem "ilhas de revoluções de direitos". Aqui se aglutinariam razões que versam sobre a importância do acesso à justiça e da efetividade de direitos sociais. Essa posição sustenta, em síntese, que a judicialização pode ser um gatilho de resultados positivos em políticas públicas, a exemplo do que ocorreu no caso da universalização do tratamento de HIV/AIDS na década de 1990 em nosso país. As decisões judiciais, nesse caso, teriam impulsionado o diálogo entre os Poderes Executivo e Judiciário, sendo capazes de fomentar mudanças institucionais (PRADO, 2013; SANT'ANA, 2017; OLIVEIRA; NORONHA, 2011).

Os pesquisadores que refutam as críticas à judicialização de políticas públicas defendem que pairam mitos em torno da temática. Conforme pontua Jane Reis (2016), ao cabo, quase todas as objeções levantadas à afirmação judicial de direitos socioeconômicos poderiam ser erigidas contra a atividade judicante em toda e qualquer circunstância, além de serem falhas que poderiam ser cometidas, pelas mesmas razões, pela administração pública. Para essa vertente de pensamento, não seriam empiricamente provadas as noções de que a judicialização é um recurso das elites, não disponível aos mais pobres (BIEHL *et al.*, 2016); que ela é conduzida por advogados e partes economicamente interessadas em desviar a política pública; e que procedimentos administrativos são sempre equitativos e eficientes e acabam solapados por decisões judiciais indevidas (REIS, 2016).

Se, como defendem Holmes e Sunstein (1999), todas as liberdades geram custos para a sua manutenção, a defesa de uma contenção especial do Poder Judiciário no campo dos direitos sociais poderia ser, em verdade, uma agenda em relação ao tipo de direito envolvido, e não uma concepção geral relativa ao funcionamento e aos limites da justiça. O debate sobre o caráter policêntrico dessas demandas, isto é, distribuidor de múltiplas tensões entre várias partes e atores (MARINHO, 2009), seria a expressão de uma leitura seletiva que valoriza algumas pretensões em detrimento de outras (REIS, 2016).

Considerando tal estágio da literatura, este trabalho se afastará do debate dogmático sobre contingências orçamentárias e de premissas necessariamente negativas sobre a judicialização previdenciária, sem deixar de ser crítico em relação a ela quando isso se fizer necessário. Assumir que a constitucionalização do *welfare* brasileiro demanda um grau de judicialização não significa aquiescer com essa prática de modo permanente, em qualquer circunstância (FERRAZ, 2019). Em outras palavras, o fato de alguma judicialização ser interessante não apaga a necessária percepção crítica quanto à intensidade dessa mesma litigiosidade e à sua aleatoriedade.[49]

Ao final dos capítulos teóricos, espera-se que a judicialização da previdência rural tenha as suas características evidenciadas à luz desse amplo debate sobre a judicialização de políticas públicas, seus limites e possibilidades. É a teoria, afinal, que molda a avaliação dos fatos, seja definindo o que é ou não relevante, seja disputando permanentemente interpretações e significados (DEWEY, [1946] 2016).

No âmbito da estratégia empírica, utilizei dados oficiais, observação participante, entrevistas qualitativas e uma amostra de 288 decisões judiciais. Primeiro, a pulverização da jurisdição da previdência rural, que abarca unidades da justiça federal e estadual (em exercício de competência delegada), fez com que fossem grandes as dificuldades para chegar em informações estatísticas e, sobretudo, para formar um diagnóstico. Frente a tais circunstâncias, solicitei dados gerais ao Conselho Nacional de Justiça e ao Tribunal Regional Federal da 1ª Região.[50] A Corte compreende 14 estados da federação brasileira e

---

[49] É árdua a tarefa de estabelecer relações de causalidade entre as variáveis processo judicial, instituições e desenvolvimento, e costumam ser inconclusivos os estudos que se propõem a vincular escolhas particulares em políticas públicas a resultados distributivos (FIANI, 2013; KENNEDY, 2006). Assim, quando o desenvolvimento deixa de ser tomado como simples acumulação de capital e passa a ser visto como um processo multifacetado de realização de liberdades e capacidades humanas, bem como de difusão de bem-estar econômico (SEN, 1999; NUSSBAUM, 2000; TRUBEK; SANTOS, 2006; COUTINHO, 2013), um alto número de processos deixa de ser um problema autoevidente (PINHEIRO, 2009). A experiência de judicialização verificada em países em desenvolvimento tem sido, não raro, contraintuitiva em relação às análises redutoras da importância desses litígios no crescimento econômico. Ao contrastar as trajetórias japonesa e norte-americana, Ohnesorge (2007) sugere que taxas de litigância mais elevadas costumam indicar a existência de economias mais aquecidas. A ideia defendida por ele é a de que a própria expansão dos mercados acarreta o aumento da demanda por mecanismos formais de solução de controvérsias. Pistor (1999) também adverte que, salvo raras exceções, quando uma economia se especializa, tendem a se elevar as suas taxas de judicialização. Desse modo, um Judiciário pouco acessado talvez seja apenas o sintoma de estar minada a confiança dos atores na sua capacidade de operar e não uma nota reveladora de ser efetivamente baixa a quantidade de situações conflitivas.

[50] O requerimento baseou-se na Lei nº 12.527/2011, sendo veiculado através do Sistema Eletrônico de Informações (SEI) do TRF da 1ª Região. Ao Conselho Nacional de Justiça as informações foram solicitadas por ofício, direcionado ao Gabinete da Conselheira Maria Tereza Uille Gomes, responsável, à época da pesquisa, por grupo de trabalho que

80% do território do país, resolvendo os recursos relativos ao Distrito Federal, Minas Gerais, Bahia, Goiás, Tocantins, Mato Grosso, Amazonas, Maranhão, Piauí, Pará, Rondônia, Amapá, Acre e Roraima.

O Conselho Nacional de Justiça, atendendo ao requerimento de informações, construiu um painel de *Business Intelligence* com as informações relativas à judicialização do benefício (Anexo 1).[51] Nele, podem ser lidos dados que informam a duração dos processos da previdência rural, a quantidade anual de ajuizamentos e a fase em que se encontram os processos específicos em cada estado da federação. O Tribunal Regional Federal da 1ª Região, por sua vez, disponibilizou informações sobre a distribuição de processos e os resultados de procedência e improcedência.

Para descrever as dinâmicas da judicialização, realizei um conjunto de entrevistas semiestruturadas[52] com diretoras e diretores de secretaria (chefes de cartório) da justiça federal, estando o questionário acessível no capítulo que versa sobre as entrevistas.[53] Nesse ponto, recortei a pesquisa, restringindo-a aos estados de Bahia e Goiás, pois, segundo levantamento efetivado pelo Tribunal de Contas da União (2018), havia grande discrepância entre os índices de judicialização desses estados, ainda que eles estejam vinculados à mesma Corte regional. Enquanto a Bahia apresentava um percentual de 16% de benefícios concedidos por decisão judicial em relação ao seu total, o estado de Goiás ostentava 72% das suas aposentadorias concedidas em virtude de intervenção da justiça. Embora o objetivo deste trabalho não seja, em si, o de explicar a assimetria entre os números das duas localidades, a diferença serviu para que, através do exame das entrevistas e sentenças, abrisse-se a compreensão quanto às rotinas e aos critérios das unidades judiciárias envolvidas, ampliando-se a capacidade de generalização das conclusões. Portanto, a escolha de Bahia e Goiás, além de ter facilitado o acesso aos dados via TRF da 1ª Região, permitiu que fossem encontradas

---

consolidava informações estatísticas do Poder Judiciário em ferramentas de inteligência artificial, como o *business Intelligence*.

[51] O painel pode ser encontrado no Anexo 1 deste trabalho.

[52] Conforme explicam Feferbaum e Queiroz (2019), as entrevistas não estruturadas são aquelas cujo roteiro é caracterizado por uma série de perguntas abertas, feitas verbalmente, às quais o entrevistador pode acrescentar perguntas de "esclarecimento", num formato mais livre.

[53] O questionário acha-se disponível no Capítulo 4 (análise das entrevistas qualitativas). Os entrevistados receberam um *e-mail* com convite para participação na pesquisa, sendo selecionados após o TRF da 1ª Região apontar, no processo SEI nº 0014162-15.2019.4.01.8004, quais seriam as varas que julgam processos de aposentadoria por idade rural no âmbito da sua jurisdição.

semelhanças e diferenças nas lógicas e nos procedimentos. O recorte foi necessário também para que a pesquisa fosse exequível, considerando-se a circunstância de se tratar de um trabalho individual. A despeito de ter buscado informações em maior profundidade quanto a dois estados específicos, não considero este trabalho um estudo de caso comparado entre eles. Mesmo sendo certo que não há um modelo de estudo de caso "puro" ou "absoluto", e que as fronteiras nas ciências sociais não são mais tão estanques, opto por não situar este trabalho em tal categoria, pois pensar nas jurisdições de Bahia e Goiás como "casos" em relação às demais implicaria, por oposição, a noção de que existe uma ideia ampla do que é a judicialização da previdência e de que esses dois estados seriam eleitos por conterem peculiaridades em relação ao cenário maior.[54] Interessava-me, acima de tudo, um delineamento metodológico que permitisse a construção de uma amostra confiável quanto aos padrões decisórios, mais do que uma imersão vertical nas duas unidades. O olhar foi sobre o que elas trazem de comum que poderia espelhar o modo de proceder das varas previdenciárias em geral, o elemento sistemático do fenômeno estudado (KING et al., 1994).[55] Assim, Bahia e Goiás não funcionam como um *evento* particular em relação ao qual eu busquei as respostas dadas pelo sistema de justiça (MACHADO, 2017), mas a fotografia de repetição de determinado padrão a ser descrito, válida tanto mais por se referir a unidades cujos resultados discrepantes não se justificam em termos organizacionais. A seleção das sentenças e a construção da confiabilidade da amostra estão detalhadas no Capítulo 5. Antecipo, por ora, que, embora o livro se refira à previdência rural amplamente, as sentenças analisadas tratam apenas do benefício de aposentadoria

---

[54] No livro "Litigiosidade, morosidade e litigância repetitiva no Judiciário", Daniela Monteiro Gabbay, Fabiana Luci Oliveira e Luciana Gross Cunha (2012) chamam de "estudo de caso" a análise do perfil das demandas repetitivas previdenciárias. Porém, naquela pesquisa, as hipóteses trabalhadas eram comuns à judicialização em geral, versando, por exemplo, sobre correlação entre aumento de litigiosidade e existência de demandas repetitivas, fatores que impulsionam o ajuizamento de processos, entre outros.

[55] "Estudo de caso" é uma estratégia de pesquisa normalmente voltada à análise profunda de fenômenos contemporâneos, marcados por muitas variáveis inseridas em um determinado contexto (YIN, 2015, p. 18). As conclusões desse tipo de empreitada se mostram, não raro, subjetivas e irrepetíveis, formando o que John Gerring (2007) resume como sendo aquilo que, em tom de depreciação, a academia costuma chamar de "mero" estudo de caso. Nos estudos cruzados de casos, por sua vez, o foco da pesquisa muda de um caso único para uma amostra de casos. Gerring (2007) argumenta que, quanto mais um caso é estudado de forma intensa, mais esse estudo merece a nomenclatura de estudo de caso; quanto mais se afasta do estudo intensivo e se aproxima de um estudo de determinadas variáveis que perpassam esses vários casos, mais mereceria a nomenclatura de estudo cruzado, sendo níveis diferentes de análise.

por idade rural. Essa prestação social foi escolhida em detrimento de outras prestações pagas aos segurados especiais em virtude de uma série de critérios. Por apresentar um prazo de carência mais alongado, fixado em quinze anos, os segurados que pretendem se aposentar juntam mais documentos nos processos, propiciando a análise de um espectro probatório mais amplo. Além disso, em outros benefícios como auxílio-reclusão e pensão por morte, o autor dos processos judiciais é dependente de terceiro segurado especial, produzindo-se uma evidência documental que não é necessariamente associada à própria parte litigante. Por fim, Rebecca Maranhão e Eustáquio Filho (2018, p. 25) jogam luz sobre uma importante característica: a aposentadoria por idade rural foi o benefício mais concedido judicialmente ao longo de quase uma década, entre 2004 e 2013. De 2014 a 2017, ainda que perdendo a liderança, manteve as suas taxas de litigância elevadas.

Os atos judiciais examinados foram selecionados pelas próprias unidades, após pedido formal encaminhado à Corregedoria do Tribunal Regional Federal da 1ª Região, no lapso temporal que vai dos anos de 2016 a 2019, formando uma amostra de 288 sentenças, proferidas por 18 juízes federais lotados em 14 varas distintas. O material foi lido qualitativamente, codificando-se as principais razões invocadas tanto de procedência quanto de improcedência. Os possíveis achados não têm a pretensão de minudenciar todos os argumentos cabíveis em decisões sobre a aposentadoria por idade rural, promovendo o seu ranqueamento. Busco iniciar, e não encerrar um debate em relação aos termos em que tem sido tratada a clientela rural na justiça, acrescentando elementos e hipóteses que podem ser desenvolvidos por estudos posteriores.

Por fim, vale mencionar que o fato de realizar uma pesquisa sobre a atividade de uma organização da qual faço parte trabalhando como juíza trouxe desafios metodológicos, exigindo atitudes ora de aproximação, ora de afastamento, em relação ao objeto e um nível de transparência maior (EPSTEIN; KING, 2013). A mesma posição institucional que pode ter permitido a maior facilidade para o levantamento de dados, afinal é possível que o requerimento de acesso às estatísticas e os pedidos de realização de entrevistas tenham sido atendidos por tal circunstância, por outro lado, obrigou-me a descartar algumas alternativas utilizadas por pesquisas similares, de modo a reduzir os vieses da minha observação. Assim, rechacei a possibilidade de etnografar audiências e unidades judiciárias, num modo que pudesse gerar uma atuação performática por parte de outros juízes, e abri mão de entrevistar magistrados, optando por escutar os servidores que geriam as secretarias, com os quais não mantinha relação próxima e prévia. Não utilizei informações que fossem privilegiadas, isto é, não constantes de bancos de estatísticas do próprio Poder Judiciário. E, estando consciente do potencial impacto que a minha experiência inevitavelmente geraria na análise dos dados, tentei reduzir essa interferência, buscando que as conclusões do trabalho decorressem do material coletado no curso da pesquisa, e não das impressões iniciais que eu poderia ter em relação à judicialização estudada.

De qualquer modo, essa vivência permeou e, de algum modo enriqueceu, a pesquisa desde o seu início, fazendo-se presente na identificação do problema e construção das perguntas.[56] Tendo atuado como juíza federal na subseção judiciária de Ilhéus, estado da Bahia, entre os anos de 2015 e 2018, tive perplexidades acerca de mutirões de audiências para a oitiva de rurícolas que alegavam ser segurados especiais. Trabalhei com uma distribuição média de 400 novos processos mensais e um estoque represado de aproximadamente 5.000 demandas previdenciárias, realizando pessoalmente entre 120 e 150 audiências para a colheita de prova oral, num intervalo de 05 a 06 dias em cada mês. O regime de audiências era concentrado em 20 a 30 oitivas por dia de trabalho, todas durando em média 10 a 15 minutos. Era inevitável perceber a fragilidade dos meus próprios critérios decisórios e a minha baixa familiaridade com as características da agricultura da região do Sul da Bahia. Ao longo dos anos de exercício desta jurisdição, também vi o compartilhamento de diversas rotinas e procedimentos com o Instituto Nacional do Seguro Social. Toda a tramitação dos principais benefícios era feita em comum acordo, de modo a suprimir fases e etapas que poderiam ser obrigatórias segundo a legislação. Esse compartilhamento de rotinas era inclusive disciplinado em ato normativo assinado em conjunto.

O fato de ter convivido com o problema da judicialização e de ser uma pesquisadora que, ao tempo em observa, também exerce a atividade pesquisada, é uma circunstância que permeou essencialmente as etapas preliminares do trabalho, concernentes à construção do diagnóstico e

---

[56] Maxwell (2018, p. 7) esclarece que os pesquisadores que realizam pesquisa qualitativa inevitavelmente estabelecem uma relação e interações com os participantes dela, o que seria uma "reflexividade", ou seja, "somos parte do mundo social que pesquisamos e devemos entender como influenciamos e somos influenciados por esse mundo. Nessa mútua influência é um aspecto ao mesmo tempo necessário e facilitador da obtenção de dados, mas uma potencial ameaça à validade das conclusões". De todo modo, o autor segue afirmando que "a tradicional visão de subjetividade, segundo o positivismo, era a de viés, algo a ser eliminado, ou, pelo menos, controlado, o colapso do positivismo fez com que o ponto de vista de do pesquisador seja inevitavelmente envolvido na análise dos dados".

desenho das perguntas, sobrevindo a coleta de evidências empíricas abrangentes, originadas de várias unidades judiciárias e contextos distantes desse ponto de partida.

1.8 Mapa do livro

Após este capítulo introdutório, proponho-me a abordar, nos capítulos subsequentes, a evolução histórica da política pública da previdência rural em paralelo com o processo da sua paulatina judicialização.

O segundo capítulo revisa a literatura sobre judicialização de políticas públicas a fim de traçar as características que singularizam a judicialização da previdência rural em relação a outras expressões do fenômeno mais comumente estudadas. Começo a análise pela experiência latino-americana de judicialização de direitos socioeconômicos, de modo a particularizar o caso de um possível modelo brasileiro de litigância, casuístico, individualizado e naturalizado numa forma que se diferencia do padrão do continente. Abordo aqui as possíveis causas institucionais desse caminho, examinando, nessa etapa do trabalho, a constitucionalização da previdência rural, a criação dos juizados especiais federais e o processo de interiorização da justiça federal brasileira.

O terceiro capítulo trata do desenho da política da previdência rural, da interpretação que o Judiciário faz sobre ela e do persistente conflito entre os critérios empregados pela justiça e pela administração.

O quarto capítulo, por sua vez, pretende ver a judicialização por dentro, descrevendo as dinâmicas pelas quais se opera a litigância da previdência rural. Aqui são apresentados os resultados das entrevistas qualitativas realizadas com diretores de secretaria de varas federais, sendo possível apreender o funcionamento prático das audiências, o volume de processos e as circunstâncias que compõem o que chamei de adjudicação de linha de frente. A pesquisa busca, com isso, inserir-se no movimento maior em que o direito é analisado empiricamente não só pelos juristas, mas também pelos atores envolvidos na sua prática (IGREJA, 2017).

O quinto e último capítulo se dedica ao exame de decisões judiciais, revelando as categorias de julgamento adotadas e o modo pelo qual os argumentos interagem. Nesse capítulo, uma apreciação maior sobre as provas que costumam ser valoradas e rejeitadas no âmbito dessa litigância divide espaço com histórias como a da segurada Antônia, que teve a sua aposentadoria negada, pois informou ao juízo ser uma pessoa "do lar", "*que passa a maior parte da semana com os filhos e que vai para a roça três vezes por semana, para lavar as roupas do marido e organizar a casa e que não aguenta mais fazer serviços pesados*", deixando de atender às expectativas quanto à posição da mulher rurícola na estrutura familiar do campo.

O livro caminha para uma conclusão com achados que, paradoxalmente, demonstram a baixa comunicação entre justiça e burocracia previdenciária no que tange à incorporação de entendimentos, mas, ao mesmo tempo, o acoplamento de algumas estruturas dos órgãos da justiça e do INSS para fazer face à mesma judicialização. Sobressai nas entrevistas essa tênue linha que divisa juízes e burocratas: servidores do INSS triam processos nas dependências da justiça, serventuários de cartório conciliam os processos no lugar de juízes, o cumprimento das decisões judiciais atrasa e é punido com multas, os ciclos de audiências chegam a redundar em mais de 45 oitivas por dia de trabalho, entre outros exemplos.

Os elementos da pesquisa confirmam a hipótese inicial de que há um contexto de jurisdição massiva, célere e repetitiva no âmbito da litigância da previdência rural. Nesse ambiente, os julgadores atalham as suas impressões e, por trás de uma casca aparente das sentenças, escondem-se lógicas de guichê com limitações e seletividades discriminatórias.

Ao caminhar rumo à conclusão de que o Poder Judiciário federal funciona, em algumas expressões da sua competência, como um verdadeiro segundo *round* da burocracia, utilizando, inclusive, práticas similares às que vigem no âmbito administrativo, considero que os achados desta pesquisa contribuem através da descrição de uma forma de judicialização pouco vista na literatura e que desafia modelos normativos relativos à separação de poderes e ao papel atribuído à jurisdição. A obra traz uma visão mais concreta sobre como o Poder Judiciário se comporta enquanto organização processadora de pessoas *(people processing organization)*, operando inclusões e exclusões que influem nas identidades dos usuários dos seus serviços (PIRES, 2019, p. 21).

O propósito do livro não é o de isolar fatores causais da judicialização, nem o de eleger uma *proxy* atitudinal para testar a sua influência no processo decisório em relação aos trabalhadores rurais (FERNANDEZ; GOMES NETO, 2018). Antes, a ideia é a de apresentar uma visão projetada a partir da prática de judicialização, assim estabelecendo *se* e *como* juízes e burocratas se confundem no plano institucional, por meio de compartilhamento de estruturas e rotinas, e também no jurisdicional, pela eleição e reprodução de determinados padrões de categorização, sejam eles confirmatórios ou denegatórios.

A contribuição desta obra, quando se propõe a fotografar seletividades pouco conhecidas, pode embasar mudanças nas políticas previdenciária e de administração da justiça. Agregando a dimensão dos usuários às diversas críticas existentes ao modelo de hiperjudicialização, o desfecho deste trabalho reforça ideias tanto de substituição da movimentação indiscriminada de processos por um desenho de cobertura social mais ampla e objetiva, focalizada na população rural, quanto de uma prática de judicialização mais responsiva e dialogada.

CAPÍTULO 2

LITERATURA SOBRE JUDICIALIZAÇÃO DE POLÍTICAS PÚBLICAS E O CASO DA JUDICIALIZAÇÃO DA PREVIDÊNCIA RURAL

> *"Pois sempre fui lavrador, lavrador de terra má; não há espécie de terra que eu não possa cultivar. – Isso aqui de nada adianta, pouco existe o que lavrar; mas diga-me retirante, que mais fazia por lá? – Também lá na minha terra de terra pouco há, mas até a calva da pedra, sinto-me capaz de arar"*
> *Morte e vida severina: e outros poemas para vozes.*
> João Cabral de Melo Neto, 1920

2.1 Introdução

O presente capítulo busca avançar na contextualização do objeto do livro na agenda de pesquisa sobre judicialização de políticas públicas, a fim de apontar algumas características da judicialização da previdência rural em confronto com a produção bibliográfica existente quanto a outras formas de litigância. A tarefa embute o desafio de compor o mosaico de uma literatura complexa e nuançada, que, como antecipado na introdução deste trabalho, assume uma feição oscilante entre otimista e pessimista no que toca aos resultados do controle judicial.

De início, já tendo sido firmada a premissa de que a judicialização é uma experiência sem uma conotação valorativa *a priori*, comparo a propensão brasileira à litigância individual com a vivência mais ampla de judicialização na América Latina. Os países do continente, por apresentarem tradições e contextos econômicos parecidos, são referenciais válidos em matéria de experimentalismo judicial em direitos socioeconômicos (TAYLOR; KAPISZEWSKI, 2008; RODRÍGUEZ-GARAVITO, 2015), embora, na prática, os instrumentos adotados pelas Cortes e os impactos dos processos tenham variações relevantes.[57] Faço a distinção aqui de que a experiência brasileira tanto de constitucionalização da política previdenciária quanto de criação de juizados especiais, cujo rito não tem abertura a mecanismos que imponham uma mudança de postura às agências governamentais (INATOMI, 2009), acaba por ser indutora da multiplicação de litígios.

A conclusão deste bloco é a de que a judicialização da previdência rural se amolda apenas parcialmente ao que seria um possível "modelo brasileiro" de litigância em matéria de direitos socioeconômicos. Ainda que seja marcada por processos individuais, ela atinge segurados pobres e residentes em cidades do interior do país. Por conta disso, não lhe cai bem a maior parte das críticas formuladas a respeito, por exemplo, dos litígios em matéria de saúde quanto à apropriação dos recursos da justiça por indivíduos privilegiados e as condenações elevadas.[58] Firmo, assim, como características da judicialização da previdência rural as suas singulares manifestações no campo do acesso à justiça, a possibilidade de conciliação e oralidade do procedimento e o valor baixo das condenações, elemento capaz de tornar indolor e invisível para a prática diária da administração pública esse contínuo deslocamento da implementação das prestações para a seara do Poder Judiciário.

Neste segmento do livro, os contornos teóricos são imbricados à narrativa sobre a resposta que a justiça federal deu ao problema, expandindo-se e interiorizando-se, especialmente após a criação de juizados especiais federais. No conjunto do trabalho, esta seção é importante tanto para inserir no arco do tempo a construção constitucional da política social destinada aos rurícolas quanto para firmar a

---

[57] Os movimentos de expansão judicial e constitucional na América Latina não são insulados em relação a outras experiências tais como as vividas na África do Sul e Índia, por exemplo, no que se pode chamar de Sul Global. Não é um objetivo deste capítulo, porém, o de descer a um aprofundamento teórico sobre o que seria um "constitucionalismo transformador", mas apenas o de noticiar que isso é uma tendência conceitual em outras jurisdições de países em desenvolvimento.

[58] Sobre tais características e a ideia de que a judicialização pode ser mecanismo de reforço a iniquidades, ver Octávio Ferraz (2009); Natália Pires (2015); Daniel Wang (2009); Virgílio Afonso da Silva e Fernanda Terrazas (2008).

associação da narrativa de expansão da justiça federal ao atendimento dessa população.

2.2 Judicialização de direitos socioeconômicos na América Latina: pressões por austeridade e modelos de resposta judicial

A cultura jurídica latino-americana, marcadamente formalista, ao se ver confrontada com novas constituições e pressões econômicas das mais variadas, acabou por construir uma jurisprudência profícua em matéria de direitos socioeconômicos e, por consequência, das políticas públicas que os implementam (COUSO, 2010). Essas pretensões de transformação da realidade social chegaram a ser pensadas como um novo paradigma de "constitucionalismo transformativo" (BOGDANDY et al., 2017; HAILBRONNER, 2017; KLARE, 1998; LANGA, 2006) ou uma jurisprudência de "participação empoderada" (RODRÍGUEZ-GA-RAVITO, 2015), pois, como anota Gargarella (2011, p. 237), a conexão estreita entre direitos socioeconômicos e participação política abriria um leque de exigências procedimentais e deliberativas singulares para se equacionar esse tipo de demanda.[59] Algumas tensões de fundo impulsionaram essa criatividade da prática de judicialização. As constituições latino-americanas patrocinaram a convivência entre leques avantajados de direitos sociais e governos com agendas econômicas de austeridade (COUSO, 2008, p. 61; KAPISZEWSKI, 2012). Desse arranjo espinhoso entre uma formulação de políticas com alinhamento ao sistema financeiro hegemônico e aspirações de transformação social é que nasceram movimentos voltados à litigância dos direitos sociais que não estavam conseguindo ser atendidos pelos canais usuais de representação.

A agenda econômica ortodoxa surgiu no continente como uma tentativa de estabilizar politicamente países em transição de regimes autoritários e imersos em múltiplas crises (PARRA-VERA, 2016). Assim é que as demandas por redistribuição se revestiram de termos

---

[59] Fernando Acunha (2017) sustenta que o constitucionalismo latino-americano teria fatores perenes e instáveis. De um lado, haveria continuísmo na concentração excludente de poderes e predominância do Poder Executivo; de outro, novas constituições andinas estariam prevendo novos direitos e relações marcadas por plurinacionalidade e interculturalidade, opostos à mentalidade que daria suporte às formas constitucionais tributárias da tradição liberal ocidental.

argumentativos jurídicos (COUSO, 2006; HUNEEUS *et al.*, 2010) num ambiente complexo, marcado pelo *background* híbrido entre *common law* e *civil law* (GIMÉNEZ, 2015) e por judiciários elitistas e conservadores, formados por uma matriz excessivamente teórica e homogênea (PRILLAMAN, 2000).

A judicialização se tornou exponencial, então, por razões ligadas à persistência histórica de desigualdades materiais; à ideia de que a ação das Cortes poderia impulsionar transformações sociais que o sistema político tinha falhado em prover; e à institucionalização de direitos num contexto econômico desfavorável à sua implementação. Se no Leste Europeu os tribunais cumpriram a tarefa de desmontar a estrutura do Estado após o período socialista, na América Latina, o caminho teria sido o de forçar os governos a observarem as suas obrigações sociais (COUSO, 2006), ainda que aos pequenos empurrões (*nudge judgements*), como defende Rodríguez-Garavito (2009).

A judicialização tende, portanto, a irromper fortemente em cenários nos quais há contradição estrutural entre paradigmas econômicos privatizantes, redutores de gastos públicos, e constituições cujas ideologias são igualitárias e expansivas de direitos, a exemplo das cartas brasileira e sul-africana. A influência do formalismo no modo como os juízes se dirigem às políticas públicas não derivou apenas de uma determinada atitude ou mentalidade em relação a como o direito deveria ser aplicado. Na América Latina, essa abordagem atrelou-se também a um modelo arquetípico de separação de poderes e democracia liberal (GARGARELLA, 2014). De forma paradoxal, os novos direitos socioeconômicos foram instituídos sem que houvesse grande alteração nas cláusulas de separação de poderes pensadas no século XVIII. Em outras palavras, sem um rearranjo do que Roberto Gargarella (2014) denomina de "sala de máquinas" das constituições. Mantida a compartimentação central de funções e mecanismos tradicionais de freios e contrapesos, a inovação no campo da efetivação dos direitos teve que se dar em camadas superficiais, através da criação de remédios mais agressivos ou dialógicos.

A aplicação e o alcance dos novos direitos e remédios foram sendo compreendidos por meio da experiência prática, rompendo-se, a cada passo, bloqueios tendentes a confinar o Poder Judiciário na tarefa de aplicar a legislação a casos particulares, através de processos lógico-dedutivos. Esse novo ambiente normativo, que sob o ponto de vista cultural é mais judicializado, passou a ser chamado de um "novo constitucionalismo" (SHAPIRO; SWEET, 2002). Os atritos entre processos simultâneos de neoliberalismo e neoconstitucionalismo acabaram por levar à construção de uma judicialização latino-americana engenhosamente capaz de lidar com o que Parra-Vera (2016, p. 147) chamou de "vigorosa integração de direitos socioeconômicos nas leis e na constituição e o desmantelamento destes mesmos direitos pelos programas governamentais de ajuste e austeridade".[60] Em nível regional, foram criadas técnicas estruturais de julgamento e de implementação de direitos, ou seja, medidas vanguardistas sob o ponto de vista metodológico (BRINKS; BLASS, 2018).

Olhando para a experiência colombiana, Rodríguez-Garavito (2017) resume que a novidade estaria na combinação entre uma forte afirmação de direitos, por meio de ordens judiciais relativamente contidas e dialogais, mas cujo cumprimento passou a ser monitorado de forma intensa, num modelo que seria de "participação empoderada" da sociedade civil através da judicialização de políticas públicas.[61]

Os litígios em matéria de políticas públicas, usualmente estruturais e policêntricos, ao invés de serem repelidos pelos judiciários, passaram a ser encampados e decididos por técnicas não binárias de julgamento. Nessa moldura assumida pela litigância de interesse público, tais conflitos que envolviam múltiplas partes, agências e assuntos ganharam soluções judiciais de dimensão regulatória, definidoras de critérios gerais para os atores envolvidos na implementação das políticas questionadas. Os julgamentos não colocariam "fim" às questões tratadas, mas fariam com que se abrisse uma janela de cumprimento por meio de experimentação institucional, coordenação e diálogo (PARRA-VERA, 2016, p. 159).

A inovação não é insignificante. A despeito da aparência de generalizada expansão da lógica judicial (SHAPIRO; SWEET, 2002), nunca houve consenso acerca da possibilidade de que direitos socioeconômicos pudessem ser sindicáveis judicialmente nem quanto à roupagem procedimental que a prática deveria adotar.

Existem sistemas que enumeram tais direitos, mas consideram que eles não são exigíveis judicialmente, possuindo caráter declaratório.

---

[60] "Neoconstitucionalismo" ou "novo constitucionalismo" é uma expressão plural que é utilizada por alguns autores como mecanismo de descrição de características que marcam as mais novas constituições latino-americanas, tais como "reconhecimento de multiculturalismo, diversidade e direitos para os habitantes nacionais e aumento de direitos de participação " (UPRIMNY, 2015); enquanto para outros simboliza uma mescla entre ativismo judicial e junção entre moral e direito (BARROSO, 2018).

[61] A prática colombiana de "ativismo dialógico" fez com que remédios estruturais surgissem para lidar com situações de massiva violação de direitos e prolongada falha das autoridades em cumprir as suas obrigações, o que passou a se denominar de "estado de coisas inconstitucional", conforme julgamento do processo T-025.

Nessa hipótese, o *enforcement* das previsões deveria ser buscado pela sociedade civil mobilizada perante outros poderes que não o Judiciário (TUSHNET, 2008). Outro formato possível é aquele que institui direitos com um perfil "fraco" (*weak substantive rights*), no qual, embora haja a previsão constitucional, concede-se aos legisladores uma margem extremamente larga de discricionariedade para a efetivação. Assim, as normas possuem um conteúdo a ser garantido, mas a atuação judicial tende a aplicá-lo numa dimensão mínima, em um núcleo dito "essencial". Por fim, direitos a prestações positivas podem ter um cunho substantivamente forte (*strong substantive rights*), em um modo que Mark Tushnet (2008, p. 196) concebe como sendo aquele em que as Cortes, ao concluírem pela existência de uma violação de direitos, passam a prover-los integralmente, sem adotar uma postura de maior deferência às legislaturas.

"Fraqueza" ou "força" não são dimensões intrínsecas aos próprios direitos, derivadas necessariamente da sua redação constitucional. Acima de tudo, a prática de *enforcement* que se estabelece em relação a cada direito é que vai definir mais claramente o seu perfil. Por essa razão, a catalogação de Mark Tushnet consiste, em verdade, em uma observação de diferentes experiências jurisdicionais em relação a direitos como os de habitação ou saúde. Considerando que as Cortes podem assumir posições estratégicas e, via de regra, não querem proferir decisões sabidamente impossíveis de se cumprir, a variação das condições materiais de cada jurisdição e as possibilidades factíveis de resultado também são elementos capazes de moldar os julgamentos.

De tudo isso, fica claro que a simples enunciação de direitos socioeconômicos não significa a sua exigibilidade nem que tal realização tenha que ocorrer por meio de decisões judiciais. Efetivação é algo que envolve não só articulação normativa, como também a existência de remédios disponíveis e da força e credibilidade das instituições que podem aplicá-los (TUSHNET, 2008). A partir daí, o debate pode se tornar um tanto circular à moda norte-americana, em que há uma vinculação tal entre a noção de "direito" e a sua exigibilidade judicial que, não raro, ganha espaço uma reticência a que determinadas posições subjetivas sejam qualificadas como tal (KING, 2014; SABEL e SIMON, 2004; SUNSTEIN, 1996) e que ainda exista muito receio quanto à judicialização de prestações sociais. A exemplo do que se vê na América Latina, uma vinculação tal pode gerar a não existência de um maior pudor na enumeração de direitos e, num passo seguinte, o desafio passa a ser o de se afastar o cinismo em relação às constituições e o de se eliminar a pecha de que as normas jurídicas não são efetivamente exigíveis.[62]

Os contrastes econômicos e culturais fizeram com que a jurisprudência latino-americana não inovasse apenas no âmbito do cumprimento de ordens estruturais. Ela também internalizou como prática um repertório conceitual voltado a conjugar, ao mesmo tempo, a efetividade dos direitos e as constrições de recursos financeiros em geral.

Isso levou à incorporação regional de teorias como a de que haveria um "mínimo vital" a ser garantido aos cidadãos (BILCHITZ, 2008; MORALES, 2017; PIOVESAN, 2019) e, numa chave distinta, a de que haveria uma "reserva do possível", ou seja, um limite segundo o qual o pedido do indivíduo em face do Estado deve guardar uma medida tal de razão que considere os recursos públicos existentes (SARLET; FIGUEIREDO, 2007, p.3).[63] O Supremo Tribunal Federal brasileiro, por exemplo, entrelaçou as duas perspectivas acentuando que a "reserva do possível" não deveria ser uma barreira aos direitos socioeconômicos no limite de que sempre seja garantido o "mínimo".[64]

A noção de que os direitos socioeconômicos não precisam ser garantidos numa extensão ilimitada ou inegociável, conquanto se manifeste nesse experimentalismo dos tribunais da região, fazendo com que juízes articulem o discurso sobre direitos num modo que não seja antiteticamente deontológico ou consequencial (PARRA-VERA,

---

[62] No âmbito da Corte Interamericana de Direitos Humanos, Parra-Vera (2019) anota que foi longo o percurso até que fosse reconhecida a justiciabilidade de direitos socioeconômicos. Essa postura só foi levada a efeito no recente julgamento *Lagos Del Campo vs. Peru*, do ano de 2017, considerando-se como parâmetro o art. 26 da Convenção Americana de Direitos Humanos (CADH). O primeiro precedente da Corte foi sobre tema de direito previdenciário (*Cinco Pensionistas vs. Peru*). Nesse último processo, a Corte IDH considerou que não poderia ter sido reduzida a pensão recebida pelos funcionários públicos vítimas, sem prévio processo (violação do art. 25 da CADH). Porém, não foi considerado violado o art. 26, que trata do desenvolvimento de condições econômicas para a observância plena dos direitos sociais, e a Corte exigiu uma expressão coletiva da violação, o que foi percebido como uma orientação demasiado restritiva (MELISH, 2006).

[63] O conceito de "reserva do possível" foi primeiro enunciado pelo Tribunal Constitucional Alemão, em 1972, no caso "*Numerus Clausus I*". De acordo com Sarlet (2018), em caso relativo ao direito a vagas da universidade pública, a Corte daquele país levantou a barreira das condições financeiras e orçamentárias, garantindo apenas a chance de participação do processo seletivo em igualdade de condições. Não me aprofundarei nas concepções sobre o tema. Ingo W. Sarlet e Mariana Figueiredo (2011) definem "reserva do possível" como "o entendimento no sentido de que a prestação reclamada deve corresponder àquilo que o indivíduo pode razoavelmente exigir da sociedade". Piovesan (2019) lembra que a noção de *minimum core obligation* é fomentada pelo Comitê de Direitos Econômicos Sociais e Culturais (ECOSOC) das Nações Unidas.

[64] Cf. voto do Ministro Celso de Mello na ADPF nº 45, julgamento de 29 de abril de 2004.

2016), é tributária desse debate econômico maior sobre implementação de direitos e finitude de recursos.

Trabalhos como os de Bobbit e Calabresi (1978), Holmes e Sunstein (1999), Gustavo Amaral (2001) e Flávio Galdino (2005) partem da premissa de que os direitos implicam custos para a sua efetivação e que a dimensão econômica deve ser constitutiva das soluções encontradas pela adjudicação. Assim, num cenário de recursos escassos, entram em cena difíceis escolhas alocativas. Enquanto alguns desses estudos assumem uma dimensão consequencialista, na linha de Holmes e Sunstein (1999), quando resumem que "nada que custa dinheiro pode ser absoluto" e põem inclusive os direitos tidos como negativos ou liberais no dilema orçamentário, outros projetam que os custos devem ser uma variável internalizada nos direitos, e não um óbice externo que os conforma (GLOBEKNER, 2017). Por um outro ângulo, Ferraz (2019, p. 9) combate a visão de que a abertura judicial não encontra limites verticais, equivalendo a um "direito a tudo".

No cenário latino-americano, o quantitativo de demandas individuais é ainda uma caixa de ressonância de crises econômicas e planos governamentais problemáticos (PARRA-VERA, 2016).[65] Tal circunstância se observa tanto no Brasil quanto em países vizinhos. Pablo Rueda (2010, p. 26) anota que a Colômbia, paulatinamente, alterou a sua jurisprudência em relação ao conceito de "mínimo vital". A expressão ganhou novo sentido, numa perspectiva *bottom-up,* pois os tribunais inferiores ressignificaram o termo tal qual anteriormente articulado pela Corte Constitucional Colombiana (CCC). Segundo o autor, a partir de 1999, observou-se a ida das famílias de classe média à justiça, pois a Corte Constitucional daquele país interveio nos planos econômicos governamentais. Tal postura não deferente gerou uma explosão de processos judiciais, levando ao deslocamento de recursos de políticas públicas para os estratos mais ricos da população em detrimento daqueles mais agudamente vulneráveis. Por essa leitura, a ocupação massiva das Cortes pelas classes médias, em países em desenvolvimento, geraria uma regressividade semelhante à que Ferraz

---

[65] A pesquisa CNJ/Insper (2020) sobre a judicialização de benefícios previdenciários deixa clara a correlação. O relatório aponta que "a intensidade e o perfil da judicialização da previdência estão relacionados às condições socioeconômicas locais, como nível de renda e desenvolvimento do mercado formal de trabalho". Nota-se ainda nos achados que benefícios solicitados por indivíduos desempregados sofrem taxa maior de negativa por parte da administração.

(2011), Silva e Terrazas (2008) e outros pesquisadores consideram ter havido no Brasil no que se refere ao direito à saúde.⁶⁶

Portanto, ainda que a experiência latino-americana tenha sido inovadora em termos de litígios policêntricos e na criação de canais de diálogo interinstitucional, isso não ocorreu em todas as manifestações da judicialização, a exemplo dos juizados brasileiros, e se deu em paralelo à assunção de uma lógica privatista em uma fração relevante dessa litigância.⁶⁷ ⁶⁸ Diante de Cortes, não raro, refratárias em ingressar nos mecanismos de formulação das políticas que as tornariam tão judicializadas, a exagerada dose do remédio começou a causar males tão graves quanto os da própria doença (SIEDER *et al.*, 2005; PARRA-VERA, 2016). Curiosamente, a região que fortaleceu as suas Cortes, por recear haver uma timidez diante de governos e presidentes autoritários, viu as suas preocupações caminharem em direção ao problema da emergência de tribunais cujos poderes contramajoritários começaram a ser exercidos num ambiente de baixa *accountability*.

O perigo de uma litigância pulverizada, derivada de atomismo social, antissindicalismo e de uma equidade vista sob um prisma excessivamente formal (HIRSCHL, 2004), ganha expressão e contornos próprios no Brasil. Aqui, a judicialização assumiu características em que:

i) os processos são individuais (LOPES, 2006), embora não sejam necessariamente desafiadores de estruturas políticas e de poder (FERRAZ, 2019; YAMIN, 2011, p. 358);⁶⁹

---

⁶⁶ David Trubek (1978) anota que inclusive os programas de *welfare* na América Latina tendem a manter um nível maior de estratificação social, de forma que a expansão de redes de distribuição geralmente colide com os interesses das próprias agências governamentais. Ao final dessa cadeia, os grupos pobres afetados também teriam dificuldade para encontrar assistência jurídica e veicular as suas pretensões.

⁶⁷ Vânia Sierra (2014) explica que "num contexto de crise estrutural do capitalismo, o Estado se retrai e desmonopoliza a 'questão social'. A judicialização, segundo esta abordagem, expressa a anomia das sociedades contemporâneas, resultante do movimento progressivo de privatização das normas, de precarização do trabalho e de retração dos serviços do Estado". Assim, ela adere à crítica de que "tradicionalmente, o Poder Judiciário é percebido como poder coercitivo, burocrático, cujo funcionamento serve à fragmentação da classe trabalhadora, visto que atende caso a caso e, em nome da suposta igualdade de condição diante da lei, julga sem considerar as desigualdades sociais".

⁶⁸ Marcos Paulo Veríssimo (2006), através de um ângulo de análise mais amplo, defende que o modelo de judicialização fundado em "trocas e punições" decorre das tradições racionalista, liberal e individualista que cunham o nosso sistema jurídico.

⁶⁹ Alicia Yamin cita Octávio Ferraz (2009) para fazer a análise de que o alto índice de provimento de demandas de saúde pelo Supremo Tribunal Federal brasileiro não significa que essa seria uma corte progressista. Esse mesmo tribunal teria sido conservador nos casos de distribuição de terras, por exemplo.

ii) o sistema recursal é fragmentário e sem vinculação de precedentes, mantendo, a despeito de reformas, o perfil tradicional do sistema de *civil law*;

iii) o acesso à justiça não tem barreiras temáticas;

iv) há elevada concessão de gratuidade e acesso dos litigantes através de juizados de pequenas causas constitucionalmente previstos (TENENBLAT, 2010);

v) por fim, em especial no que tange aos processos previdenciários, não há uma litigância estrutural com impacto orçamentário sentido de modo unitário, favorecendo-se processos de acomodação e endogenização da judicialização.

Segundo análise de Daniel Brinks e Varun Gauri (2012), essa prática de judicialização individual de prestações sociais não é um padrão comum em todos os países. Ela tende a atingir de modo mais acentuado aqueles que possuem renda média, a exemplo da Colômbia e da África do Sul, justamente pelo fato de neles se encontrarem atores com capacidade econômica mínima para patrocinar a litigância (RODRÍGUEZ-GARAVITO; RODRÍGUEZ-FRANCO, 2015). Assim, os elevados índices brasileiros de desigualdade tornam particularmente importante o debate sobre quem movimenta o Poder Judiciário e se, a partir de decisões judiciais, ocorrem processos de elitização e seletividade no direcionamento dos recursos das políticas públicas.

O "modelo brasileiro" de judicialização de políticas públicas,[70] tal qual radiografado por uma parcela dos estudos que tratam do direito à saúde, seria caracterizado por litígios individuais movidos por cidadãos privilegiados e residentes em zonas urbanas dos estados mais ricos, os quais, ao fazerem uso de advogados e obterem resultados quase sempre favoráveis, distorceriam os resultados da política pública afetada (FERRAZ, 2019).[71]

De acordo com tais pesquisas empíricas, o Poder Judiciário brasileiro não tem sido redentor das falhas e omissões dos demais poderes no campo de direitos sociais (SILVA; TERRAZAS, 2008). Tais estudos apresentam dados no sentido de que os juízes não teriam

---

[70] A expressão "modelo brasileiro" de judicialização de políticas públicas é extraída da obra de Octávio Luiz Motta Ferraz acerca da judicialização da saúde. A tentativa de construção de um padrão ou modelo funciona bem, nesse caso, como referência na qual podem ser aglutinadas críticas que são, entretanto, compartilhadas e desenvolvidas por uma larga gama de autoras e autores constantes das referências desta obra.

[71] O Brasil possui ampla agenda de pesquisa em relação à judicialização da saúde. Ver, entre muitos outros, Ferraz (2009); Vasconcelos (2015); Silva e Terrazas (2008); Bucci (2017); Wang (2009, 2013 e 2018); Noronha e Oliveira (2011); Sant'Ana (2018); Santos (2017).

percepção coletiva da política de saúde e dariam espaço para a litigância mobilizada primordialmente por quem faz uso de advogados e médicos pondera que o "modelo brasileiro" desconsidera a finitude dos recursos, favorecendo classes médias e altas.

Oliveira e Noronha (2011), Wang (2009) e Sant'Ana (2017) colocam ênfase em diferentes ângulos que não esse da iniquidade de acesso, de modo a mover um pouco a sombra negativa que paira sobre a judicialização. Ramiro Sant'Ana (2017, p. 329) considera que análises excessivamente centradas no direito à assistência farmacêutica são ilustrativas mais do estreitamento das preocupações acadêmicas do que das reais necessidades dos usuários do Sistema Único de Saúde. Dessa forma, em um universo em que haveria a contingência da limitação de gastos públicos (EC nº 95/2016), a utilização de grande parcela de recursos para financiar planos de saúde e diversos outros problemas, não seria o montante destacado para cumprimento de ordens judiciais a real causa de resultados sistêmicos regressivos. Por sua vez, a conclusão de Oliveira e Noronha (2011) é a de que a construção de parâmetros de julgamento que incorporem as variáveis macro da política pública, inclusive a escassez de recursos, é um horizonte que, conquanto distante, está sendo perseguido.

O debate sobre se os recursos dos pobres acabam sendo apropriados por estratos privilegiados através da judicialização, tão caro aos estudos sobre acesso à justiça, não tem uma conclusão taxativa no campo do direito à saúde. Biehl *et al.* (2012), Reis (2015), Sant'Ana (2017) problematizam as evidências de que os pobres não têm acesso aos litígios em matéria de saúde e advogam pelo aperfeiçoamento da judicialização. Reis (2015, p. 2117) sintetiza que, em vez de se partir para um esvaziamento da normatividade dos direitos sociais, o caminho seria de melhoria dos "critérios de interpretação, das estruturas institucionais e dos mecanismos processuais aplicáveis".

Além da dimensão econômica impulsionadora dos litígios, a polêmica sobre os motivos que geram a alta procura pelo Poder Judiciário brasileiro aparece ainda associada à existência de um desenho constitucional que seria especialmente convidativo à litigância (KAPISZEWSKI, 2012; TAYLOR, 2004; ARANTES, 2005).

2.3 Constitucionalização e abertura da via judicial

Os estudos sobre o movimento brasileiro de crescente judicialização referem que, a partir de 1988, uma Constituição de índole compromissária teria permitido a convivência próxima entre interesses conflitantes, internalizando muitas normas sobre *policies* "em estado puro" que não encontraram caminho fácil dentro do sistema político-representativo para se implementar (BARBOSA; VIEIRA, 2018; ARANTES; COUTO, 2006; VIANNA, 1999; LOPES, 2006).[72] Werneck Vianna (1999) considera que o nosso recrudescimento do fluxo de processos judiciais advém desse fato de o programa social constitucionalizado não possuir arranjos institucionais, burocracia e orçamento para se fazer valer. Ele expõe que, naquele novo contexto, coube à justiça a assunção do papel de um verdadeiro "muro das lamentações". O muro já nasceu sólido, diga-se de passagem. A Assembleia Constituinte de 1987 patrocinou o fortalecimento institucional do Poder Judiciário e a incorporação ao texto de propostas de centro-esquerda voltadas à ampliação de direitos dos cidadãos (KOERNER; FREITAS, 2013; GOMES, 2006), aumentando simultaneamente as garantias corporativas e as competências e temas justiciáveis.

O rol de direitos sociais previstos em 1988 se materializou através de diferentes linguagens ao longo do documento. Algumas cláusulas foram postas em termos abertos e principiológicos, ao passo em que outras se consolidaram como regras, normas detentoras de *enforcement* mais direto, ou seja, de um atributo capaz de fazer com que os juízes as garantissem de plano, para utilizar a explicação de Octávio Ferraz (2017).[73] Não só a constitucionalização da política, mas também o modo como ela se materializa no documento, são um elemento que

---

[72] Ana Laura Barbosa e Oscar Vilhena Vieira (2018) detalham que, embora seja "compromissária" e acolha interesses de bases tendencialmente corporativas e antagônicas, a Constituição de 1988 retirou, em grande medida, a regência dos conflitos das classes políticas, levando à judicialização. De acordo com os autores, "a falta de confiança da sociedade na classe política – e da classe política em si mesma – favoreceu uma busca generalizada pela maximização dos interesses próprios, entrincheirando-os na Constituição. Prevaleceu uma estratégia de garantias no curto prazo, em detrimento da adoção de uma Constituição mais procedimental, que transferiria ao sistema político e às futuras gerações o poder de conformar gradualmente a vida política, econômica e social brasileira".

[73] A constitucionalização de uma norma como "regra", segundo a filosofia do direito, é uma marca que confere atributos específicos. Jane Reis (2018) defende a ideia de que há uma distinção forte entre regras e princípios, de cunho lógico e qualitativo. Assim, a diferença residiria no fato de que as regras são concebidas como normas aplicáveis à moda "tudo ou nada" (DWORKIN, 1977), e os princípios como *standards* ou normas que podem "ser cumpridas ou não".

gera impactos em relação à maior ou menor abertura do canal de judicialização.[74]

Num fluxo de comunicação entre condicionantes institucionais e catalisadores culturais, a *juridicização* usualmente precede a *judicialização* (VERONESE, 2008). Vanessa Oliveira (2019), a partir da obra de Gauri e Brinks (2008), fornece um esquema elucidativo acerca das etapas do ciclo de judicialização das políticas públicas. A autora aponta que a "mobilização legal" é o primeiro momento do processo pelo qual uma política é incorporada aos documentos legais, e os atores do sistema de justiça ganham centralidade na sua formulação e implementação. Em seguida, seguir-se-iam fases de decisão judicial, resposta e acompanhamento ao litígio, em um modo que, segundo Oliveira (2019, p. 29), não seria propriamente de um "ciclo fechado", mas o de um caminho em que os processos vão "acontecendo e alterando a política pública reiteradamente".

Ao ser aplicado à judicialização da previdência rural, o esquema proposto por Oliveira (2019), que permite segmentar essa etapa de "mobilização legal" da política pública, demonstra que a constitucionalização segundo um modelo de regras foi fortemente motivadora de demandas judiciais.[75] O fato de que o único segurado da previdência social mencionado pela Constituição de 1988 venha a ser justamente o "segurado especial" é uma escolha política com repercussões em vários planos. Wang e Vasconcelos (2015) apontam que essa vocalização de uma política de combate a pobreza por meio de discurso jurídico acarreta judicialização e flexibilizações interpretativas que podem desnaturar a própria política.

---

[74] Um exemplo das diferentes linguagens assumidas pelos direitos e dos efeitos daí decorrentes consta em estudo feito por Lanse Minkler e Nishith Prakash (2015). Ao analisar a *performance* de constituições de 201 países em relação à redução da pobreza, a conclusão delas é a de que: "os direitos socioeconômicos enquadrados como princípios diretivos não têm efeito estatisticamente significativo na redução da pobreza, pelo menos quando todos os controles estão incluídos. De fato, talvez seja preocupante encontrar associações positivas estatisticamente significativas entre princípios diretivos e pobreza (...). Quando os direitos socioeconômicos são enquadrados como lei executável, obtemos o resultado oposto. A conclusão geral da política, portanto, é que aqueles que são interessados na redução da pobreza não devem perder tempo e energia alterando constituições com princípios diretivos, mas, em vez disso, devem se concentrar apenas em leis cujas provisões são executáveis". (tradução minha)

[75] A classificação de uma norma constitucional como "regra" é feita em contraposição às normas de caráter principiológico, que podem ser ponderadas. Essas últimas, conforme a síntese de Jane Reis (2018), possuem uma dimensão de peso e um caráter moral que não é verificado nas regras.

Ao comparar as experiências do Programa Bolsa Família (PBF) e do Benefício de Prestação Continuada (BPC/LOAS), os autores seguem detalhando que não só o PBF foi feliz por ser uma política focalizada em mulheres e jovens, mas também pelo seu cunho abrangente, capaz de reduzir objetivamente efeitos de "loteria". De fato, a experiência de judicialização da previdência contrasta com a baixa litigância verificada, por exemplo, em relação a programas de transferência direta de renda, e, conforme análise de Diogo Coutinho (2010), tal fato se daria pelo caráter mais solto da iniciativa do PBF. Sua não articulação em uma linguagem de direito constitucional positivo "faz do programa uma iniciativa mais inclusiva do que se tivesse regras rígidas e faz com que ele não tenha virado objeto de discussão nos tribunais".[76] [77]

Se a conformação constitucional de um direito à aposentadoria rural, cujos critérios são razoavelmente postos *a priori*, é uma circunstância indutora de judicialização, ela atuou também na organização de movimentos de trabalhadores do campo. Esses grupos levantaram a bandeira da implementação da política no momento pós-constituinte e seguem atuando pela sua manutenção. Ocorre que a previsão da aposentadoria por idade rural na Constituição não implicou seu imediato pagamento, tampouco a judicialização dos benefícios. Foram necessários atos de mobilização popular para que a previdência rural fosse regulamentada pela Lei nº 8.213, de 1991, e que se expandisse o acesso à justiça ao longo dos anos que se seguiram. De acordo com o relato de Jane Berwanger (2011, p. 81), mesmo após a nova Constituição, os rurícolas seguiam sem receber os benefícios e organizaram atos públicos com lideranças sindicais e trabalhadores, pressionando e ocupando as agências do INSS até que se operasse uma mudança na situação.

Esse movimento foi capturado em dados colhidos por Guilherme Delgado (1998), os quais mostram que, após uma fase de acomodação, entre os anos de 1992 e 1994, teve lugar uma forte explosão nas concessões de aposentadorias rurais. O incremento no volume total de benefícios

---

[76] A fala de Diogo R. Coutinho foi transcrita por reportagem do *site* "Consultor Jurídico", de 04 de novembro de 2010, disponível em: https://www.conjur.com.br/2010-nov-04/bolsa-familia-ficou-fora-pacote-direitos-sociais-judicializados. Acesso em: 15 ago. 2020.

[77] A experiência recente de judicialização da política de auxílio-emergencial para enfrentamento da pandemia do novo coronavírus, decorrente da Lei nº 13.982, de 2020, revela que a política do PBF contou ainda com arranjos precisos de cadastro e implementação, não sendo apenas a constitucionalização o possível gatilho necessário da litigância em torno de programas de combate à pobreza.

teria sido da ordem de 55,8%, enquanto o montante de aposentadorias, isoladamente, teria subido em 81,6% no triênio.

Vale notar que a inclusão experimentada pelos trabalhadores rurais em substituição a períodos anteriores de total alijamento ou de uma acanhada política de cunho assistencialista não foi uma circunstância isolada e restrita a esse grupo.[78] No bojo da Constituinte, houve uma ampliação maciça da cobertura social. Marta Arretche (2018) aponta que a constituição inovou justamente ao estender proteção para aqueles que não possuíam vinculação empregatícia formal e registro, os que ela chamou *outsiders*, cessando uma situação de "superposição de vantagens" pela qual o acesso à saúde e às aposentadorias não era alcançado, até então, pelos brasileiros que viviam na informalidade.

O ponto da exclusão quase que completa de alguns grupos sociais, de fato, não escapou aos constituintes. Os registros da Subcomissão de Saúde, Seguridade e Meio Ambiente evidenciam que, em 1988, estava na mira dos debates constituintes a noção de que os trabalhadores rurais àquela altura se encontravam "marginalizados", "subnutridos" e "sem cobertura previdenciária".[79] A ideia de uma previdência única, sem distinção entre trabalhadores urbanos e rurais, consolidou-se nessas bases de reparação histórica. Daí, o aumento da cobertura aos rurais sofreu objeções de cunho orçamentário, mas avançou.[80] Ao ser ouvido,

---

[78] Um estudo do Conselho da Justiça Federal (2020) faz um resumo da situação dos trabalhadores rurais anteriormente a 1988: "o trabalhador rural, antes da Constituição Federal, era praticamente alijado da Previdência Social. Tinha direito aos benefícios de aposentadoria por idade e pensão por morte, devidos apenas àquele que fosse o 'cabeça' do casal. Com a universalização dos direitos em razão da nova ordem constitucional, pode-se dizer que o trabalhador rural representa uma classe que contou com os maiores avanços na área da cidadania".

[79] Conforme constou na fala do constituinte Raimundo Rezende (BRASIL, 1987): "a questão da aposentadoria que foi colocada aqui em 55 anos, nós também fazemos uma restrição no que diz respeito ao que já foi afirmado anteriormente: nós desejamos que o trabalhador rural seja tratado com maiores atenções e que ele tenha, na lei, os mesmos direitos que os trabalhadores urbanos. Os trabalhadores rurais são párias da sociedade. Abandonados durante anos, evidentemente teria que acontecer o que aconteceu com esse movimento migratório, trazendo para as cidades, para os grandes centros, essa grande massa de trabalhadores rurais que não encontraram a realização de seus sonhos nessa transformação, nessa mudança. Portanto, nós somos a favor que, na lei, exista o mesmo tratamento. Não achamos conveniente fazer a discriminação pela idade ou colocar no projeto uma aposentadoria de 55 anos, sem saber bem o que vai ocorrer no âmbito geral. Porque ficar como está hoje, aposentadoria pela idade na base de 65 anos, é profundamente injusto; porque o trabalhador rural luta com o trabalho e luta com a subnutrição e isto representa profunda agressão contra o seu ser".

[80] Sandra Gomes (2006) relata que existiam objeções orçamentárias amplas erigidas no curso dos debates constituintes: "concessão de benefícios sociais que foram duramente criticados pelo presidente José Sarney. De acordo com ele, o Projeto de Constituição aprovado em 1º turno provocaria uma 'brutal explosão dos gastos públicos', com a 'perda

o então Ministro da Previdência Social, Raphael Magalhães, expôs que os benefícios rurais seriam deficitários e custeados pelos trabalhadores urbanos, de modo que "quando se fala em ter um regime único, tem que se falar num regime único, ou seja, contribuição e benefício". No entanto, prevaleceu uma compreensão favorável aos trabalhadores do campo, defendida pelas federações e sindicatos, que apontaram, à época, que o salário mínimo no país era o mais baixo da América Latina, sendo que, aos rurais, naquele momento, pagava-se apenas metade do valor (BRASIL, 1987).

A Constituição de 1988 acabou por encerrar as distinções entre as previdências rural e urbana, extinguindo a diferença etária e de valor dos benefícios. E, conforme explica Anita Brumer (2002), uma vez provada a qualidade de segurado especial, o acesso de idosos e inválidos à cobertura social assume um caráter universal. Célia Kerstenetzky (2012, p. 240) adjetiva a expansão como "dramática", pois "um conjunto de novos segurados especiais (os trabalhadores rurais em regime de economia familiar), sem contrapartida contributiva direta, é então incorporado, representando um passo importante no esgarçamento do vínculo contributivo e em direção à universalização com adequação na previdência".

Foram inúmeras as mudanças trazidas pela Constituição ao âmbito da seguridade social, incluindo-se nesse leque, ainda, a criação do benefício de prestação continuada (BPC/LOAS), a universalização do acesso à saúde, a criação de contribuições sociais que serviram para fundo de amparo ao trabalhador e outras coberturas.

A notável e intensa mobilização política de trabalhadores no passado de conquistas constitucionais deixa entrever que, apesar de falhas de desenho, os rurícolas possivelmente não teriam melhor sorte hoje numa eventual negociação política de substituição dos seus benefícios. Por conta disso, Valadares e Galiza (2016, p. 62) chegam à conclusão de que as "ineficiências" da política da previdência rural decorrem de um "processo estrutural de exclusão que alijou a população de direitos básicos", gerando demanda reprimida. Por esse motivo, os autores consideram que não adianta substituí-la irrefletidamente por uma "cesta" qualquer de outras prestações, pois

> (...) os benefícios da previdência rural geram, para as famílias, efeitos que transcendem o desenho normal da política, a questão imediata a

---

de 20% de receita já em 89', e causaria um rombo na Previdência da ordem de US$3,5 bilhões".

ser colocada não parece ser, da perspectiva da demanda social, se outra política produziria iguais efeitos de maneira mais eficiente, mas, sim, em que medida tais efeitos deixariam de ser observados caso a política que os produz fosse modificada ou restringida. (VALADARES; GALIZA, 2016, p. 62)

Esse aumento da cobertura social decorrente da constitucionalização representou incremento também do número de processos judiciais. Sadek (1995) confirma que a constitucionalização teve efeitos simbólicos e práticos impulsionadores do aumento de demandas. De acordo com a autora, entre 1990 e 2002, houve um aumento de 270% do número de processos que ingressaram no Poder Judiciário. O aspecto simbólico desse aumento refere-se à construção de um discurso de direitos e de cidadania, ao passo em que, no âmbito concreto, assistiu-se a uma pressão sobre o Estado para o cumprimento das promessas constitucionais, movimento que não necessariamente se repetiu em torno de políticas de transferência não constitucionalizadas.

Como é possível observar, a constitucionalização da política previdenciária rural não representou um estopim automático para o pagamento de milhares de benefícios e a inclusão concreta desse segmento de trabalhadores. Isso decorre do fato de a dinâmica do conflito pela alocação de recursos ser complexa, passando não apenas pela abertura normativa, como também pela galvanização dos movimentos do campo, pela pressão em torno da burocracia previdenciária e pela expansão do acesso à justiça.

A demanda pela implementação dos novos direitos desaguou na criação dos juizados especiais, previstos no art. 98, I, da Constituição de 1988, e na interiorização da justiça federal. A experiência dos juizados brasileiros diferencia-se daquela havida nas demandas estruturais latino-americanas e é fortemente conformadora do nosso ambiente de litigiosidade. Como explicado por Inatomi (2009, p. 81), os juizados, embora influam no acesso à justiça, possuem mecanismos procedimentais insuficientes para fazer com que as agências estatais mudem de comportamento. Assim, haveria um descasamento entre o funcionamento dessas unidades e a complexidade dos direitos sociais. De fato, como passo a detalhar nas seções 2.4 e 2.5, os juizados seguem absorvendo um volume muito grande de conflitos e entregando baixa responsividade e diálogo com as instâncias governamentais.

2.4 O papel dos juizados especiais federais na equação dos litígios

"Os juizados são o fracasso do sucesso". Ao pronunciar essa frase, o Ministro Gilmar Mendes, do Supremo Tribunal Federal, narrou que o projeto de lei dos juizados teria sido engendrado para um ingresso de demandas de 200 a 250 mil processos anuais, mas, muito rapidamente, passou-se a assistir ajuizamentos da ordem de 2,5 milhões de novos processos a cada ano. De acordo com o Ministro, os juizados teriam dado certo por não preverem muitas exigências e formalizações. Contudo, o êxito estaria acompanhado de uma nova preocupação, pois "essa via expressa não consegue dar vazão a essas causas".[81]

À época do julgamento do recurso extraordinário que tratou sobre a necessidade de apresentação de prévio requerimento administrativo nas demandas previdenciárias (RE nº 631240/MG), o Supremo Tribunal Federal identificou que a tramitação dos processos judiciais superava e muito o tempo de desfecho dos requerimentos administrativos. Aprofundando esse tema, o Ministro Luís Roberto Barroso defendeu que o Poder Judiciário não teria estrutura para atuar paralelamente ao INSS, de modo que "pretender transferir aos juízes e tribunais a enorme demanda absorvida pela Previdência implicaria o total colapso do sistema judiciário".

---

[81] Trecho constante do voto proferido pelo Min. Gilmar Mendes no RE nº 631240/MG. Nessa mesma oportunidade, o Ministro detalhou as suas expectativas e impressões em relação à tramitação do projeto que se tornou a Lei nº 10.259/01: "Lembro-me, participei deste projeto ativamente quando estava na Advocacia-Geral da União, de que, no dia em que enviaríamos o projeto para o Congresso, ocorreu ao Ministro Pedro Parente, Chefe da Casa Civil, de perguntar se não poderíamos elevar aquele *quantum* que estava estabelecido, que era de 40 salários mínimos, conforme a Lei dos Juizados Especiais tradicionais. Ele dizia que, talvez, pudéssemos elevar esse valor. Mas, para isso, precisamos saber qual é a quantidade de demandas que se estima que virão para os Juizados Especiais federais. E, depois de um rápido estudo no Conselho da Justiça Federal, o Ministro Nilson Naves, que estava agora na presidência do tribunal, disse: 'Nós estimamos que, nos próximos dez anos, talvez, tenhamos algo como 200 ou 250 mil processos nos Juizados Especiais'. Esse era o número mais ou menos fechado, Presidente, que tramitava nas varas da Justiça Federal, das varas de previdência, as varas especializadas da Justiça Federal, essa era um pouco a ideia. Como tinha algo em torno de 250 mil processos tramitando nas varas de previdência, na Justiça Federal, deve ser mais ou menos isso que nós vamos ter. Isso causou a decisão do governo, determinou a decisão do governo, de elevar para sessenta salários mínimos o teto do Juizado Especial Federal, lastreado nessa informação. Qual não foi a surpresa de todo mundo, em pouquíssimos anos, muito menos do que aquilo foi estimado, os Juizados Especiais atingissem a cifra de 2,5 milhões de processos – 2,5 milhões de processos".

De fato, logo após a instituição dos juizados através da Lei nº 10.259, de 2001, a justiça federal constatou uma explosão no número de processos.[82] A constitucionalização, descrita no tópico anterior, trouxe a reboque uma demanda por acesso à justiça, a qual foi veiculada através de medidas que visaram popularizar e democratizar a justiça. Cunha (2004) lembra que a ideia era a de "ampliar o acesso a um número cada vez maior de pessoas e a participação da comunidade na solução dos conflitos que chegam até o poder judiciário". Essa participação popular se daria inclusive em substituição à autoridade judicial, mediante a atuação de conciliadores ou juízes leigos.

Projetadas no tempo, tais virtudes de simplicidade e oralidade colocaram em xeque a própria capacidade de funcionamento do sistema dos juizados (FERRAZ, 2010). A análise das estatísticas revela que, a despeito da elevada quantidade de casos novos, a estrutura da justiça foi se ajustando apenas lentamente à inovação, e teriam ocorrido distorções, pois

> (...) não ocorreu uma aproximação entre a Justiça e os cidadãos mais pobres, no que se apontava que a ampliação do acesso colocada como um dos objetivos subjacentes encontrava claras limitações. Detectou-se que havia 'poucos procurando muito e muitos procurando pouco', além do fato dos Juizados estarem servindo mais para os credores cobrarem suas dívidas do que para os cidadãos sem condições reclamarem por seus direitos. (SADEK, 2001 *apud* INATOMI, 2009)

Na primeira medição do Conselho Nacional de Justiça, realizada no ano de 2004, as varas de juizados federais receberam perto de 1,7 milhões de processos. Para fazer frente a esse volume, a magistratura federal possuía, à época, 1.185 juízes, ou seja, 60% do quadro hoje existente. A carga de trabalho dos magistrados lotados nessas unidades de juizados chegava à casa de 11.408 processos por juiz. A falta de recursos para a estruturação dos juizados era flagrante, e, segundo Flávio Dino (2002), as unidades funcionavam em espaços emprestados e sem pessoal próprio, havendo, na ótica dele, um grande risco de que se "perdesse o rumo". Os dados demonstram haver uma estabilidade persistente no alto número de casos que ingressam nos juizados, ao

---

[82] Inatomi (2009) explica que a criação dos juizados se insere, sob ponto de vista retórico, na terceira onda de expansão do acesso à justiça, conforme categorizado por Garth e Cappelletti (1988). Porém, nas palavras da autora, "o primeiro Juizado brasileiro surgiu na primeira metade da década de 1980, como confluência de diagnósticos realizados pelo Programa Nacional de Desburocratização, criado pelo Governo Federal em 1979".

passo em que o aumento do número de integrantes da magistratura, embora relevante, não se deu em ritmo igualmente acelerado:

TABELA 2
Evolução dos juizados especiais

Ano	Número de casos novos	Quantidade de juízes
2004	1.631.304	1.185
2007	1.200.000	1447
2010	1.418.572	1550
2020	1.808.548	1951

Fonte: Justiça em Números 2020/CNJ.

Por essas circunstâncias de demanda represada e estrutura precária, os juizados já nasceram com uma taxa de congestionamento da ordem de 47,6% e, não obstante fosse baixo o índice de recorribilidade das sentenças ali proferidas, o qual girava em torno de apenas 12%, inexistiam juízes lotados em turmas recursais para julgar as demandas em segundo grau (CNJ, 2004).

A necessidade de estruturação de um sistema que contasse com juízes e servidores próprios constou em sucessivos projetos que tramitaram durante a construção desse marco legislativo de interiorização da justiça federal. Primeiro, na justificativa do PL nº 5.756/2001, voltado à criação das 183 varas, falava-se que o acesso à justiça federal para os que residiam no interior ainda seria "tortuoso e muitas vezes irrealizável" (BRASIL, 2001). Idêntica justificativa constou no PL nº 5.829/2005, repetindo-se que a interiorização repararia uma espécie de injustiça histórica, pois não seria "justo que um habitante do interior deva percorrer longas distâncias para exercitar sua cidadania, mesmo porque a maioria deles, sem condições para tais deslocamentos, acaba por desistir daquilo que lhe é devido e sucumbe diante de algo que lhe desfavoreça". (BRASIL, 2005)

Fábio Tenenblat (2017, p. 70) reforça que o crescimento orgânico da justiça como estratégia para se fazer frente ao crescente volume de processos tem sido a tônica da resposta institucional do Poder Judiciário ao problema. Contudo, a solução de abertura de unidades jurisdicionais em locais antes não atendidos seria, na visão dele, dispendiosa e abriria caminho para demanda reprimida, sendo incapaz de acelerar a tramitação dos processos. Segundo Tenenblat (2017, p. 70):

Não há dúvidas de que, sobretudo no tocante à universalização do acesso à justiça, o estabelecimento de novos juízos, especialmente em localidades onde ainda não há varas instaladas, revela-se essencial. Do mesmo modo, a multiplicação das experiências dos juizados especiais itinerantes representa um instrumento eficaz de ampliação dos direitos de cidadania e justiça para as populações economicamente vulneráveis, que vivem em áreas isoladas do país e padecem de invisibilidade social, inclusive quilombolas e indígenas. No entanto, o desdobramento de comarcas e a instituição de varas comuns e juizados especiais em localidades distantes de qualquer juízo instalado, assim como as caravanas de justiça itinerante, configuram, precipuamente, medidas de satisfação de demanda reprimida, por propiciar acesso ao Poder Judiciário a pessoas até então privadas, na prática, de tal serviço. (...) Em suma, as medidas tradicionalmente adotadas no combate à lentidão da Justiça, apesar dos inquestionáveis resultados benéficos, não enfrentam a questão do excesso de demanda; pelo contrário, algumas delas, inclusive, têm como efeito colateral o aumento da procura pelos serviços de prestação jurisdicional.

Portanto, ainda que o primeiro retrato dessas unidades sem magistrados e sem prédios contraste com o panorama da justiça federal de hoje, dotada de orçamento que ampara uma despesa total de 12.136.304.726 de reais, de 984 unidades judiciárias e um quadro de 1.951 juízes, a criação dos juizados não conseguiu, até o momento, produzir uma resposta tão célere quanto se esperava. Enquanto o Poder Judiciário consegue tramitar uma pequena causa na velocidade de 1 ano e 09 meses (CNJ, 2020), o Supremo Tribunal Federal estimou a duração para o processo administrativo previdenciário em apenas 45 dias, e o Conselho Nacional de Justiça calculou a tramitação atual em 75 dias (CNJ/Insper, 2020).[83]

A trajetória de fortalecimento dos juizados foi um componente fundamental para a expansão do acesso à justiça em favor dos trabalhadores rurais, isto é, para que eles passassem a conseguir levar seus conflitos ao Poder Judiciário em busca de uma solução. Porém, a métrica desse êxito não pode se resumir à mera constatação de que muitos processos foram ajuizados. Ela deve ser influenciada tanto pelas condições econômicas dos postulantes quanto pelo tempo de duração dos processos e a complexidade dos procedimentos (CUNHA, 2004, p. 2).

Acima de tudo, como defende Celly Cook Inatomi (2009, p. 150), os Juizados precisam ser um lócus efetivo para a resistência à negativa de direitos, com procedimentos aptos a dar conta dessa tarefa

---

[83] Ver RE nº 631240/MG.

complexa. Nas palavras dela, é preciso "não produzir efeitos negativos sobre a integridade e distribuição dos direitos, ainda mais se estes não se encontrarem disponíveis para os cidadãos", reconhecendo-se que

> (...) a resolução particularizada de alguns conflitos apenas contorna problemas que têm caráter geral e que vão continuar chegando à Justiça a conta-gotas para serem solucionados de maneira fragmentada, prejudicando não apenas os cidadãos como as próprias instâncias da Justiça, que se verão cada vez mais abarrotadas de processos. (INATOMI, 2009, p. 150)

2.5 Processo de interiorização da justiça federal

A expansão da justiça federal por meio da sua interiorização tem sido outro fator fortemente associado à narrativa de garantia de acesso à justiça em favor da população rural e contribuiu para o aumento do número de processos.

Após ser extinta em 1937, a justiça federal de primeira instância foi recriada pela ditadura militar no ano de 1965. O Ato Institucional nº 02 previu regras que voltaram a definir competências constitucionais para os juízes federais, destinando-lhes primordialmente o julgamento de causas em que a União e suas entidades autárquicas fossem partes ou interessadas.[84]

Com um quadro inicial de 86 cargos, a justiça federal voltou à cena marcada pela pecha de alinhamento dos seus juízes ao regime autoritário. Afinal, o ato da sua recriação veio no mesmo pacote do aumento de integrantes do Supremo Tribunal Federal e de outros movimentos de cerceamento à independência judicial. Quanto a esse aspecto, Freitas (2017) lembra que os nomeados da época efetivamente decidiam as causas aderindo à pauta do governo, contudo o faziam mais por convicção político-ideológica do que por constrangimentos sofridos

---

[84] A justiça federal teve a sua primeira instituição quando da Proclamação da República. Alexandre Vidigal de Oliveira (2017) explica que a inspiração para o desenho institucional inicial foi a justiça federal norte-americana. Segundo o autor, nessa primeira organização, funcionavam juízes de seção, substitutos e *ad hoc*, e a instância recursal era o próprio Supremo Tribunal Federal, o qual era composto por 15 juízes, livremente nomeados pelo Presidente da República, após aprovação do nome pelo Senado. Na sua refundação, a organização da justiça federal foi efetivada pela Lei nº 5.010, de 1966, ao passo em que regionalização em cinco tribunais foi posterior, tendo ocorrido quando da Constituição Federal de 1998.

após a sua nomeação.⁸⁵ Os concursos públicos para a magistratura federal apenas passaram a ser realizados em 1972 e não tinham ferramental para extirpar possíveis influências políticas (RODRIGUES, 2019).

As causas dos trabalhadores rurais não tinham um espaço natural nessa justiça, seja porque os próprios benefícios sociais eram escassos e sem previsão constitucional, seja pela existência de barreiras de toda ordem à litigância, tais como o baixo número de juízes e a sua localização restrita às capitais do país.⁸⁶

A Assembleia Constituinte de 1987 se defrontou com esse panorama de inviabilidade de acesso à justiça. Nos debates da Subcomissão do Poder Judiciário, os parlamentares foram submetidos aos relatos do que seria o "périplo" vivido pelo rurícola diante da justiça federal, pois, segundo discurso da representante Maria Rita Senne Capone, o "nosso camponês, homem simples, analfabeto, que mora no mato já com dificuldades, vai à cidade mais próxima, ou até mesmo à sede da Comarca mais distante, muitas vezes a pé e, chegando lá, vai correndo à Justiça do Trabalho, que é a mais popular". A debatedora complementou a sua fala, de modo contundente, descrendo em qualquer mudança advinda da refundação da justiça federal, uma vez que os juízes teriam sido nomeados para "tutelar o Estado", e não "o camponês" (BRASIL, 1987).

Os constituintes acabaram por dar fim às cláusulas que excluíam temas da apreciação do Poder Judiciário, instituíram juizados de pequenas causas em âmbito estadual e previram outras medidas voltadas ao desiderato de que as pessoas conseguissem chegar às dependências da justiça para expressar os seus inconformismos. Um desses exemplos foi o engenhoso esquema de delegação de competências da justiça federal para a estadual. Nesse ponto, a Constituição previu que, na ausência de vara federal em determinada localidade, os segurados da previdência social poderiam ajuizar os seus processos perante a unidade da justiça estadual mais próxima.⁸⁷ Nessa hipótese, os recursos das

---

⁸⁵ Segundo Freitas (2009, s.p.): "A Justiça Federal recebia ações envolvendo aspectos administrativos ou civis (*v.g.* censura). Os juízes federais, não por serem induzidos, mas sim por convicção, não costumavam divergir das posições do regime. Afinal, foram nomeados porque neles se confiava. Era de se supor certa identidade político-ideológica. Mas, em 21 de setembro de 1978, o juiz federal Márcio José de Moraes (7ª Vara Federal de São Paulo), aprovado no segundo concurso nacional, condenou a União no célebre caso Vladimir Herzog".

⁸⁶ A lotação dos juízes foi prevista pela Lei nº 5.010, de 1966.

⁸⁷ Cf. Art. 109, §3º, da CF/88: "Lei poderá autorizar que as causas de competência da Justiça Federal em que forem parte instituição de previdência social e segurado possam ser processadas e julgadas na justiça estadual quando a comarca do domicílio do segurado não

decisões proferidas pelos juízes estaduais passariam a ser julgados pelos Tribunais Regionais Federais, ou seja, por cortes perante as quais eles não respondiam funcionalmente.

Essa delegação de competências previdenciárias ensejou polêmicas dentro e fora da magistratura. Entre os magistrados, associações de juízes federais têm defendido o seu fim, com base no argumento da especialização dos juízes federais no assunto (ALVES; MENDES, 2019). No mesmo sentido, o Tribunal de Contas da União (2018) tem apontado as ineficiências do sistema de delegação de competências, reputando-o mais caro e moroso.[88] Quanto à maior lentidão de tramitação nas varas estaduais, o TCU (2018) colheu depoimentos de procuradores federais que narraram a ocorrência de processos que chegaram a durar mais de cinco anos, bem como reclamações de que a procedência das ações na competência delegada seria muito superior à verificada no âmbito da justiça federal, o que se atribuiu à não especialização dos juízes estaduais na matéria previdenciária e a precária atuação da procuradoria do INSS.[89]

O mesmo sentimento de disfuncionalidade da delegação de competência foi detectado nesta pesquisa. Uma das diretoras de secretaria ouvidas pontuou que essa seria uma abertura que ocasionaria a fuga de litigantes em busca de juízes mais benévolos. Segundo as suas declarações, teria havido

> (...) um aumento de demandas após as alterações da alta programada do auxílio-doença, pois os benefícios passaram a ser concedidos apenas por quatro meses em média. Rural, por outro lado, tem reduzido na capital. Os juízes são bem "criteriosos". Então a gente percebe que os advogados preferem ajuizar na jurisdição delegada. Aqui há muita sentença de improcedência. (Diretora 7)

A impressão da servidora corrobora o relatório do TCU (2018, p. 27) quando este aponta que "inúmeros casos seriam ajuizados na Justiça Estadual como tentativa de *fugir* de julgamentos cujo entendimento é desfavorável ao autor na Justiça Federal". Haveria ainda dificuldade na identificação de ações idênticas ajuizadas nas duas esferas e, por

---

for sede de vara federal". A justiça estadual também tem competência previdenciária originária para as causas decorrentes de acidente de trabalho. Nas duas competências, delegada e originária, a justiça estadual de 1º grau recebeu 844.151 casos previdenciários novos no exercício de 2016, conforme dados do Conselho Nacional de Justiça.

[88] Um dos dados veiculados pelo TCU (2018) é o de que uma perícia médica sairia em média R$158,55 reais para o INSS, ela custaria R$263,98 para a justiça federal e R$359,37, no âmbito das varas estaduais, redundando num acréscimo de custos de 33%.

[89] Ver Levantamento de Auditoria TC nº 022.354/2017-4.

fim, "relatos a preferência de alguns advogados em impetrar a ação na justiça delegada, mesmo quando as cidades são contíguas às das que têm sede de vara federal, a exemplo da cidade de Águas Lindas em Goiás, que é muito próxima das varas dos Juizados Especiais Federais do Distrito Federal".

Com ou sem falhas, nem mesmo o mecanismo de competência delegada significou uma imediata popularização do acesso à justiça federal. Um grande contingente de população rural permaneceu alijada da cobertura social e presa no que seria uma "cidadania de baixa intensidade", para utilizar a expressão de Guillermo O'Donnell (1998), dadas as difíceis circunstâncias que os rurícolas enfrentavam para tratar com as burocracias administrativa e judicial.

O giro nessa questão, isto é, uma efetiva expansão do acesso da população rural à justiça federal, foi tardio e se deu em duas outras oportunidades: primeiro com a criação dos juizados especiais federais através da Lei nº 10.259/01; em momento posterior, com as leis que interiorizaram a justiça federal (a Lei nº 10.772/2003 instituiu 183 varas federais; a Lei 12.011/2009, 230, e a Lei 12.665/2012, 75 cargos de juiz federal).

No curso da tramitação do PL nº 3.999/2001, embrião do que seria a futura lei dos juizados, o parecer da Comissão de Constituição e Justiça mencionou haver grave represamento de demandas na justiça federal, pois os 139 juízes que compunham o quadro não estavam respondendo com celeridade ao maior volume de processos. Assim, a justiça federal deveria seguir o que se considerava o bom exemplo dos juizados estaduais, criados pela Lei nº 9.099/95.[90] Segundo o parecer, as pequenas causas precisavam ser concluídas com mais rapidez, "facilitando o acesso à justiça e o ressarcimento das partes menos favorecidas nas disputas contra a União, autarquias, fundações e empresas públicas federais, pois a solução de tais litígios dar-se-á rapidamente, e sem a necessidade de precatórios para a quitação dos eventuais débitos".

Ao ser enfim editada, no mês de julho de 2001, a lei dos juizados especiais federais instituiu um rito sumaríssimo e gratuito para causas de até sessenta salários mínimos. As ações não precisam ser ajuizadas por advogados, havendo inclusive na justiça federal guichês para que sejam colhidas as demandas por termo pelos servidores do quadro (atermação). Não são cobradas custas judiciais, inexiste condenação

---

[90] Segundo o parecer da CCJ no PL nº 3.999/01, naquele ano, a justiça federal tinha 1.000.013 processos em tramitação para um contingente de 139 juízes.

em honorários em primeira instância e, em segundo grau, apenas o recorrente vencido arca com ônus de sucumbência (art. 55 da Lei nº 9.099/95).

A maior novidade, entretanto, foi a dispensa da necessidade de expedição de precatórios para os valores compreendidos na alçada dos juizados. As "requisições de pequeno valor" não estão jungidas aos prazos extensos de programação orçamentária dos precatórios. O uso dessa facilidade de pagamento, o regime de gratuidade de justiça e a litigância sem advogado, entre outras inovações, fizeram com que os juizados especiais surgissem recebendo um número de demandas muito superior ao que se esperava que fosse ingressar nas suas fileiras.

2.6 Características da judicialização da previdência rural

As tensões descritas ao longo deste capítulo, as quais imbricam a previsão de novos direitos, a carência de recursos e a expansão judicial, assumem uma particular expressão quando são judicializadas prestações previdenciárias. Nesse campo, agregam-se as complexidades identificadas por Giannattasio, Asperti e Silva (2012, p. 54) de explosão demográfica, longevidade da população, sociedade de massa e de desigualdades. Destaco, em especial, os seguintes aspectos distintivos da judicialização da previdência rural:

i) as dimensões socioeconômica e geográfica do acesso à justiça;

ii) a possibilidade de conciliação e oralidade do procedimento;

iii) o valor baixo das condenações.

No quesito do acesso à justiça, Daniel Wang (2009) explica que os cidadãos mais pobres podem se distanciar do Poder Judiciário em virtude de múltiplas exclusões que se reforçam mutuamente: conhecem menos os seus direitos, intimidam-se pelos fóruns e advogados, não têm recursos econômicos para litigar.[91] Não raro, dependem ainda de

---

[91] O debate acerca do acesso à justiça evoluiu através de um primeiro momento de concessão de assistência judiciária aos mais pobres; em seguida, pela representação em juízo de interesses coletivos e difusos; e, por fim, pela constituição de procedimentos especiais e de métodos alternativos de resolução de controvérsias, no que seriam as três ondas renovatórias de acesso à justiça, mapeadas por Cappelletti e Garth, na década de 1970, no Florence Project. A assistência judiciária gratuita brasileira se insere na primeira leva de universalização do acesso à justiça, sendo instituída pela Lei n° 1.050, do ano de 1960, consolidando-se como a forma primeira através da qual as partes litigam na

uma mínima projeção de êxito para entrar em juízo (VARUN; BRINKS, 2008, p. 18). Por isso, a via da solução judicial de conflitos, quando apropriada por aqueles que não são hipossuficientes, gera desvios que precisam ser identificados (WANG; FERRAZ, 2014).

De acordo com o último censo agropecuário (IBGE, 2017), a população rural brasileira diminuiu e envelheceu, dependendo cada vez mais de pensões e aposentadorias. Porém, ainda que o seu rendimento tenha se deslocado em direção ao predomínio de receitas não agrícolas, os benefícios auferidos ainda se situam no patamar de um salário mínimo. Historicamente, a renda do segmento é baixa, correspondendo a 1/3 dos rendimentos auferidos pela população urbana (PNAD/IBGE, 2009).

Em comparação com o mesmo censo realizado pelo IBGE no ano de 2006, os domicílios que se dedicam à agricultura familiar encolheram 9,5%, perdendo 1,5 milhão de trabalhadores. De outra parte, a porcentagem de domicílios que passaram a contar com receita de aposentadorias e pensões aumentou para 92%, saindo de 976.152 para 1.874.944. A conclusão, ao se cruzar esses dados com a variável idade dos produtores, é a de que o envelhecimento dos trabalhadores rurais não veio acompanhado da sua substituição por outros mais jovens (IBGE, 2017).

As estatísticas vão ao encontro dos estudos que descrevem o nosso meio rural como ainda predominantemente marcado por ocupações não remuneradas e produção para subsistência (CRUZ *et al.*, 2019), levada a cabo em pequenas propriedades (IBGE, 2017). Nesse cenário, a judicialização da previdência rural não parece experimentar distorções de apropriação dos recursos judiciais gratuitos por partes economicamente privilegiadas, porquanto o perfil socioeconômico dos litigantes é marcado pela renda baixa.

No que toca ao aspecto geográfico, os dados apurados pelo Conselho Nacional de Justiça (2020) revelam que os processos de segurados rurícolas se concentram sobretudo nos Tribunais Regionais Federais da 1ª e 5ª Regiões, isto é, nas regiões Norte, Nordeste e Centro-Oeste do país, havendo importantes variações locais no que tange ao acesso à justiça. Segundo a análise do CNJ/Insper (2020), alguns estados como Alagoas, Ceará e Bahia apresentam altas taxas de concessão judicial, o que se explicaria pelo "perfil socioeconômico da população, diferenças em acesso à Justiça ou mesmo a concentração populacional".

---

justiça federal brasileira e no seu sistema de Juizados, respondendo por 60% dos feitos (TENENBLAT, 2010).

Em acréscimo, o Conselho apurou haver "dificuldade de acesso à Justiça especialmente na região Norte. Apesar de iniciativas como o juizado itinerante, a realidade é que muitas pessoas ainda têm que pegar barcos e se deslocar por dias para acessar a Justiça". A pesquisa conclui que a litigância que gravita em torno da previdência rural é fortemente concentrada no interior do país ou em cidades que receberam forte fluxo migratório decorrente do êxodo rural experimentado em décadas passadas, o que foi também confirmado pelas entrevistas realizadas nesta pesquisa, conforme será abordado no Capítulo 4.

A forma por meio da qual as soluções são alcançadas também é um elemento relevante na percepção do acesso à justiça. Luciana Gross Cunha (2004, p. 7) sustenta que o Poder Judiciário brasileiro expandiu as fronteiras do serviço público por ele prestado e, no que concerne aos juizados, conclui que esse sistema efetivamente auxiliou na superação de barreiras econômicas, geográficas e sociais ao acesso à justiça de pessoas vulneráveis, não só porque atendeu muitas pessoas, senão porque o fez por meio da conciliação, simplicidade, celeridade e economia.[92] O resultado da pesquisa de Cunha (2004, p. 39) acerca da democratização proporcionada pelos juizados é o de que o fenômeno se deu pelo atendimento direto à população, constituindo-se, assim, uma válvula para solução de causas mediante acordos, num ciclo positivo que redundou, ao final, em desfechos proporcionalmente mais favoráveis aos autores hipossuficientes.

Essas marcas da oralidade e da possibilidade de conciliação se fazem acentuadamente presentes na judicialização da previdência rural, inclusive no último caso, por força de disposição legal. A lei dos juizados especiais federais dispõe que os "representantes judiciais da União, autarquias, fundações e empresas públicas federais ficam autorizados a conciliar, transigir ou desistir".[93]

Além disso, conforme antecipado no curso deste trabalho, a realização de audiência de instrução e julgamento decorre de orientação jurisprudencial uniforme em todos os tribunais federais,[94] de modo

---

[92] Cf. CUNHA, 2004.
[93] Cf. parágrafo único do art. 10 da Lei nº 10.259/01.
[94] Cito precedentes ilustrativos do TRF da 1ª Região: "o retorno dos autos ao juízo a quo para continuação da instrução processual deve ocorrer em face da importância existente no fato de o magistrado sentenciante ter contato com a parte autora, considerando a dificuldade que tem os trabalhadores rurais para produzir o início de prova material da atividade exercida". (AGREXT 0025381 – 23.2016.4.01.3900, TRF1 – SEGUNDA TURMA RECURSAL – PA/AP, Diário Eletrônico Publicação 31.01.2018); "não tendo sido realizada audiência para oitiva de testemunhas, indispensável à espécie, forçoso anular a sentença

que, em sendo aventada a qualificação de rurícola na petição inicial, é obrigatória a sua realização. A oitiva deve ser designada ainda que tenham sido apresentados poucos documentos quando do ajuizamento do processo, ou seja, mesmo que seja incipiente o início de prova material. A conciliação é também prática recorrente, conquanto não seja obrigatória. O relatório CNJ/Insper (2020) sobre a judicialização de benefícios previdenciários e assistenciais reforça que existe uma aproximação entre INSS e justiça para que as questões sejam resolvidas por acordo.

Por fim, como terceiro aspecto distintivo da judicialização da previdência rural, destaca-se que o valor das condenações individuais nesse âmbito não é elevado. O montante envolvido na judicialização de benefícios previdenciários de todas as espécies, englobando reativações, pagamentos por requisição de pequeno valor e precatórios, é de R$92 bilhões (TCU, 2018). Porém, quando os dados são segregados de modo a apenas serem consideradas as condenações, é possível notar que, no exercício de 2017, foram pagos R$5,167 bilhões por meio de RPV e R$8,09 bilhões por precatórios, referentes a processos judiciais contra o INSS. O valor envolvido em cada causa singularmente considerada não é elevado, diferentemente do que ocorre nas demandas de saúde. Conforme levantamento desta pesquisa por meio da base de dados Datajud/CNJ, as causas redundam num valor médio de 7,7 mil reais (BI do anexo 1).

As características destacadas nesta pesquisa somam-se a outros elementos colhidos por recentes relatórios do Conselho Nacional de Justiça (2020) e Tribunal de Contas da União (2018). Para o CNJ, a judicialização da previdência caracteriza-se por um crescimento exponencial no volume de processos, pela forte concentração de demandas na justiça federal, especialmente nos Tribunais da 1ª e 5ª Regiões. Já pela ótica do TCU, sobressaem-se os custos e a ineficiência do sistema, tendo em vista o orçamento consumido pelo Poder Judiciário e o elevado custo do processo judicial.

---

e determinar a remessa dos autos à vara de origem para tal finalidade e examinar a pretensão como de direito. (AC 1016706-51.2020.4.01.9999, Desembargadora federal Gilda Sigmaringa Seixas, TRF1 – PRIMEIRA TURMA, PJe 09.09.2020).

2.7 Palavras finais

Ao longo do presente capítulo foi revisada a literatura que trata dos diferentes parâmetros de judicialização. Numa perspectiva latino-americana, a judicialização possibilitou experimentos democráticos e a afirmação de direitos previstos em novas constituições. A vivência do continente é a de um rico portfólio de litígios estruturais e complexos. Por outro lado, o caso brasileiro é mais especificamente marcado por litígios individuais, que, não raro, possuem impacto relevante nas políticas públicas e econômicas, sem, todavia, coordenarem-se com elas. Há um paradoxal aspecto limitante na dinâmica de rito dos juizados especiais – ao mesmo tempo em que as decisões judiciais são um componente hoje indissociável da análise dos resultados das políticas públicas no país (BARREIRO; FURTADO, 2014), pela carência de ferramental adequado, a interferência exercida pela justiça desconsidera possíveis impactos sistêmicos que exerce nos seus processos de implementação.

Detalhei, assim, ao longo deste capítulo, que a constitucionalização da política previdenciária e de novos direitos socioeconômicos gerou uma pressão por acesso à justiça no Brasil, a qual foi enfrentada por meio da criação de juizados especiais e, no caso mais específico da justiça federal, pela interiorização das suas unidades. Os juizados não representaram, entretanto, uma panaceia. A limitação do formato faz com que eles repliquem processos, sem atingir o núcleo dos conflitos, e apresentem acentuado volume e lentidão.

Ainda que a ideia de um "modelo brasileiro" não tenha adesão ampla entre os pesquisadores de judicialização da saúde ou pretenda abarcar, de modo totalizante, os demais fenômenos de litigância, ela serve como parâmetro de contraste para que sejam enxergadas semelhanças e diferenças no campo da judicialização da previdência. Pouco vista e teorizada pela produção acadêmica que trata da judicialização de direitos socioeconômicos, a judicialização de benefícios previdenciários tem características que justificam a sua análise apartada e uma agenda própria de pesquisa.

Como num jogo de sete erros, em que se buscam diferenças em imagens semelhantes, quis fazer um caso sobre as peculiaridades da judicialização da previdência social. No rol das semelhanças, foram elencadas as características de alta individualização dos litígios, sendo baixa a incidência de processos coletivos, a fragmentariedade das instâncias recursais e o ainda insuficiente diálogo entre administração pública e justiça. Por outro lado, ao tratar das diferenças, sobressaíram-se os aspectos do acesso à justiça, da oralidade e conciliação cabíveis no procedimento, bem como o baixo valor das condenações.

CAPÍTULO 3

OS CONTORNOS DO CONFLITO: HISTÓRICO E AMBIGUIDADES DA POLÍTICA DA PREVIDÊNCIA RURAL

> *"Na planície avermelhada os juazeiros alargavam duas manchas verdes. Os infelizes tinham caminhado o dia inteiro, estavam cansados e famintos. Ordinariamente andavam pouco, mas como haviam repousado bastante na areia do rio seco, a viagem progredira bem três léguas. Fazia horas que procuravam uma sombra. A folhagem dos juazeiros pareceu longe, através dos galhos pelados da catinga rala."*
> *Vidas secas.* Graciliano Ramos, 1963.

3.1 Introdução

Os elevados índices de contestação judicial de uma política pública sempre dependem de múltiplos aspectos. Para Matthew M. Taylor (2008), é preciso analisar tanto a "saliência" da própria *policy* quanto o ambiente político em que ela se desenvolve e as variáveis do ambiente institucional em geral. Esses seriam os componentes que moldariam as estratégias dos atores envolvidos nas dinâmicas de judicialização.[95]

---

[95] Taylor (2008, p. 49) reformula a conhecida noção de Theodore Lowi (1972) para dizer que também as políticas públicas (*policies*) determinam a política judicial (*judicial politics*).

No caso da aposentadoria por idade rural, o que se chama de "saliência", ou seja, a alta propensão à contestação da política no âmbito dos tribunais, guarda relação não só com a constitucionalização do direito, mas ainda com processos econômicos e ambiguidades históricas de um benefício que era assistencial e se modificou de modo a assumir feições previdenciárias, apresentando uma regulação administrativa complexa e instável. O atual quadro normativo apresenta tantas zonas cinzentas, que apenas o regulamento regente da previdência social contém mais de duzentos dispositivos,[96] complementados por um total de 760 portarias (GIANNATTASIO *et al.*, 2012, p. 62). É nesse contexto que persistem divergências de critérios entre a administração e o Poder Judiciário no que toca ao enquadramento dos segurados especiais: de um lado, dentro desse "cipoal normativo", para usar a expressão de Giannattasio *et al.* (2012), a burocracia perde-se, e se adota uma rigidez excessiva; de outro, a justiça propõe entendimentos instáveis, que flexibilizam as margens legais.

3.2 Histórico da previdência rural

A problemática inserção da aposentadoria por idade rural numa zona híbrida entre assistência e previdência possui raízes que remontam à sua institucionalização, ocorrida pouco antes do início da ditadura militar, quando da edição da Lei nº 4.214, de 1963 (Estatuto do Trabalhador Rural).[97] Até aquele momento, os rurícolas estavam excluídos da cobertura previdenciária, pois, segundo Malloy (1986, p. 69), a cobertura social era limitada aos setores organizados da classe média urbana, numa sistemática que permaneceu vigente até a década de 1960.

Segundo o autor, as cortes, não raro, seriam utilizadas como "extensão da política, pois as táticas legais são frequentemente uma extensão de estratégias políticas mais amplas implementadas através de uma variedade de instituições políticas".

[96] Decreto nº 3.048, editado em 1999.

[97] Turra e Afonso (2017) anotam que a previdência social brasileira, em si, é institucionalizada desde a Lei Eloy, de 24 de janeiro de 1923, momento em que foram criadas as Caixas de Aposentadoria e Pensões nas empresas ferroviárias. Malloy (1986, p. 70) complementa que "na realidade, o regime Vargas não introduziu uma nova série de conceitos e princípios na área da previdência social; os conceitos já estavam definidos desde 1923. A realização maior do regime foi a implementação sistemática de um conjunto anterior de ideias sociais, gerando um exemplo mais amplo de reorganização consciente das relações Estado-sociedade".

O Estatuto do Trabalhador Rural, sancionado durante o governo João Goulart, representou uma tentativa de inclusão e unificação dos regimes previdenciários urbano e rural, contemplando direitos básicos até então inimagináveis para a população do campo, tais como: identificação profissional (carteira de trabalhador rural), salário mínimo, jornada de trabalho, férias e sindicalização. Nicole Garcia (2009) atribui essa legislação de tom progressista à luta de movimentos sociais rurais que, desde as "Ligas Camponesas" de 1955, teriam insistido nas bandeiras da divisão de terras e da criação de políticas de assistência social, médica e previdenciária para a população do campo. Essa aproximação do governo com as forças que lideravam os trabalhadores rurais desencadeou, no entanto, resistências das elites agrárias que receavam a possibilidade de uma reforma agrária efetiva (GRYNSZPAN, 2006).[98]

A norma de 1963 previu ainda a criação do Fundo de Assistência e Previdência do Trabalhador Rural (Funrural), que seria alimentado pela contribuição incidente sobre o valor dos produtos comercializados pelos produtores rurais. Porém, segundo Valadares e Galiza (2016), o sistema inicialmente não teve capilaridade, ficando subordinado a um círculo pequeno de trabalhadores da indústria canavieira. Ele acabou

---

[98] Estudos apontam que os proprietários rurais participaram ativamente do golpe de 1964. Lucília Delgado (2010) explica que "João Goulart atuou, com firmeza, no escopo da democracia política, pela efetivação de uma democracia social no Brasil. Tal orientação governamental, apesar de considerada moderada por alguns segmentos do movimento social nacionalista e reformista, trouxe real desconforto aos conservadores que com ela não concordavam. Destacaram-se entre eles: a União Democrática Nacional (UDN), setores das forças armadas, igreja católica conservadora, proprietários rurais, a maior parte do empresariado nacional e investidores internacionais. Uniram-se em forte atuação desestabilizadora de seu governo, que culminou com o golpe que o destituiu". A aproximação do então Presidente com os trabalhadores rurais foi determinante para a erosão do seu apoio. Ainda conforme relato de Mário Grynszpan (2006), "uma das diferenças entre o governo Jango e os precedentes foi o envolvimento que o Poder Executivo passou a ter com a questão agrária. Esse envolvimento ficou claro em novembro de 1961, quando o presidente compareceu ao I Congresso Nacional de Lavradores e Trabalhadores Agrícolas, organizado pela União dos Lavradores e Trabalhadores Agrícolas do Brasil (ULTAB) em Belo Horizonte. (...) Diante das resistências, o governo passou a pressionar o Congresso de modo firme, juntamente com os movimentos sociais, que demandavam reforma agrária 'na lei ou na marra'. Foi nesse jogo de pressões que João Goulart anunciou, em 13 de março de 1964, no Comício das Reformas, realizado no Rio de Janeiro, a desapropriação de terras localizadas às margens de rodovias, ferrovias e obras públicas. Ao invés de resultarem na aprovação da reforma, contudo, os atos do governo aprofundaram a ruptura com grupos de centro que lhe davam suporte, como o Partido Social Democrático (PSD), abrindo caminho para o golpe de 1964".

por manter as desigualdades no campo e não vingou, tendo sido extinto (GARCIA, 2009, p. 151).[99]

A cobertura social dos trabalhadores do campo foi alargada pela Lei Complementar nº 11, de 1971, que estruturou o Programa de Assistência ao Trabalhador Rural (Prorural). Naquele momento, os benefícios do programa eram pagos apenas ao chefe do grupo familiar, e seu valor não chegava a um salário mínimo. Maranhão e Eustáquio Filho (2018, p. 11) explicam que essa antiga previsão de benefícios apenas para o trabalhador que atingisse 65 anos, num contexto de expectativa de vida de 50 anos de idade, significava mais "uma compensação ao trabalhador rural de excepcional longevidade" do que propriamente um programa de securitização social. O Prorural também buscava suprir a falta de um Sistema Único de Saúde, apresentando contornos de assistência ampla ao trabalhador.

Ainda durante o governo de Emílio G. Médici, em 1973, foi editada uma nova legislação (ainda vigente) para reger "as relações de trabalho rural", sendo suprimidas as referências à identificação profissional rural e inúmeros direitos trabalhistas garantidos pela legislação anterior.[100] Manteve-se, no entanto, a disciplina do Programa de Assistência (Prorural), sendo ali previstos os benefícios de aposentadoria por velhice, aposentadoria por invalidez, pensão, auxílio-funeral, serviço de saúde e serviço social. Essas medidas, segundo Nicole Garcia (2009, p. 157), pretendiam conter o inchaço urbano e o êxodo rural, atendendo a postulações de movimentos de trabalhadores rurais que ainda se encontravam ativos, mesmo durante o período autoritário.

A instituição de tais políticas sociais no Brasil passou por um processo que, segundo Wanderley Guilherme dos Santos (1979),

---

[99] Anita Brumer narra que o FUNRURAL foi extinto em decorrência da forte centralização administrativa da assistência social durante a ditadura. Segundo a autora, houve, assim, "a criação do Ministério de Previdência e Assistência Social (MPAS), em 1974, com o objetivo de centralizar as políticas previdenciárias; a criação do Sistema Nacional de Previdência Social (SINPAS) e do Instituto Nacional de Previdência Social (INPS), em 1977, provocando a extinção do FUNRURAL e do IPASE (instituto de previdência dirigido aos funcionários públicos). O INPS foi redefinido, passando a deter o monopólio da concessão dos benefícios pecuniários e reabilitação profissional, resguardando na nova regulamentação as respectivas prerrogativas e privilégios das diferentes categorias de contribuintes".

[100] Ver a Lei nº 5.889/1973. Houve a supressão de jornada de trabalho, férias, identificação profissional, sindicalização, dentre outros direitos. Kerstenetzky (2012) propõe a leitura de que se substituiu o "Estatuto do Trabalhador Rural" por legislação mais conservadora: "Contudo, o Prorural é muito mais modesto em suas ambições do que o Estatuto do Trabalhador Rural (ETR) de 1963, muito embora opere com uma categorização do segurado mais flexível".

caracterizou-se pela concessão de uma "cidadania regulada", na qual os operários e sindicatos passaram a ter a sua atuação mediada e, em parte, desarticulada pelo Estado por meio de normas jurídicas que constituíram a cidadania e a própria identidade dos grupos.[101] Esse conceito, para esse autor, representaria um sistema de estratificação ocupacional, definido por norma legal. Em outras palavras, são cidadãos todos os "membros da comunidade que se encontram localizados em qualquer das ocupações reconhecidas e definidas em lei" (SANTOS, 1979). O sistema de estratificação é também responsável pela definição dos marginalizados e informais, estabelece quem está dentro e quem está fora (KERSTENETZKY, 2012, p. 194), tendo impactos brutais para uma população rural que representava quase 70% do país em meados do século XX.[102] A criação de uma previdência social urbana e corporativista, por meio da qual o Estado mediava a cidadania conferida a certos grupos, representava ainda um anteparo à entrada de ideias marxistas nos sindicatos e coletivos, ocorrendo um processo que Malloy (1986, p. 73) descreve como de "despolitização da questão social", que se transformou em simples assunto administrativo.

No que concerne ao aspecto contributivo, a LC nº 11, de 1971, não trabalhava com a previsão de uma contribuição obrigatória a ser paga diretamente pelo segurado sobre os seus rendimentos, mantendo a sistemática de custeio das prestações assistenciais pela contribuição de 2% (dois por cento) devida pelos produtores sobre o valor da comercialização dos seus produtos rurais.

Por ser desvinculada de contribuições diretas, desde os seus primeiros passos, a previdência rural seguiu uma trilha diferente da previdência urbana e rompeu com o modelo alemão "bismarckiano" de *welfare*, tributário desse caráter corporativo acima descrito, por força do qual os governos instituem um seguro compulsório para a categoria dos trabalhadores assalariados, de modo a resguardá-los de contingências como a perda da capacidade de gerar renda por acidente, doença, invalidez ou idade (KERSTENETZKY, 2012; VALADARES; GALIZA, 2016).

---

[101] Vicent Dubois (2010, p. 14), tratando dos encontros frente a frente entre os pobres e a burocracia estatal, adere a essa ideia de que o "desenvolvimento de *welfare* pode ser considerado uma eficiente ferramenta de dominação política".

[102] Moreira e Santos (2020), a partir do pensamento de Santos (1979), consideram que a "cidadania regulada" tem uma dimensão de domesticação de sindicatos e movimentos sociais.

Classicamente, esse tipo de seguro observava a regra de que o mérito (remuneração) da produção de cada indivíduo corresponde à qualidade e extensão da sua proteção social.[103] O raciocínio é o oposto àquele empregado no âmbito da assistência social em que se prova não o resultado do trabalho, mas a necessidade (ESPING-ANDERSEN, 1990). Lígia Giovanella (1999) explica as premissas do formato de seguro social alemão:

> [A] ênfase no trabalho assalariado faz com que princípios norteadores das relações de trabalho sejam transpostos para a base da política social. A concepção de que o mérito/remuneração de cada indivíduo corresponde à qualidade e extensão de sua produção torna-se fundamento do sistema de seguro social. No mercado de trabalho, a remuneração corresponderia à capacidade de produção de cada indivíduo. No seguro social, os benefícios seriam correspondentes à sua capacidade de contribuição.

É importante lembrar que a matriz corporativa não é o único modelo de Estado de bem-estar possível, mas um que se difere de outros modelos de *welfare* como o liberal e social-democrata. Esping-Andersen (1990) define o modelo liberal como sendo aquele em que é pequena a independência dos cidadãos e da seguridade social em relação ao mercado (*decommodification*), havendo um regime de transferências apenas residuais, voltadas à população de baixa renda. Essa seria uma experiência que ele chama de "casamento" entre as classes médias e o mercado, sendo esse último ente aquele ao qual se entregam os investimentos voltados a amparar os riscos sociais. Por sua vez, o modelo social-democrata, próprio dos países escandinavos, é conceituado na obra de Esping-Andersen (1990) como uma "fusão peculiar entre liberalismo e socialismo", o qual se distingue do formato corporativista quanto ao grau de dependência e solidariedade. Por fim, o autor descreve que, com forte serviço social, o modelo escandinavo não é voltado a exaurir as contribuições e a capacidade de ajuda, mas sim o de "socializar antecipadamente os custos da família", pois o Estado ao mesmo tempo transfere renda e assume cuidados diretos com crianças e idosos, implementando uma rede social efetiva.

---

[103] Célia Lessa Kerstenetzky (2012) esclarece que tal "seguro é financiado por contribuições de empregados, empregadores e, marginalmente, pelo próprio Estado. Já o modelo inglês se funda no *status* de cidadania e estabelece o direito a um padrão de vida mínimo para todos, financiado com recursos tributários, que se convencionou chamar seguridade social".

O modelo que enxerga o seguro social sob o viés corporativo-meritocrático espelha, ao mesmo tempo, uma estratégia de construção de uma classe trabalhadora organizada e de uma proteção social contributiva. Tais alicerces, inexistentes no caso dos trabalhadores rurais, geram até hoje desencaixe e incompreensão quanto ao lugar a ser ocupado pela sua política protetiva: se na previdência ou assistência.

Como os produtores rurais que financiavam o Prorural não eram necessariamente aqueles que iriam posteriormente requerer a cobertura social, instaurava-se uma incongruência aparente. Para Jane Berwanger (2011, p. 77), daí surgiria uma percepção de improdutividade e assistencialismo geradora de efeitos perversos em desfavor dos trabalhadores do campo. A autora afirma que seria equivocada a visão de que eles não contribuem para a previdência, pois "se os trabalhadores rurais geravam a produção, o desconto sobre essa mesma produção era decorrência do trabalho deles, principalmente quando se trata dos pequenos proprietários, que vendiam a produção e recebiam o pagamento com o devido desconto previdenciário".

Hospedando-se como terceiro estranho em um regime de seguridade de índole corporativa, a nossa previdência rural nasceu sem contar com a contribuição direta desses trabalhadores – afinal eles não são necessariamente recebedores de salários, mas comerciantes de produção –, conseguindo o seu financiamento através de fontes de custeio diversificadas que recaíam sobre o produto da comercialização e contribuições previdenciárias por parte das empresas e produtores de médio e grande porte.

A Constituição Federal, embora tenha deslocado os benefícios dos trabalhadores rurais para o capítulo referente à previdência, não rompeu completamente com essa trajetória segundo a qual é previsto o pagamento de benefícios sem ser, contudo, exigida uma contribuição respectiva. Foi mantida uma relação previdenciária não contratualista, sem obrigações recíprocas equivalentes entre o segurado e o ente instituidor. Assim, a despeito da previsão de que os trabalhadores rurais deveriam participar da previdência através da contribuição regular ao INSS incidente sobre a comercialização da sua produção, a "seguridade especial" continuou compreendida pelo Poder Judiciário e pela própria administração como desvinculada do pagamento de qualquer valor ao governo (MARANHÃO; VIEIRA FILHO, 2018).[104]

---

[104] 104 Jane Berwarnger (2011) sustenta que há um viés discriminatório na análise que diferencia os trabalhadores urbanos e rurais, colocando nos últimos a pecha do não recolhimento e do assistencialismo. Para a autora, "se os trabalhadores rurais geravam a

Até mesmo os debates travados na Constituinte de 1987 deixaram clara essa opção por um modelo subsidiado e semiassistencial. O objetivo dessa decisão foi o de construir uma política que viesse a reparar a exclusão histórica dos trabalhadores rurais dos sistemas formais de previdência e benefícios, a partir de uma fonte de custeio que englobasse receitas variadas, e não o custeio direto por uma contribuição objetivamente apurável.

De acordo com as palavras do constituinte Carlos Mosconi no relatório da Comissão da Ordem Social (BRASIL, 1987), o texto superava de forma histórica a "discriminação urbano/rural", e as empresas brasileiras passariam a ser taxadas sobre o faturamento, de modo a permitir os novos benefícios sociais. Seguindo a mesma linha, o constituinte Almir Gabriel detalhou o caráter redistributivo das medidas:

> (...) sobretudo aquelas relacionadas ao financiamento da seguridade social, que taxa a riqueza, que taxa o lucro, buscam retirar de certos grupos que têm vantagem especial, fazendo com que esta vantagem especial se volte, principalmente, para aqueles que são menos afortunados, e assim, estaremos fazendo um novo modelo de desenvolvimento social deste país (BRASIL, 1987).

Além do problema da falta de contribuições diretas e do rompimento com a lógica meritocrática, o modelo de partição adotado pelo regime geral de 1988 contribuiu ainda para uma lógica tendente ao déficit. O seu equilíbrio de contas acaba sendo alcançado através de sucessivos cortes de direitos, num embate de forças que representa elevado risco para os políticos junto ao eleitorado (KAY, 1999) e, não raro, termina judicializado.[105] Giannattasio *et al.* (2012, p. 69) explicam que foi adotado um modelo previdenciário de filiação obrigatória e de repartição (*pay as you go*), assim a previdência utiliza a arrecadação atual de forma

---

produção, o desconto sobre essa mesma produção era decorrência do trabalho deles, principalmente quando se trata dos pequenos proprietários, que vendiam a produção e recebiam o pagamento, com o devido desconto previdenciário. (...) Seria, numa comparação com o trabalhador urbano, dizer que este não contribui porque é a empresa quem recolhe para o sistema previdenciário". A falta de uma associação direta entre as fontes de custeio e a previdência rural acentua, enfim, a impressão permanente de déficit previdenciário, pois, malgrado o sistema de seguridade tenha sido engendrado pensando-se que seriam utilizadas as receitas de tributos como o PIS, Cofins, CSLL, entre outros, a previdência é tida como deficitária exclusivamente a partir do cômputo das receitas atinentes às vendas de produtos rurais.

[105] Stephen J. Kay (1999), comparando reformas previdenciárias na região sul-americana, parte da constatação de que há baixíssimo desacordo em relação ao caráter deficitário e as dificuldades financeiras do sistema "PYG" (*pay as you go*), ante os indicadores de envelhecimento da população e elevadas taxas de evasão do Sistema.

imediata para pagamento das pensões devidas, num formato oposto ao do custeio por capitalização, em que contribuições são vinculadas a determinado contribuinte. Para Giannattasio *et al.* (2012, p. 70), o modelo de partição sofre fortes pressões do crescimento demográfico e leva à judicialização, pois a população aposentada aumenta juntamente com a população economicamente ativa:

> O desequilíbrio dinâmico causado pelo desproporcional aumento da população aposentada em relação à população contribuinte tem pressionado a reforma dos modelos previdenciários. Entre as medidas implementadas estão a elevação na contribuição previdenciária e o incentivo para aumento na idade da aposentadoria, o chamado "fator previdenciário". Ambas enfrentam resistência de diversos setores da sociedade, o que estimula litígios judiciais.

Demandas de austeridade conduzem, portanto, a sucessivas alterações de formato e de regime, agregando instabilidade a uma regulação extensa e ambígua desde a sua origem. A seguir, no tópico 3.3, abordo os distintos critérios utilizados pela justiça e pela administração para interpretar a legislação e valorar as provas e fatos.

3.3 A política pública e seu conflito persistente: os distintos critérios utilizados pela justiça e pela administração

O desenho da política da previdência rural, marcado pelas circunstâncias históricas descritas no tópico anterior, deslocou a divergência central entre a administração e o Poder Judiciário para o enquadramento dos trabalhadores na categoria de "segurados especiais". O núcleo de disputa passou a gravitar ao redor de quais seriam os documentos e o procedimento probatório aceitáveis para se demonstrar o vínculo do beneficiário com a agricultura familiar de subsistência ou a pesca artesanal. Quem é, afinal, o segurado especial? Como deve ser provada às autoridades uma circunstância que, no fundo, corresponde à própria trajetória de vida e trabalho acumulada ao longo de anos pelos rurícolas?

A aposentadoria por idade rural é paga aos "segurados especiais" que, ao atingirem 60 (sessenta) anos, se homem, ou 55 (cinquenta e cinco), se mulher, comprovam exercício de atividade rural, em regime de economia familiar no qual há mútua colaboração e dependência entre os integrantes, sem auxílio permanente de empregados.[106] O trabalho rurícola deve ainda ser exercido pelo período de quinze anos antes de ser apresentado o requerimento administrativo do benefício ao Instituto Nacional do Seguro Social (INSS). Esse prazo configura a carência legal necessária à postulação.

A Instrução Normativa do INSS nº 77, do ano de 2015, contém o rol de documentos que servem como "início de prova material" da condição do trabalhador de segurado especial, os quais devem ser admitidos desde que guardem contemporaneidade em relação aos fatos que pretendem provar. Na referida lista figuram inúmeras evidências, tais como: certidão de casamento civil ou religioso, certidão de união estável, certidão de nascimento ou de batismo dos filhos, certidão de tutela ou de curatela, procuração, título de eleitor ou ficha de cadastro eleitoral, certificado de alistamento ou de quitação com o serviço militar, dentre outras.[107] [108] A enumeração de documentos é extensa, mas não necessariamente clara sobre se os documentos devem abranger todo o período ou mesmo se alguns se sobrepõem a outros.

---

[106] Diz o art. 195, §8º, da Constituição Federal de 1988: "O produtor, o parceiro, o meeiro e o arrendatário rurais e o pescador artesanal, bem como os respectivos cônjuges, que exerçam suas atividades em regime de economia familiar, sem empregados permanentes, contribuirão para a seguridade social mediante a aplicação de uma alíquota sobre o resultado da comercialização da produção e farão jus aos benefícios nos termos da lei".

[107] A Instrução Normativa nº 77/2015, em seu art. 54, faz referência ainda aos seguintes documentos: "comprovante de matrícula ou ficha de inscrição em escola, ata ou boletim escolar do trabalhador ou dos filhos; ficha de associado em cooperativa; comprovante de participação como beneficiário, em programas governamentais para a área rural nos estados, no Distrito Federal ou nos Municípios; comprovante de recebimento de assistência ou de acompanhamento de empresa de assistência técnica e extensão rural; escritura pública de imóvel; recibo de pagamento de contribuição federativa ou confederativa; registro em processos administrativos ou judiciais, inclusive inquéritos, como testemunha, autor ou réu; ficha ou registro em livros de casas de saúde, hospitais, postos de saúde ou do programa dos agentes comunitários de saúde; carteira de vacinação; título de propriedade de imóvel rural; recibo de compra de implementos ou de insumos agrícolas; comprovante de empréstimo bancário para fins de atividade rural; ficha de inscrição ou registro sindical ou associativo junto ao sindicato de trabalhadores rurais, colônia ou associação de pescadores, produtores ou outras entidades congêneres; contribuição social ao sindicato de trabalhadores rurais, à colônia ou à associação de pescadores, produtores rurais ou a outras entidades congêneres; publicação na imprensa ou em informativos de circulação pública; registro em livros de entidades religiosas, quando da participação em batismo, crisma, casamento ou em outros sacramentos; registro em documentos de associações de produtores rurais, comunitárias, recreativas, desportivas ou religiosas; Declaração Anual de Produto – DAP, firmada perante o INCRA; título de aforamento; declaração de aptidão fornecida para fins de obtenção de financiamento junto ao Programa Nacional de Desenvolvimento da Agricultura Familiar – PRONAF; e ficha de atendimento médico ou odontológico".

Nesse ponto, a jurisprudência dos tribunais federais firmou a posição de que os trabalhadores rurais não precisam contar com provas documentais relativas a todo o período em relação ao qual pretendem provar o seu trabalho no campo. O rol de documentos é considerado meramente exemplificativo, permitindo-se que seja apresentado em juízo apenas um "início de prova material", a ser complementado pelo próprio depoimento do segurado e de algumas testemunhas, até o número máximo de três. Tal orientação consta não somente em julgamentos esparsos, mas é sobretudo pautada na súmula nº 14 da Turma Nacional de Uniformização dos Juizados Especiais Federais, a qual afirma que "para a concessão de aposentadoria rural por idade, não se exige que o início de prova material corresponda a todo o período equivalente à carência do benefício".

Além disso, não existe comunhão entre os critérios administrativos e judiciais. Segundo o TCU (2018), a falta de uniformidade de entendimentos adotados por procuradores e juízes quanto ao enquadramento legal dos fatos é a maior causa da judicialização de benefícios previdenciários. Em pesquisa, o elemento "divergência de entendimento quanto à matéria de fato" foi apontado por 265 magistrados (76%) e 616 procuradores (73%) como indutor de litigância. Outros 269 magistrados (77%) e 597 procuradores (71%) atribuíram relevância ao fator "divergência de interpretação das normas legais ou constitucionais" (TCU, 2018).

A burocracia previdenciária parece ter uma inclinação mais restritiva do que fazem supor os seus regulamentos e não incorpora as posições jurisprudenciais, o que foi notado por recente pesquisa conduzida pelo CNJ/Insper (2020). Após alterações normativas internas, os processos administrativos passaram a ser decididos sem a entrevista do segurado ou visita à sua residência e aboliu-se a figura da "justificação administrativa", pela qual era realizada a oitiva da comunidade local e dos vizinhos dos segurados.[109]

Giannattasio *et al.* (2012), a partir de entrevistas, confirmaram essa impressão de rigidez e a excessiva burocratização da administração

---

[108] A análise das sentenças realizada no sexto capítulo demonstra que a validade desses documentos em juízo vem quase sempre acompanhada da exigência de que conste a profissão de lavrador nos papéis.

[109] Regulamentação prevista pela Portaria Conjunta n° 01/DIRBEN/DIRAT/INSS, de 07 de agosto de 2017. A ausência da justificação administrativa prevista no art. 108 da Lei nº 8.213/91 foi confirmada por todos os entrevistados ouvidos no Capítulo 5. José Terra (2009) elenca decisões de juízes que determinaram ao INSS a realização de Justificação Administrativa, mas não foram confirmadas pelos tribunais.

do INSS na análise da documentação dos segurados. Os pesquisadores inferiram que "essa conduta acarreta o aumento do volume de processos judiciais porquanto o indivíduo que tem o seu pedido negado pode submetê-lo à apreciação do Judiciário, onde, em regra, a instrução probatória é mais ampla e a avaliação das provas é tida como menos rígida" (GIANNATTASIO *et al.*, 2012, p. 76). O mesmo resultado de que o "INSS possuiria interpretação restritiva e pouco flexível" foi identificado pela pesquisa CNJ/Insper (2020, p. 70), agregando-se a informação de que o visível engessamento das decisões administrativas decorre por medo de responsabilização pessoal dos gestores, caso sintam-se agindo "contra a lei".

Abaixo, proponho um resumo dos principais desencaixes entre os critérios empregados pela burocracia e aqueles adotados pela justiça quanto à valoração de provas, documentos e depoimentos:

TABELA 3
As práticas de uma implementação judicializada

PREVIDÊNCIA RURAL	
Desenho normativo	Práticas da implementação judicializada
Contribuição sobre a comercialização da produção (art. 195, §8º da Constituição Federal);	Ausência de contribuição. Comprovação de trabalho rural por documentação indiciária e testemunhos orais;
Relação de documentos que podem ser considerados como prova válida do tempo de atividade (Regulamento nº 3.048/99; art. 47 da Instrução Normativa INSS/PRES nº 77/2015);	Mitigação da taxatividade dos documentos (REsp 1321493/PR);
Necessidade de que os documentos cubram todo o período de carência que se pretende provar (normalmente 15 anos);	O início de prova material não precisa corresponder a todo o período equivalente à carência do benefício (Súmula 14 da TNU);
Processo administrativo composto por análise de documentos, entrevistas e visitas domiciliares (justificação administrativa);	Processo administrativo sem entrevista, conforme Portaria Conjunta nº 01/DIRBEN/DIRAT/INSS, de 07 de agosto de 2017; audiências judiciais que escutam a parte rurícola e mais 03 testemunhas;
Modelo previdenciário com capacidade arrecadatória e um grau contributivo.	Modelo semiassistencial, cujo déficit é da ordem de R$110,7 bilhões.

Fonte: Elaboração própria.

A contraposição entre desenho normativo e prática da implementação ilustrada na tabela acima não parte do pressuposto de que existiria uma "política ideal" não judicializada. A noção que informa a construção desse argumento é a de que as normas que pretendem governar podem ser diferentes das que efetivamente governam uma política pública.

Esse é um foco atual que não pode escapar também aos estudos sobre judicialização. O eventual descompasso de interpretação entre a administração do INSS e o Poder Judiciário quanto à implementação do benefício de aposentadoria por idade rural deve ser tomado como um retrato dessa experiência constitutiva da própria política e das suas "práticas de implementação", não um desvio delas.[110][111] Contudo, quer administrativas, quer judicializadas, essas práticas de implementação padecem hoje de pouca transparência quanto ao enquadramento dos trabalhadores no perfil de segurados especiais, dada a informalidade e ausência de documentação dessa clientela, o que gera permanente descompasso de entendimentos entre INSS e Poder Judiciário.

3.4 A previdência rural segundo a interpretação dos tribunais

Os tribunais brasileiros demoraram para reconhecer ao Ministério Público a possibilidade de questionar, em caráter coletivo, direitos previdenciários, contribuindo para a pulverização de litígios. Até o ano de 2010, vigeu no âmbito do Superior Tribunal de Justiça (STJ) uma jurisprudência restritiva de acordo com a qual a matéria era "disponível". O assunto não deveria ser preocupação por parte de promotores e procuradores, já que a pretensão dos segurados seria, em última análise, exprimível em valores pecuniários, cabendo a cada parte afetada, individualmente, avaliar a necessidade e conveniência de ingressar em juízo.

Esse entendimento simboliza uma cultura jurisprudencial amplamente refratária a soluções coletivas, a qual pode derivar tanto de teorias normativas quanto de vedações legais e de incentivos para que o poder público busque soluções que procrastinem pagamentos, de modo a diluir impactos orçamentários. A evolução para o patamar atual

---

[110] Por "prática de implementação", tomo o que Roberto C. Pires (2019, p. 26) chama de "interações nas linhas de frente do serviço público". Ele afirma que as práticas de implementação possuem três mecanismos que as definem: i) o primeiro diz respeito às resistências e divergências entre as prescrições formais e a ação local; ii) o segundo, a classificação e julgamentos no acesso a bens e serviços públicos; iii) e, por fim, há o mecanismo de regulação moral nas interações em torno da manutenção/exclusão do apoio público.

[111] A dimensão da "judicialização como falha" tem um aspecto limitante (OLIVEIRA, 2019), pois lhe escapa que a implementação de políticas públicas não é estanque ou apriorística, sendo, muito mais, um processo dinâmico em que indivíduos e instituições mediam a relação entre Estado e sociedade (SANDIM; ASSIS, 2019).

em que se admite o ajuizamento dessas ações pelo Ministério Público decorreu da noção de que tais questões se revestiriam de um "interesse social", capaz de alterar essa natureza, em princípio, privada.[112] Desde a sua edição, a Lei nº 7.347, de 1985, regente das ações civis públicas, impediu o questionamento dos temas de tributação e contribuições, blindando a litigância em relação às fontes de custeio previdenciárias. Além disso, apenas os direitos "difusos" ou "coletivos" estão arrolados entre os que permitem ensejar o cabimento de processos coletivos, o que é fator inibidor de soluções amplas para direitos individuais que geram processos a partir de uma origem ou fissura comum, tal qual os previdenciários.[113] Em paralelo, associações e sindicatos que militam no campo não parecem especialmente convidados à litigância, já que apenas instituições que incluam entre as suas finalidades a proteção ao patrimônio público e social, ao meio ambiente, ao consumidor, à ordem econômica, à livre concorrência, aos direitos de grupos raciais, étnicos ou religiosos ou ao patrimônio artístico, estético, histórico, turístico ou paisagístico é que foram autorizadas a litigar em nome de terceiros. Somente no ano de 2007, por meio da redação da Lei nº 11.448, é que se conferiu à União e à Defensoria Pública a legitimidade para a utilização da ferramenta.

Nunca houve, portanto, abertura e incentivo a que questões previdenciárias fossem resolvidas estruturalmente por meio da ação civil pública. Mesmo quando se conseguia romper a barreira do ajuizamento, o destino dos processos nunca foi dos mais favoráveis, tendo em vista que as liminares contra a Fazenda Pública são passíveis de suspensão, e o cumprimento de sentenças coletivas é, no Brasil, uma maratona

---

[112] São precedentes ilustrativos da mudança jurisprudencial: EREsp 644.821/PR, Rel. Ministro Castro Meira, Corte Especial, julgado em 4.6.2008, DJe 4/8/2008; AgRg no REsp 1243409/PR, Rel. Ministro Adilson Vieira Macabu (Desembargador Convocado do TJ/RJ), Quinta Turma, julgado em 17.05.2011, DJe 31.05.2011; REsp 1428186/RS, Rel. Ministro Og Fernandes, Segunda Turma, julgado em 13.06.2017, DJe 21.06.2017. A posição superada pode ser resumida pelo seguinte julgado: "Na forma do entendimento consolidado pela Terceira Seção desta Corte, o Ministério Público não detém legitimidade ativa *ad causam* para propor ação civil pública que tenha por objetivo a concessão de benefícios previdenciários, porquanto, uma vez passíveis de renúncia pelo interessado, não se subsumem ao conceito de direito indisponível. Precedentes. 2. Agravo regimental a que se nega provimento". (AgRg no REsp 1.136.455/RS, de minha relatoria, Sexta Turma, julgado em 6.4.2010, DJe 2.8.2010).

[113] O art. 81 do Código de Defesa do Consumidor define que interesses ou direitos difusos são "assim entendidos os transindividuais, de natureza indivisível, de que sejam titulares pessoas indeterminadas e ligadas por circunstâncias de fato", enquanto os "interesses ou direitos coletivos seriam os transindividuais, de natureza indivisível de que seja titular grupo, categoria ou classe de pessoas ligadas entre si ou com a parte contrária por uma relação jurídica base".

processual pouco animadora.[114] Mesmo que eventualmente englobem uma multidão de beneficiários, as decisões precisam ser cumpridas perante o juízo que as prolatou. Considerando a sobrecarga posterior que surgirá no momento do pagamento das condenações, a posição que fixa de modo excessivamente centralizado a competência para o cumprimento das sentenças desencoraja as unidades judiciárias a emitirem decisões complexas e estruturais.[115] Decidir coletivamente pode ser, além de tudo, um estorvo gerencial.

A recalcitrância em se admitir litígios coletivos deixou um saldo concreto. O Tribunal de Contas da União apurou, em 2018, a existência de apenas 90 (noventa) ações coletivas manejadas contra o INSS.[116] Nesse leque de ações, apenas 21% delas teria eficácia em todo território nacional, e nenhuma das demandas tinha como assunto a aposentadoria por idade rural. A despeito de ser reduzida a quantidade de ações coletivas, o TCU considerou que, embaixo do guarda-chuva delas teria havido um significativo volume de benefícios concedidos administrativamente. Assim, conquanto seja pequeno o número absoluto de feitos coletivos, eles teriam desdobramento importante no total das concessões.

A utilização da ação coletiva para ganhos individuais financeiros é um movimento detectado por pesquisa desenvolvida pelo Conselho Nacional de Justiça (BRASIL, 2018). No relatório "Ações coletivas no Brasil", o CNJ constatou que está em curso um movimento de proliferação de ações coletivas em matéria previdenciária, porém voltadas a ganhos individuais, o que estaria "distorcendo um instrumento voltado à defesa dos direitos coletivos em sentido estrito ou difusos, e minorando as possibilidades de diálogo e mobilização social". O documento manifesta, então, perplexidade em relação às ações coletivas que acabam por aumentar o número de processos individuais, "quer as mascaradas sob o título de um processo coletivo, como ocorre com ações que requerem tratamento de saúde para indivíduos determinados" ou as ações individuais "que se fundamentam em uma demanda coletiva,

---

[114] Sobre a suspensão de liminares, ver a redação da Lei nº 8.437/92.
[115] Segundo precedente do Superior Tribunal de Justiça, os Juizados Especiais Federais não podem ser acionados para cumprir individualmente sentenças coletivas que tenham sido proferidas em outras varas federais. Na prática, assim, o beneficiário de processos coletivos em que se buscam ordens de pagamento fracionáveis acabam envolvidos em complexas execuções de sentença. A esse respeito, ver: REsp 1648895/CE, Rel. Ministro Sérgio Kukina, Primeira Turma, julgado em 07.05.2019, DJe 13.05.2019.
[116] O levantamento do Conselho de Avaliação e Monitoramento de Políticas Públicas do Governo Federal concluiu, em 2019, que existiriam 250 ações civis públicas que tratam de concessão de benefícios previdenciários.

mas a ela não se atrelam para evitar as regras de execução definidas por decisão em processo coletivo", num efeito que seria fomentado pela jurisprudência dos tribunais.

De fato, quando os processos coletivos chegam ao final, ocorrendo a celebração de acordo, os tribunais tendem a esvaziar a deliberação, mantendo a possibilidade de ajuizamento de ações individuais. Exemplo disso ocorreu no julgamento em que o STJ diminuiu a eficácia de acordo celebrado entre Ministério Público Federal e o Instituto Nacional do Seguro Social para garantir o pagamento escalonado a milhares de pessoas de uma revisão previdenciária incontroversa. Segundo o Tribunal, não se poderia impedir o ajuizamento de ações individuais voltadas a postular a mesma revisão, pois, a despeito do ajuste entre os órgãos, cada cidadão poderia seguir buscando na justiça o pagamento antecipado, fora do cronograma coletivo fixado na ação civil pública.[117]

No caso em questão, ao interpretar normas processuais, o STJ entendeu que ações coletivas não induzem "litispendência" em relação às individuais. Assim, a moldura legal vigente permitiria ao cidadão olhar o processo coletivo desde uma perspectiva distante e estratégica, na qual a ele cabe o direito de, querendo, suspender a sua ação individual para se beneficiar de um resultado hipotético que lhe pareça promissor. Ele não estaria, enfim, obrigado a se vincular ao processo coletivo se não fizer expressa opção para tanto.

O Supremo Tribunal Federal (STF), por sua vez, também deixou de chamar para si a uniformização de entendimentos previdenciários e a própria administração dessa litigância.[118] Em precedentes reiterados ao longo do tempo, o Tribunal se furtou em construir uma modalidade de processo público coletivo. A repetição do jargão de que os temas são "de natureza infraconstitucional" tornou-se barreira impeditiva a que fossem conferidos incentivos para soluções estruturais em litigância

---

[117] A revisão é decorrente de aplicação do art. 29, II, da Lei nº 8.213/91. Sobre a posição do STJ, ver: Recurso Especial nº REsp 1722626/RS, Rel. Ministro Herman Benjamin, Segunda Turma, julgado em 17.04.2018, DJe 23.05.2018.

[118] A pesquisa CNJ/Insper (2020) faz o contraponto do aumento de processos previdenciários no âmbito do STF. Conforme o relatório, "olhando para o STF, é possível observar tendências ora de crescente proeminência de processos previdenciários, ora de refluxo dessas demandas. De 2000 a 2009, quase 12% dos processos no STF haviam sido classificados com o tema 'Direito Previdenciário'1. Entretanto, os últimos anos desse período também registram uma tendência de queda desse percentual, possivelmente relacionada aos impactos da utilização dos instrumentos criados pela Reforma do Judiciário para gestão de casos repetitivos no STF – a súmula vinculante e a repercussão geral. Já em 2012, 'Direito Previdenciário' era o tema de 18% dos processos no STF".

pública, reforçando os cânones tradicionais em que o processo segue sem adaptação à perspectiva policêntrica da administração pública, num modo individualizado e adversarial, com decisões retrospectivas, anulatórias e binárias, que estabelecem uma relação distante entre o direito e o remédio criado para sanar a sua violação (CHAYES, 1976).[119]

Os poucos parâmetros fixados pelo STF quanto ao que deveria ser um processo administrativo oferecido no âmbito da seguridade social surgiram no julgamento do RE nº 631240/MG, do ano de 2014, que versou sobre a questão de ser necessário o prévio requerimento administrativo para a veiculação de demandas na justiça. A partir de provocação formulada por uma trabalhadora rural informal, a Corte definiu que a concessão de benefícios previdenciários depende de prévio pedido à administração pública, pois não estaria configurada, nos termos do art. 5º, inciso XXXV, da Constituição Federal, ameaça ou lesão a direito antes de sua apreciação e indeferimento pelo INSS.

A fundamentação do STF parte de uma concepção doutrinária que só autoriza que se demande o Poder Judiciário diante de situações processuais em que há "interesse de agir" e "utilidade".[120] No entanto, a inclinação dogmática é combinada com noções de eficiência e pragmatismo, que prevaleceram na fundamentação e acabaram, por força dela, incorporadas à jurisprudência. Nesse ponto, o Ministro Luís Roberto Barroso manifestou que a economicidade e racionalidade da utilização da justiça encontrariam guarida constitucional, de modo que o acesso à justiça teria um limite implícito na capacidade de funcionamento do sistema.[121] Consta no julgado que "os recursos públicos são escassos, o

---

[119] Cf. precedentes do AI 830.805-AgR/DF, Relatora a Ministra Rosa Weber, Primeira Turma, DJe 23.05.2012; ARE 642.119-AgR/DF, Rel. Min. Cármen Lúcia, Primeira Turma, DJe 15.3.2012; AI 807.715-AgR/SP, Rel. Min. Ricardo Lewandowski, Primeira Turma, DJe 25.11.2010; AI 789.312-AgR/MG, Relatora a Ministra Ellen Gracie, Segunda Turma, DJe 25.10.2010.

[120] O conflito entre perspectivas dogmáticas e consequencialistas nesse julgamento, com especial invocação da "doutrina" como fonte, é marca dos países do sistema da *civil law*. No contexto desse tipo de cultura jurídica, a "academia jurídica não é apenas uma produtora de ferramentas heurísticas; antes disso, ela constitui o próprio modo pelo qual os atores moldam a sua representação quanto aos propósitos e a natureza do direito". No contexto regional latino-americano a "doutrina" tem a especial posição de ser considerada pelas diferentes legislações como uma "fonte" formal do direito, operando o aclaramento do sentido das regras e do modo pelo qual os atores devem operar no ambiente jurídico. Daí que os vetores teóricos formalistas se traduziam numa prática de judicialização reprodutora da mesma lógica.

[121] Essa é a avaliação mais contemporânea de Marc Galanter (2015). Partindo de uma análise dos momentos do acesso à justiça ao longo do tempo, o que se consolidou no estudo de Cappelletti e Garth (1978), Galanter entende que a fronteira do acesso à justiça

que se traduz em limitações na estrutura e na força de trabalho do Poder Judiciário". Assim, sem "racionalizar a demanda", poder-se-ia chegar num acúmulo de ações capaz de "comprometer o bom funcionamento do sistema".

O acórdão deixa claro, ainda, que a justiça não poderia ser o primeiro "guichê" para atendimento dos pedidos previdenciários. Segundo a decisão, juízes não seriam administradores, e essa separação seria entendida não sob o ponto de vista do tipo de solução do problema, mas apenas considerando o aspecto da competência para resolvê-lo. Para a Corte, a separação de poderes demandaria que os juízes não fossem administradores. Porém, a razão para tanto não seria a de estarem jungidos a lógicas substancial e qualitativamente distintas, mas a de que os juízes não poderiam substituir a operação da burocracia e conhecer os pedidos antes dela. A distinção, portanto, estaria numa esfera pragmática de divisão de trabalho e utilização racional de estruturas.

Uma síntese das orientações do Supremo quanto à litigância previdenciária é a de que se faz necessária a deflagração de uma relação formal-burocrática com a seguridade social para que, a partir dela, possa-se seguir para a instância do Poder Judiciário. Essa provocação não significa, contudo, que o segurado precisa exaurir todas as fases recursais para ingressar em juízo, mas que ele precisa obter uma primeira resposta, a ser dada no prazo, fixado pela Corte, de 45 dias. Por outro lado, foram admitidas exceções nas quais o pedido à administração seria dispensável. O voto condutor constrói a ideia de situações de "negativa notória" da administração, do que seriam exemplos as revisões de benefício, pois nelas já estaria constituída a prévia relação entre o postulante e a seguridade social. Nesse ponto particular, a despeito de ter sido apontado nos debates dos *amici curiae* que é "notória a negativa" em relação a trabalhadores rurais boias-frias e não documentados, prevaleceu que os rurícolas obrigatoriamente precisam efetivar prévio requerimento administrativo.[122]

é dinâmica, movendo-se junto com o conhecimento humano. No entanto, ele ressalta que "em um mundo de capacidades em expansão e expectativas em crescimento, onde queixas de injustiça proliferam, não podemos evitar a necessidade de racionamento da justiça. Justiça não é gratuita. Usa recursos – dinheiro, organização e, não menos, um limitado suprimento de atenção. Cada investimento dessa natureza envolve correspondentes custos de oportunidade".

[122] O Superior Tribunal de Justiça tem aplicado aos segurados boias-frias o regime dos segurados especiais, a despeito de eles não se tratarem de produtores que cultivam em sistema de agricultura familiar, mas sim de trabalhadores informais do campo. Cf.:

O argumento da eficiência se materializou em apontamentos sobre os inconvenientes do Poder Judiciário ser o primeiro guichê, restando firmado pelo tribunal que "na via administrativa, um servidor especializado exerce a função de concessor que, no Judiciário, exigirá a atuação de diversos agentes públicos (um juiz, um advogado particular ou defensor público, um procurador e diversos servidores da Justiça)". Além disso, argumentou-se que a economia de recursos com processos judiciais poderia deslocá-los ao pagamento de outras despesas, e que os beneficiários poderiam ser confundidos quanto à via mais adequada para pedir os seus direitos.

O Supremo passou ao largo de estabelecer exigências mais qualitativas em relação ao processo administrativo, a exemplo de ordenar a oitiva dos segurados ou uma dilação probatória razoável. Ao contrário, houve intenso debate entre os Ministros acerca da necessidade de que o processo administrativo se encerrasse o mais rápido possível, ao cabo de 45 dias, como se estivesse implícita a salvaguarda da posterior depuração das provas e circunstâncias na justiça. Escapou a esse julgamento específico não apenas essa chance da construção de um rito administrativo adequado, como também a análise de que, mesmo sem a absorção ilimitada de todos os pedidos, a "lógica de guichê" já é verificada no âmbito da litigância de diversas prestações sociais previdenciárias.

De modo distinto, no julgamento do caso *Goldberg v. Kelly* (1970), a Suprema Corte norte-americana estatuiu requisitos mínimos para o processo administrativo de cessação de benefícios sociais. Lá, a Corte permitiu um sistema de julgamento *quasi*-judicial. Jeff King (2014, p. 578) aponta que a herança extraída do precedente consiste em um conjunto de medidas como: 1) a adequada e oportuna notificação do beneficiário; 2) uma audiência com a administração; 3) a efetiva oportunidade de se ouvirem e confrontarem testemunhas; 4) a representação; 5) uma decisão imparcial; 6) uma decisão baseada apenas em elementos colhidos na audiência.

Os diversos obstáculos para a coletivização dos processos judiciais, presentes na jurisprudência dos tribunais superiores brasileiros, reforçam a compreensão de Maestad *et al.* (2011) de que haveria um modelo brasileiro de judicialização cuja prática seria incomum se

---

REsp 1762211/PR, Rel. Ministro Napoleão Nunes Maia Filho, Primeira Turma, julgado em 27.11.2018, DJe 07.12.2018.

comparada ao funcionamento de outros sistemas de justiça. Entretanto, a judicialização multitudinária de prestações sociais individualizadas, como medicamentos e transferências assistenciais, é rara mesmo em lugares que têm experimentado agudas interferências judiciais em políticas públicas.

No trabalho *Law's Majestic Equality*, a partir de pesquisa realizada no Brasil, Índia, Indonésia, Nigéria e África do Sul, em matéria de direito à saúde e educação, Brinks e Gauri (2012) reportam que as Cortes não têm necessariamente o mesmo potencial redistributivo. A sua capacidade depende dos desenhos institucionais que as conformam. Assim, coexistem uma jurisprudência fortemente voltada à distribuição no caso da Índia e África do Sul; neutra no caso do Brasil e Indonésia; e, por fim, regressiva no caso da Nigéria. Os autores concluem que, tendencialmente, países com decisões de largo alcance, capazes de abranger muitas pessoas, seriam mais concessivos em relação aos direitos socioeconômicos postulados, ao passo que decisões individuais e pulverizadas seriam tendencialmente menos concessivas de prestações às pessoas pobres.

A hipótese de Brinks e Gauri (2012) parte de uma conjectura sobre o custo da litigância que não se confirma em relação ao Brasil. Para eles, quando a decisão tende a beneficiar apenas os próprios litigantes, o custo total do processo precisa ser mais baixo do que o bem que se persegue com a postulação. Assim, esse tipo de litígio se voltaria, usualmente, a bens de expressão maior. Por outro lado, se a litigância abrange indivíduos que não necessariamente são partes diretas ou autores, então, desse modo, ainda que a litigância seja custosa, ela se justifica e contém, em si, efeitos redistributivos. Em suma, processos singulares seriam caros, levando a análises de custo benefício que repeliriam os reclamantes mais vulneráveis. A experiência geral de países em desenvolvimento seria no sentido de produzir melhores resultados pró-pobre em processos de abrangência coletiva.

Porém, a experiência brasileira contradiz essa ideia de que a coletivização é uma simplificação em relação ao processo individual. Aqui, estudos de Wang e Ferraz (2013) e Hoffmann e Bentes (2008) mostram que os processos coletivos costumam ter mais decisões desfavoráveis do que individuais. Além disso, como aqui a incidência da gratuidade de justiça é ampla, sendo mais aberto o canal de acesso ao Poder Judiciário em geral (WANG, 2009, p. 36), é estabelecida uma equação custo-benefício das modalidades de litigância particular do país.

A jurisprudência previdenciária firmada no âmbito do Superior Tribunal de Justiça igualmente reforça a impressão de sucesso dos processos individuais e as chaves discricionárias para a solução dos processos. Paralelamente à reiterada erosão de um sistema coletivo, os julgados que enfrentam o mérito das questões sobre seguridade social invocam a ideia de haver uma necessária proteção constitucional da vulnerabilidade dos segurados rurícolas, sendo flexibilizadora de critérios legais.

Da jurisprudência do STJ, coletei uma amostra das ocorrências relacionadas ao termo "aposentadoria por idade rural", observando que a maior parte dos feitos com este assunto foi encerrada por decisão monocrática, não chegando sequer a ter alguma apreciação colegiada. Esse é o caso de 11.664 processos. A busca levou a 239 acórdãos colegiados, sendo que a maior parte deles (mais exatamente, 159 decisões, ou 66% do total) não ingressou em nenhuma apreciação quanto aos fatos do processo, pois os precedentes invocaram súmulas da jurisprudência do Tribunal impeditivas do reexame de provas ou do conhecimento do recurso. Essa amostra exemplificativa confirma a tendência do Tribunal de passar ao largo da fixação de teses sobre a admissibilidade dos documentos na instrução probatória ou ainda sobre o rito do processo administrativo, é também indicativa de viés pró-segurado.[123] [124]

Identifiquei como principais teses no âmbito do Superior Tribunal de Justiça as que constam na tabela abaixo:

---

[123] Essa é a linha-mestra da fundamentação adotada pelo Ministro Napoleão Nunes Maia, no Recurso Repetitivo nº 1352721/SP: "As normas previdenciárias devem ser interpretadas de modo a favorecer os valores morais da Constituição Federal/1988, que prima pela proteção do Trabalhador Segurado da Previdência Social, motivo pelo qual os pleitos previdenciários devem ser julgados no sentido de amparar a parte hipossuficiente e que, por esse motivo, possui proteção legal que lhe garante a flexibilização dos rígidos institutos processuais".
[124] Trarei, na seção seguinte, dados de pesquisa do CNJ/Insper que confirmam um viés pro-segurado no âmbito das primeiras instâncias que julgam direito previdenciário.

TABELA 4
Judicialização da previdência rural no Superior Tribunal de Justiça

(continua)

Tese firmada	Precedente
O *rol de documentos hábeis a comprovar o labor rural, elencados pelo art. 106, parágrafo único da Lei 8.213/91, é meramente exemplificativo.*	REsp 980.762/SP, Rel. Ministro Napoleão Nunes Maia Filho, Quinta Turma, julgado em 08.11.2007, DJ 17/12/2007.
A prova exclusivamente testemunhal não basta, para o fim de obtenção de benefício.	Tema repetitivo 297. REsp 1133863/RN, DJe 15.04.2011.
Exige-se, tão somente, a apresentação de prova material, ainda que diminuta, desta que corroborada por robusta prova testemunhal, *não havendo que se falar em necessidade de comprovação de recolhimentos previdenciários para fins de concessão de aposentadoria rural.*	REsp. 1.321.493/PR, Rel. Min. HERMAN BENJAMIN, DJe 19.12.2012.
O trabalho urbano de um dos membros do grupo familiar não descaracteriza, por si só, os demais integrantes como segurados especiais, devendo ser averiguada a dispensabilidade do trabalho rural para a subsistência do grupo familiar.	REsp 1304479/SP, Rel. Ministro Herman Benjamin, Primeira Seção, julgado em 10.10.2012, DJe 19.12.2012.
A extensão de prova material em nome de um integrante do núcleo familiar a outro não é possível quando aquele passa a exercer trabalho incompatível com o labor rurícola, como o de natureza urbana.	REsp 1304479/SP, DJe 19.12.2012.
Não ofende o §2º do art. 55 da Lei 8.213/1991 o reconhecimento do tempo de serviço exercido por trabalhador rural registrado em carteira profissional para efeito de carência, tendo em vista que o empregador rural, juntamente com as demais fontes previstas na legislação de regência, eram os responsáveis pelo custeio do Fundo de Assistência e Previdência Rural (FUNRURAL).	Tema 644. REsp 1352791/SP, DJe 05.12.2013.
É possível o reconhecimento de tempo de serviço rural anterior ao documento mais antigo, desde que amparado por convincente prova testemunhal, colhida sob contraditório.	Tema 638. REsp 1348633/SP; REsp 1348130/SP, DJe 05.12.2014.
Não se rejeitam as iniciais por falta *de documento apresentado na proposítura.*	REsp 1352721/SP, Rel. Ministro Napoleão Nunes Maia Filho, Corte Especial, julgado em 16/12/2015, DJe 28.04.2016.
As certidões de casamento e de óbito prestam-se como início de prova material do labor rural, *desde que corroboradas por prova testemunhal.*	AgRg no AREsp 782.695/SP, Rel. Ministro Og Fernandes, Segunda Turma, julgado em 05.11.2015, DJe 23.11.2015.
Certidões de nascimento, casamento e óbito, bem como certidão da Justiça Eleitoral, carteira de associação ao Sindicato dos Trabalhadores Rurais e contratos de parceria agrícola são *aceitos como início da prova material,* nos casos em que a profissão rural estiver expressamente consignada.	AR 4.507/SP, Rel. Ministro Nefi Cordeiro, Terceira Seção, julgado em 12.08.2015, DJe 24.08.2015.

(conclusão)

O tamanho da propriedade não descaracteriza, por si só, o regime de economia familiar, caso estejam comprovados os demais requisitos para a concessão da aposentadoria por idade rural: ausência de empregados, mútua dependência e colaboração da família no campo.	AgInt no REsp nº 1369260/SC, Rel. Ministro Napoleão Nunes Maia Filho, Primeira Turma, julgado em 13.06.2017, DJe 26.06.2017.
Não é necessário que a prova apresentada em juízo seja contemporânea para todo o período que se pretende provar.	REsp 1767337/RS, Rel. Ministro Herman Benjamin, Segunda Turma, julgado em 16.10.2018, DJe 16.11.2018.
O segurado especial, ao completar a idade mínima, deve estar laborando no campo para fazer jus à aposentadoria rural por idade.	AgRg no REsp 1398097/PR, Rel. Ministro Humberto Martins, Segunda Turma, julgado em 04.08.2016, DJe 17.08.2016.
Em caso de não apresentação de um documento, o processo é extinto sem resolução do mérito, permitindo novo ajuizamento de demanda igual.	REsp 1352721/SP, Rel. Ministro Napoleão Nunes Maia Filho, Corte Especial, julgado em 16.12.2015, DJe 28.04.2016.
O Trabalhador Rural, na condição de boia-fria, equipara-se ao Segurado Especial de que trata o inciso VII do art. 11 da Lei 8.213/1991 no que tange aos requisitos necessários para a obtenção de benefícios previdenciários.	REsp 1762211/PR, Rel. Ministro Napoleão Nunes Maia Filho, Primeira Turma, julgado em 27.11.2018, DJe 07.12.2018.
O segurado que tenha provado o desempenho de serviço rurícola em período anterior à vigência da Lei nº 8.213/1991, embora faça jus à expedição de certidão nesse sentido para mera averbação nos seus assentamentos, somente tem direito ao cômputo do aludido tempo rural, no respectivo órgão público empregador, para contagem recíproca no regime estatutário se, com a certidão de tempo de serviço rural, acostar o comprovante de pagamento das respectivas contribuições previdenciárias, na forma da indenização calculada conforme o dispositivo do art. 96, IV, da Lei nº 8.213/1991.	REsp 1682678/SP; REsp 1348380; DJe 30.04.2018.
O tempo de serviço rural, ainda que remoto e descontínuo, anterior ao advento da Lei 8.213/1991, pode ser computado para fins da carência necessária à obtenção da aposentadoria híbrida por idade, ainda que não tenha sido efetivado o recolhimento das contribuições, nos termos do art. 48, §3º, da Lei 8.213/1991, seja qual for a predominância do labor misto exercido no período de carência ou o tipo de trabalho exercido no momento do implemento do requisito etário ou do requerimento administrativo.	Tema 1007. REsp 1674221/SP; REsp 1788404/PR; DJe 04.09.2019.

Fonte: Elaboração própria.

Os precedentes construídos pelo STJ tendem, portanto, a admitir a reiteração (novo ajuizamento) de processos mal instruídos e não exigem uma depuração qualitativa do processo administrativo. Porém, quase sempre determinam a colheita de prova oral em juízo. O quadro é o de uma Corte que se sente empregando "uma jurisdição socialmente justa" em favor dos trabalhadores rurais, criando um norte interpretativo cujas premissas abertas e maleáveis são pró-segurado.

Os tribunais superiores brasileiros não fizeram movimentos de contenção e uniformização da litigância, de modo que o problema do volume de processos foi tratado ao longo do tempo através do aumento orgânico do tamanho da justiça, num ciclo de expansão que, para os atores envolvidos na judicialização, parece nunca ser suficiente. Além disso, as assimetrias seguem sem harmonização pela prática do *stare decisis*, gerando mais divergências que, por sua vez, retroalimentam a judicialização.

3.5 Uma judicialização redutora de desigualdades?

A existência de uma jurisprudência flexibilizadora de critérios legais, com uma posição mais concessiva do benefício de aposentadoria por idade rural do que a da administração, poderia conduzir a uma primeira impressão de que a interferência judicial nesse campo é necessariamente redistributiva e redutora da desigualdade de renda. No entanto, antes de inserir a variável judicialização na análise da equação dos efeitos progressivos ou regressivos da política, é preciso compreender como a previdência rural compõe a renda das famílias e se relaciona com os índices de desigualdade, considerando a afirmação de Schwarzer (2000) de que é possível que "o processo de transferência de renda implícito na arquitetura do sistema previdenciário tenha impactos redistributivos interpessoais e interregionais significativos".

A constitucionalização da previdência aumentou o volume de pedidos de benefícios, acentuando também a influência de aposentadorias e pensões na composição da renda das famílias (DELGADO, 1998; SOARES *et al.*, 2006). Beltrão *et al.* (2000) explicam que, entre 1988 e 1996, houve um aumento da participação dos idosos no cômputo da renda média brasileira, tendo o percentual saltado de 7% para 14%. Os autores enxergam tanto uma tendência demográfica de envelhecimento, quanto um repentino acréscimo da renda percebida por eles. Em números absolutos, Schwarzer (2000) assinala uma ampliação da cobertura de 4,11 milhões de benefícios em 1991, para 6,48 milhões ao final de 1994.

A força da previdência é ainda mais sentida no caso das famílias rurícolas. A equivalência constitucional entre trabalhadores urbanos e rurais no que toca ao piso previdenciário, a qual vedou o pagamento de pensões abaixo de um salário mínimo, fez com que, no início dos anos

1990, se experimentasse uma duplicação do peso desse componente na renda domiciliar. Helfand *et al.* (2009), complementando estudo prévio de Ferreira e Souza (2007), observam que a participação da previdência rural teria chegado a triplicar, entre 1988 e 1998, passando a compor as rendas num patamar que saltou de 5,9% para 17,8%, seguindo ainda em crescimento entre os anos de 1999 e 2003. Associando o resultado não apenas à previdência, mas a programas de transferência de renda em geral (Bolsa Família, BPC, entre outros), Helfand *et al.* (2009) sustentam ter havido uma queda da pobreza e da desigualdade mais acentuada para o meio rural do que urbano. Para eles, "as áreas rurais contribuíram para a queda na desigualdade nacional tanto pela diminuição na diferença de renda média entre as áreas urbanas e rurais, como pela queda mais acentuada da desigualdade dentro das áreas rurais".

Ainda que tenha havido redução de pobreza, especialmente nas zonas rurais, e o Brasil tenha experimentado uma diminuição da desigualdade de renda no período de 1976 a 2015 (ARRETCHE, 2018), esses elementos não têm o condão de determinar o caráter da política pública previdenciária e sequer significam que não tenha ocorrido concentração de renda no país. Assim, a constatação da maior influência da renda de aposentadorias e pensões na composição da renda das famílias e a redução do índice Gini não são circunstâncias que se relacionam de modo causal, implicando, *per se*, a progressividade do sistema previdenciário.

Tomando como base a distribuição do rendimento domiciliar *per capita* entre os anos de 2001 e 2007, Hoffmann (2006) considera que, mesmo descontada a superestimação das rendas formais em detrimento de outras não declaradas, o regime de aposentadorias e pensões é, em nosso país, "ligeiramente regressivo", pois, no período, a concentração das aposentadorias e pensões se mostraria superior ao índice Gini, não fazendo "sentido concluir, com base nesses resultados, que as aposentadorias e pensões contribuem para reduzir a desigualdade, considerando que a desigualdade é menor dentro do grupo que recebe aposentadorias e pensões e incapaz de desequilibrar a desigualdade verificada em outros grupos" (HOFFMANN, 2006).

Outros estudos segmentariam ainda o efeito de pensões e aposentadorias pagas no patamar de um salário mínimo. Soares *et al.* (2006) reafirmam a coexistência de regimes previdenciários absolutamente distintos, próprio e geral, e as disparidades havidas mesmo quando se analisam os diferentes valores de pensões e aposentadorias pagos dentro de um mesmo regime. Assim, Soares *et al.* (2006) concluem que programas de transferência como o Bolsa Família e benefícios vinculados ao piso previdenciário de um salário mínimo têm apresentado focalização razoável e capacidade de redução da pobreza, atuando, ao mesmo tempo, nas frentes da incidência e da intensidade da pobreza. Afirmam os autores:

> A despeito de limitações, as evidências indicam que todos os programas de transferências são bem focalizados. As famílias mais pobres recebem a maior parte dos recursos transferidos por esses programas, e é praticamente irrelevante o número de beneficiários da população de renda mais alta. Além disso, as transferências reduzem a incidência e a intensidade da pobreza, bem como a desigualdade. No entanto, há ainda falhas de cobertura que precisam ser sanadas. Esse quadro é exatamente o oposto do que se observa com respeito a rendas de aluguéis, juros, pensões e aposentadorias superiores ao piso previdenciário de um salário mínimo.

Há divergência quanto ao papel que mais especificamente a previdência rural pode exercer nesse processo. De um lado, Beltrão et al. (2000) advogam que o expressivo aumento da renda dos trabalhadores rurais idosos e a concentração desse acréscimo nas famílias mais pobres faz com que seja "inegável" que a previdência rural colaborou para a erradicação da pobreza no período pós-Constituinte. A partir de estudo de caso realizado no estado do Pará, Schwarzer (2000) corrobora essa linha, colocando ênfase ao caráter focal da previdência rural. Para o autor, poucas políticas no mundo conseguiriam atingir o ponto cego de beneficiários tão vulneráveis e excluídos. Realizando entrevistas no município de Igarapé-Açu, no interior do Estado do Pará, Schwarzer (2000) revela que, em 38,9% dos domicílios visitados, o valor da aposentadoria passou a constituir única fonte de renda das famílias, estendendo-se aos demais membros do grupo familiar como uma espécie de seguro-desemprego socializado em meio a uma realidade economicamente precária. Os benefícios rurais, além disso, teriam injetado na economia daquele município um valor três vezes superior ao gerado pelos negócios locais, propiciando um nível de circulação de riqueza que não atingiria a comunidade de outro modo.

Após essa leva de estudos, concentrados sobretudo no final da década de 1990 e início dos anos 2000, novas análises têm apontado alguma estabilização nos efeitos redistributivos iniciais da previdência rural, os quais, acomodados, não justificariam uma política de implementação falha, judicializada e deficitária, cujos resultados seriam melhores dentro de um formato assistencial e não previdenciário. Nessa direção, Maranhão e Vieira Filho (2018) sugerem que, muito embora os valores de aposentadoria por idade rural sejam concentrados nos estados da região Nordeste, onde vicejaria o maior índice de extrema pobreza do meio rural, a excessiva judicialização, o envelhecimento populacional e o desequilíbrio financeiro entre arrecadação e dispêndios previdenciários tenderiam a erodir essa política com o passar do tempo. Tais autores se associam, então, à ideia de Giambiagi e Tafner (2011) de que "aumentar os benefícios da previdência social associados ao aumento do salário mínimo, mesmo que somente daqueles que ganham o piso, além de gerar inflação, teria impacto doze vezes menor sobre a redução da extrema pobreza, quando comparado ao uso dos mesmos recursos para impulsionar o PBF".

Por fim, numa linha parecida está a avaliação de Emerson Marinho e Jair Araújo (2010) ao sustentarem, por meio da aplicação de modelos matemáticos e estatísticos, que seria baixo o impacto na redução de pobreza do benefício, e a sua vocação seria a de manter os ciclos de miserabilidade. O argumento desses pesquisadores é o de que o congelamento de tais famílias na mesma faixa de renda, possivelmente, decorreria da sua dependência dos integrantes idosos, recebedores de pensões e aposentadorias. De fato, Beltrão et al. (2005) identificam que mais famílias do campo passaram a ter idosos, cuja renda tem importância para o coletivo, que teria sido reduzido o fenômeno do "ninho vazio". Esses autores, no entanto, atribuem esse fato não a supostos desestímulos comportamentais que o recebimento de mais renda em uma família poderia gerar em indivíduos, mas sim às elevadas taxas de desemprego entre jovens e à diminuição de oportunidades econômicas para esse segmento.

Toda essa divergência na literatura é fruto do resultado de diferentes metodologias e apreciações sobre a política de previdência rural (CARVALHO et al., 2020). Pesquisas que enxergam a política por lentes quantitativas sugerem uma boa *performance* na redução da pobreza, sem concluir, no entanto, pela expressiva influência dela na diminuição da desigualdade brasileira como um todo. Por outro lado, estudos que analisam as aposentadorias rurais de modo mais próximo, *in loco*, desde a perspectiva do campo, narram mudanças na qualidade de vida e na composição da renda das famílias rurais e dos próprios núcleos familiares (BELTRÃO et al., 2005), tendendo a reforçar as análises positivas.

O componente da judicialização se insere dentro dessa complexa equação da política de previdência rural de modo a expandir a cobertura e ampliar as concessões de benefícios. É o que mostram os resultados da pesquisa realizada pelo Conselho Nacional de Justiça (2020). Segundo o relatório, as decisões relativas ao benefício de aposentadoria por idade rural têm um notável viés decisório "pró-segurado". O gráfico abaixo ilustra os percentuais segundo os quais, para todas as regiões da justiça federal, existem mais sentenças de procedência do que de improcedência e forte disparidade regional, uma vez que o Tribunal Regional Federal da 4ª Região considerou procedente um percentual que é quase o dobro dos demais:

FIGURA 1
Resultado das ações de aposentadoria rural

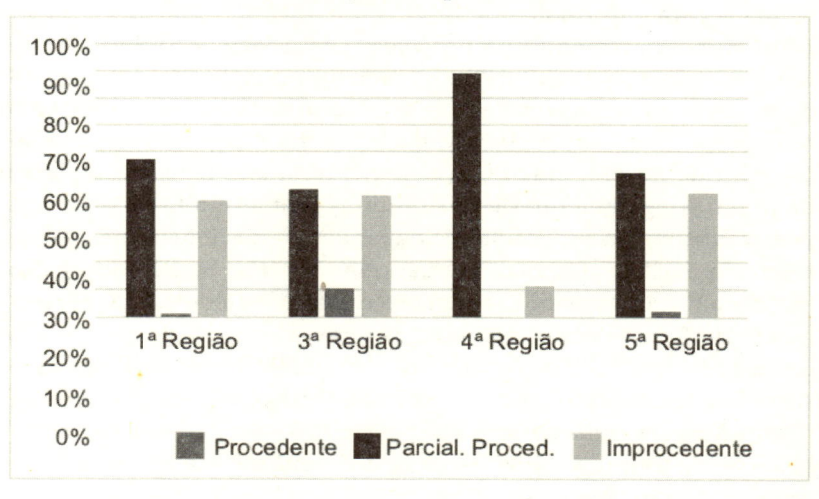

Fonte: Elaboração própria a partir dos dados CNJ/Insper (2020).

Tais estatísticas de procedência, quando se tornam um contingente massivo de processos, impactam a política pública de modo tão profundo, que, para Maranhão e Vieira Filho (2018), a maior parte dos benefícios já chega a ser concedida pelo Poder Judiciário, e não pela Administração Pública. A fragmentação dessa interferência, se por um lado amplia a cobertura, apresentando potenciais efeitos redutores de pobreza, não é a causa de diminuição de desigualdade de renda. Ao contrário. A combinação desse modelo brasileiro de judicialização de direitos socioeconômicos com as suas notas características de individualização, fragmentariedade e insulamento, ou seja, a baixa capacidade de dialogar com a burocracia e alterar estruturalmente os seus comportamentos torna repetitiva a aplicação de critérios judiciais flutuantes, potencialmente deslocando o que chamei de viés "pró-segurado" para um possível "viés assistencialista". Enfim, a comprovação de efeitos redistributivos não significa, contudo, que o sistema de judicialização seja eficiente ou desejável, conforme analiso no próximo capítulo.

3.6 Palavras finais

A tentativa de olhar a política da previdência rural associada à sua judicialização revelou até agora uma trajetória de constitucionalização da cobertura social dos rurícolas, inserida dentro da previdência social, mas sem a contrapartida do recolhimento de valores. O relato dos debates constituintes revela que tal opção foi consciente, acolhendo-se pleito dos movimentos de trabalhadores rurais de que fosse remediada a desigualdade de tratamento em relação aos trabalhadores urbanos, que os desfavorecia até então, e de que houvesse uma compensação histórica para os anos de alijamento e informalidade. Essa normatividade, que chamei de ambígua, deslocou o cerne da proteção social para o enquadramento dos beneficiários na regra que estende a cobertura aos "segurados especiais".

Provar-se como um segurado especial não é tarefa exatamente simples. Enquanto o INSS lista os tipos de documentos que podem servir como início de prova de tal condição na IN nº 77/2015, não existe concordância nessa questão no que tange ao Poder Judiciário, e não se sabe a quantidade de provas que precisa ser mobilizada até que se comprove a necessária carência de quinze anos. Mostra-se, então, persistente a discordância entre a administração e a justiça.

O caráter individual dessa litigiosidade surgiu novamente neste capítulo do livro. Desta vez, contudo, a partir do olhar lançado sobre a jurisprudência do Superior Tribunal de Justiça. Na seção 3.4, busquei trazer a visão dos tribunais superiores quanto à previdência rural e a sua interpretação do que vem a ser um "segurado especial". Os precedentes do Superior Tribunal de Justiça são flexibilizadores dos parâmetros da política e dispõem, em linhas gerais, que: i) o rol legal de documentos é meramente exemplificativo; ii) a condição de rurícola pode ser provada apenas por um início de prova material; iii) caso essa prova não exista, o processo deve ser extinto sem análise do mérito (questão de fundo), podendo ser renovado o litígio; iv) as provas podem ser espaçadas no tempo; v) o trabalho urbano não descaracteriza a condição de rurícola, assim como o tamanho da propriedade, entre outros. Os precedentes erodem os elementos objetivos da política, colocando centralidade na casuística construída em cada processo judicial.

CAPÍTULO 4

DINÂMICAS DA JUDICIALIZAÇÃO DA PREVIDÊNCIA RURAL: ANÁLISE DAS ENTREVISTAS QUALITATIVAS

> *"Encostado a uma jurema seca, defronte ao juazeiro que a foice dos cabras ia pouco a pouco mutilando, Vicente dirigia a distribuição de rama verde ao gado. Reses magras, com grandes ossos agudos furando o couro das ancas, devoravam confiadamente os rebentões que a ponta dos terçados espalhava pelo chão."*
> *O Quinze.* Rachel de Queiroz, 1930.

4.1 Introdução

Como funciona a judicialização da previdência rural? Por quais dinâmicas são proferidas as decisões judiciais relativas aos seus benefícios? A partir da análise de entrevistas qualitativas realizadas com diretoras e diretores de secretaria de varas federais dos estados da Bahia e Goiás, este capítulo volta-se à descrição das dinâmicas adotadas nessas unidades. Os relatos trazidos detalham as rotinas praticadas e os impactos decorrentes da judicialização, permitindo testar a hipótese inicial desta pesquisa de que se trata de um fenômeno que aproxima a tarefa da adjudicação daquela exercida pela burocracia em variados planos, desde o compartilhamento de estruturas entre a administração e o Poder Judiciário até a atuação de juízes em uma linha de frente, na qual podem ser realizadas dezenas de audiências no mesmo dia, ora pelos próprios magistrados, ora por funcionários da justiça.

A tarefa de definir quem são os "elegíveis" para determinados programas governamentais, a partir de encontros frente a frente com a clientela, é a nota principal que a literatura enxerga na figura do burocrata de nível de rua (LIPSKY, 1980; KEISER, 2010; DUBOIS, 2010). Submetidos a pressões quanto ao volume de trabalho, tempo, condições materiais de execução do serviço e hierarquia, os agentes de linha de frente desenvolvem mecanismos para lidar com essas questões e estabelecer uma *performance*. No âmbito da atividade judicial, Biland e Steinmetz (2017) identificaram comportamentos similares em juízes que, premidos por grandes volumes de audiências, conduzem oitivas que duram poucos minutos, adotam estratégias para reduzir trabalho, julgam sem vestir a toga e sem adotar maiores rituais de imparcialidade. Praticando os atos em espaços pouco solenes, os magistrados em situação de linha de frente perguntam diretamente às partes e sujeitam-se a mais imprevistos.

Os depoimentos analisados nesta etapa do trabalho consolidam a caracterização do que seria essa "linha de frente" judicial, situando os processos da previdência rural no espectro do citado modelo de adjudicação. Neste segmento, promovo ainda um inventário das dinâmicas da judicialização, descrevendo o modo como os atores se mobilizam para litigar e o procedimento imposto pelas varas até a resposta judicial.[125]

Em linhas gerais, os relatos apontaram uma baixa variação de procedimentos entre as dez varas participantes do estudo. Em todas elas, observou-se um rito marcado pela realização das audiências de instrução e julgamento, consideradas obrigatórias por força de entendimento jurisprudencial. Segundo os entrevistados, as varas previdenciárias recebem um volume acentuado de processos, que pode chegar a 500 demandas por mês. Assim, o núcleo do trabalho é a organização de uma pauta de audiências que consiga dar vazão a esse contingente. Porém, ainda que todas as unidades promovam as citadas audiências, algumas delas são mais tensionadas pela quantidade de processos e acúmulo de competências, adaptando os seus protocolos a tal circunstância. Em unidades de interior, denominadas "subseções" da Justiça Federal, o fato de os magistrados acumularem competências cíveis e criminais faz

---

[125] Os resultados mais comuns das sentenças da judicialização da previdência rural serão analisados no Capítulo 5.

com que as audiências previdenciárias possam inclusive ser delegadas a terceiros, conciliadores ou servidores. Os achados indicam ainda que:

i) existe uma etapa de mobilização prévia à litigância, na qual a atuação dos escritórios de advocacia é fundamental para aglutinar os segurados e levá-los às dependências da justiça, inclusive fornecendo transporte e alimentação;

ii) há uma semelhança de contexto e de prática entre unidades diferentes, sendo realizadas audiências normalmente em mutirões (chamados de *"semanas de esforço concentrado"*), nas quais chegam a ser realizadas até quarenta e cinco audiências por dia de trabalho dos magistrados;

iii) as sentenças são proferidas em audiência e partem de modelos pré-confeccionados;

iv) é crescente a simplificação dos processos administrativos e a descentralização das atividades do INSS, cessando-se cooperações e negociações de procedimento em nível local;

v) os entrevistados percebem a atividade judicial como intuitiva e integrada ao meio, pois, com o passar do tempo, os juízes se tornariam *"experientes"* e conseguiriam identificar pelo maneirismo e atitudes os *"verdadeiros"* segurados especiais.

Para além desse detalhamento de práticas, cabe destacar que, acima de tudo, a hiperjudicialização fomenta nos entrevistados um sentimento de frustração. Uma das servidoras ouvidas (Diretora 6) resumiu que *"tem um fundo de verdade a ideia de que a justiça é um balcão do INSS, acho que aqui somos um recurso administrativo das decisões do INSS que não tem critério"*.

Essa declaração resume uma perspectiva interna à justiça descrita em estudos anteriores. Enquanto Giannattasio *et al.* (2012, p. 78) já haviam mapeado que, no Brasil, "os impactos do INSS em esfera administrativa são bastante nítidos para os atores do Judiciário, que chegam a afirmar ser a justiça um compartimento do INSS, sempre que o INSS atua de forma demasiadamente rígida ou em descompasso com a legislação pertinente", Marc Galanter (1974, p. 47) desenvolvera, em bases teóricas, a ideia de que, em contextos de litigância repetitiva, ocorre um "acoplamento" dos recursos materiais da justiça pelo grande litigante que, estrategicamente, instrumentaliza o processo. Ainda que o poder público seja um tipo especial de litigante repetitivo, ele ocupa o lugar politicamente privilegiado que Marc Galanter denomina como a posição do *"Have"* em contraposição à do *"Have not"*, parte hipossuficiente que litiga de modo isolado e desarticulado.

Extraio também das entrevistas um caminho para tratar dos impactos da judicialização da previdência rural. Foi recorrente a informação de que os processos administrativos passaram a dispensar entrevistas e que a presença do segurado vem acompanhada da percepção de que são baixos os impactos indiretos de diálogo e incorporação das posições judiciais por parte do INSS. A descrição desses ritos é, com efeito, ilustrativa da tentativa de se criar uma engrenagem de implementação em massa de benefícios com baixos canais de retroalimentação e comunicação entre os agentes do Poder Executivo e Judiciário.

Divido a análise que constitui este capítulo em três seções. A primeira parte faz um breve detalhamento do método de realização das entrevistas. A segunda, seguindo a perspectiva dos relatos, trata dos atores envolvidos na judicialização da previdência rural e do procedimento empregado nos processos judiciais. Dedico, por fim, um trecho aos impactos diretos e indiretos da litigância estudada, enfocando que se trata de uma judicialização insulada em relação à dimensão estruturante da política, porém com algumas aberturas para o diálogo interinstitucional.

4.2 Sobre as entrevistas

De partida, no caso deste trabalho, havia uma carência de literatura quanto ao rito dos processos de aposentadoria por idade rural para além do simples comentário acerca da sua previsão normativa. Diante desse cenário, indagações relevantes para construção do cenário da pesquisa quanto a volume de audiências realizadas, interação entre os advogados e seus clientes, dentre outras, não poderiam ser respondidas sem o acesso ao recurso das entrevistas. Segundo Poupart (2012), o emprego da técnica de entrevistas qualitativas costuma ser justificado por razões variadas, mas, numa ótica metodológica, elas seriam um meio de "coletar informações sobre as estruturas e funcionamento de um grupo, instituição, ou, mais globalmente, de uma formação social determinada". A técnica é, assim, apropriada para a descrição de "mecanismos" capazes de levar à construção de teoria (KAPISZEWSKI et al., 2015, p. 208).

Foram colhidos 10 depoimentos com servidoras e servidores de secretaria de varas federais dos estados de Bahia e Goiás.[126] Conforme antecipado no capítulo introdutório, a escolha dos dois estados deveu-se ao fato de estarem submetidos ao mesmo tribunal e, ainda assim, apresentarem acentuada discrepância nos seus índices de judicialização (TCU, 2018).

Os estados pesquisados apresentam justiças com dimensões distintas. Enquanto Goiás possui 08 varas federais nas suas cidades do interior (subseções judiciárias) e 02 varas de juizados na capital, a Bahia tem 14 unidades no interior e 05 na capital.[127] A distribuição de processos também é distinta. No ano de 2018, a Bahia recebeu 18.452 processos com o tema aposentadoria por idade rural, julgando um total de 15.906. Goiás, por outro lado, apresentou uma distribuição de 4.033 feitos, sendo prolatadas 3.291 sentenças.

A diferença de porte faz com que o objetivo deste trabalho não seja o de explicar a diferença entre os números finais de concessão judicial das duas localidades, afinal eles decorrem de numerosas variáveis, tais como o próprio ingresso mais elevado de processos no estado da Bahia. O contraste auxilia, no entanto, a compreensão acerca das rotinas e dos critérios das unidades judiciárias envolvidas, mesmo quando se partem de realidades substancialmente diferentes. Além disso, essa escolha facilitou a obtenção de informações e agendamento das entrevistas, por se tratarem de unidades vinculadas ao Tribunal Regional Federal da 1ª Região.

Conforme narrado na introdução do trabalho, requeri à Corte, com base na lei de acesso à informação, que disponibilizasse dados estatísticos acerca da judicialização estudada (Anexo 3), tendo o Tribunal aberto o processo administrativo eletrônico, o qual foi encaminhado para todas as varas de juizados especiais da região.[128] Diante da listagem de varas, remeti *e-mail* com o convite para as entrevistas. Obtive apenas dez respostas afirmativas, de modo que as conversas foram realizadas virtualmente, através da plataforma Teams, tendo uma duração média

---

[126] A pesquisa foi submetida à Comissão de Ética da Faculdade de Direito da Universidade de São Paulo, conforme protocolo de recebimento do dia 26 de fevereiro de 2021, tendo sido aprovada.
[127] Cada unidade possui um quadro de lotação ideal de dois juízes ou juízas federais, um titular e uma substituta, contando ainda com o contingente de 13 servidores.
[128] Trata-se do processo eletrônico (PAe-SEI) nº 0014162-15.2019.4.01.8004, o qual pode ser habilitado para consulta por usuários externos que se cadastrem no sistema. A íntegra do processo pode ainda ser solicitada ao TRF da 1ª Região.

de 30 minutos. A proporção de entrevistados por estado e por lotação no interior ou capital segue abaixo detalhada:

TABELA 5
Lotação dos entrevistados

Identificação	Sexo	Capital/Interior	Estado
Diretor 1	Masculino	Interior	Bahia
Diretora 2	Feminino	Capital	Bahia
Diretora 3	Feminino	Interior	Bahia
Diretora 4	Feminino	Interior	Bahia
Diretora 5	Feminino	Interior	Bahia
Diretora 6	Feminino	Capital	Bahia
Diretora 7	Feminino	Interior	Goiás
Diretora 8	Feminino	Capital	Goiás
Diretora 9	Feminino	Interior	Bahia
Supervisora 10	Feminino	Interior	Goiás

Fonte: Elaboração própria.

Os respondentes são indivíduos ocupantes do cargo de "direção de secretaria".[129] Sobre tal cargo, cabe a elucidação de alguns aspectos. A Lei nº 5.010, de 1966, inseriu os chefes de secretaria no quadro de pessoal dos serviços auxiliares da Justiça Federal, e o provimento da posição se dá por livre nomeação do magistrado titular da vara, exigindo-se do nomeado o bacharelado em direito. A relação de entrevistados, predominantemente feminina, casa-se com estudos que apontam que as mulheres ocupam a maior parte dos cargos de servidoras do Poder Judiciário (CNJ, 2019), situação inversa à experimentada no âmbito da magistratura. Segundo dados do Conselho Nacional de Justiça (2018), a participação feminina entre os servidores é da ordem de 56,6% do total daqueles que atuaram no Poder Judiciário nos últimos 10 anos. Contrariamente, entre os magistrados, as mulheres são sub-representadas. A apuração do levantamento sociodemográfico do CNJ é a de que apenas 31% de mulheres ocupam cargo de juízas na Justiça Federal, percentual que se reduz conforme aumentam os graus de jurisdição.

---

[129] Uma das varas do estado de Goiás indicou uma supervisora, e não a sua diretora, para a entrevista. Trata-se de servidora concursada do quadro que exerce a supervisão do setor da unidade responsável pelo Juizado Especial Federal.

Na segunda instância, aproximadamente 20% de mulheres compõem os Tribunais Regionais Federais do país.

O tempo médio dos respondentes nas suas respectivas funções é de 6,5 anos. Trata-se, portanto, de uma amostra de pessoas com experiência na função exercida, mas ainda com um longo período de trabalho a cumprir até a aposentadoria.

O questionário aplicado foi semiestruturado,[130] de modo que os entrevistados foram submetidos aos temas escolhidos, mas tiveram espaço para colocações livres (XAVIER, 2017). As indagações visavam permitir uma narrativa mais livre quanto ao rito adotado e dividiam-se nos seguintes blocos:

i) *trajetória do entrevistado*: tempo de serviço na justiça e lotações prévias;

ii) *perfil da litigância:* se o INSS é o maior litigante da unidade; se possuem acordos de cooperação ou padronização de procedimentos com a autarquia; qual a distribuição de processos em previdenciário e, em especial, de previdência rural nos anos de 2018 e 2019; quais seriam as práticas exitosas utilizadas pela unidade para reduzir litígios ou acelerar a sua tramitação;

iii) *conciliação:* como a vara promove conciliação com o INSS? Previamente ou em audiência;

iv) *cumprimento das decisões judiciais:* se existe de agência e percentual de descumprimentos;

v) *impacto das decisões judiciais:* há notícia de que o INSS mudou práticas e entendimentos em virtude da incorporação de teses adotadas pelo juízo?;

vi) *processo administrativo:* se o INSS faz justificação administrativa no estado, se são realizadas entrevistas administrativas, e se os processos administrativos são juntados aos judiciais;

vii) *duração das audiências*: como a pauta se organiza; qual a duração dos atos;

viii) *litigantes:* se ajuízam os processos por meio de advogados; se existe participação dos sindicatos e percepção de um perfil de rurícola próprio da região.

Ainda que a abordagem das perguntas tenha sido panorâmica, a ideia subjacente a elas era a de medir o volume de trabalho e a possível caracterização de contextos com pressões típicas de linha de frente.

---

[130] Rathbun (2008) esclarece que essa metodologia se contrapõe à dos questionários fechados (*surveys*) ou totalmente abertos, utilizados principalmente em etnografias.

Busquei, simultaneamente, desvelar interações em que os poderes Judiciário e Executivo se substituíssem reciprocamente, entrelaçassem ou até se confundissem, colocando à prova, no plano institucional, o pensamento de que juízes podem se comportar como burocratas nesse tipo de adjudicação.

Nesta pesquisa, as entrevistas enredaram algumas circunstâncias já constantes em dados estatísticos e previsões normativas e as enriqueceram com as percepções dos agentes inseridos na prática. O concerto e a harmonia que elas guardam entre si na descrição de rotinas, desde a perspectiva de unidades tão diferentes, reduzem o risco de imprecisão e baixa capacidade de generalização (RUTHBUN, 2008, p. 5). Ollaik e Ziller (2012), ao tratar da validade de pesquisas qualitativas, associam-se à constatação mais ampla de que o método tem limites – assim como todos os outros –, mas esclarecem que o que deve preponderar é o exame da coerência interna entre o que se pergunta e os métodos empregados. Navegando nessas margens em que se compreende a limitação da abordagem qualitativa quanto ao seu aspecto de generalização, a lacuna de estudos sobre as dinâmicas da judicialização da previdência rural agrega relevância às entrevistas, ainda que como recurso mais exploratório do que determinístico quanto a causas e consequências.

4.3 O rito e os atores envolvidos nos processos de aposentadoria por idade rural: uma análise das entrevistas qualitativas

O rito das demandas que recaem sobre os benefícios da previdência rural se caracteriza, inicialmente, pela possibilidade de "atermação", ou seja, franqueia-se à parte a escolha pelo ajuizamento da ação mediante termo lavrado nas dependências da própria justiça, sem advogado, conforme prevê o art. 10 da Lei nº 10.259, de 2001.[131]

Os servidores ouvidos afirmaram, no entanto, que o maior fluxo dos processos se dá através do ajuizamento por meio de advogados, que apresentam as suas petições por escrito. Advogados previdenciários não cobram antecipadamente para protocolar as demandas, sendo

---

[131] Cf. Art. 10 da Lei nº 10.259/01: "As partes poderão designar, por escrito, representantes para a causa, advogado ou não".

remunerados pelo "destaque" de honorários advocatícios ao final do procedimento. O "destaque" permite que o advogado receba o seu valor de honorários contratuais, em requisição expedida em seu próprio nome, fazendo o saque autônoma e diretamente. Os percentuais destinados aos honorários contratuais variam, conforme os relatos, entre 30% e 50% do valor das condenações.[132] Além do valor do "destaque", aos advogados são devidos honorários sucumbenciais caso a demanda chegue ao segundo grau dos juizados especiais.[133] A advocacia previdenciária tem, assim, retorno baseado no êxito nos processos e envolve baixíssimo risco, dada a gratuidade de justiça concedida à totalidade dos litigantes rurais.

Além disso, uma vez expedida certidão comprobatória de que o advogado patrocina a causa, ele pode também levantar os valores devidos aos próprios autores rurícolas. Um dos depoimentos descreveu a ocorrência de atritos entre magistrado que limita os honorários no patamar máximo de 30% e advogado que postula o recebimento de 50% do valor de parcelas atrasadas:

(...) *eu na verdade agora que passei a considerar mais e prestar atenção na prova do sindicato, porque o novo juiz considera muito isso. Agora, uma coisa que acredito que não seja só da minha região é que alguns advogados cobram além do permitido, pois o juiz só defere 30%, mas alguns cobram 50%. Aquela certidão de representação para o advogado sacar, no meu entendimento, não deveríamos fornecer esse tipo de certidão.* (Supervisora 10)

A importância da sistemática de pagamento de honorários por requisição no processo de mobilização da clientela rural pelos advogados é detectada pela literatura que se debruça sobre juizados especiais. Em estudo de caso previdenciário, Giannattasio *et al.* (2012, p. 61) informam que "a procura por advogados no âmbito previdenciário é estimulada pela cobrança de honorários por êxito, ou seja, a contratação de serviços advocatícios em que a remuneração consiste em um percentual do montante recebido pelo cliente em caso de sucesso da demanda judicial".

---

[132] Sobre honorários e regras para saques por advogado, ver Resoluções CJF nº 458/2017 e 670/2020. Sobre o "destaque" consta que: "Art. 18-A. Caso o advogado pretenda destacar do montante da condenação o que lhe couber por força de honorários contratuais, na forma disciplinada pelo art. 22, §4º, da Lei n. 8.906, de 4 de julho de 1994, deverá juntar aos autos o respectivo contrato, antes da elaboração da requisição de pagamento".

[133] Em caso de recurso, aplica-se a regra do art. 55 da Lei nº 9.099, de 1995, segundo o qual: "em segundo grau, o recorrente, vencido, pagará as custas e honorários de advogado, que serão fixados entre dez por cento e vinte por cento do valor de condenação ou, não havendo condenação, do valor corrigido da causa".

A facilidade de encontrar advogados que não cobram pelo ajuizamento das demandas desestimularia a busca das partes pela Defensoria Pública, tornando a entidade "bastante desconhecida no âmbito das demandas previdenciárias".[134]

Caminhando na mesma linha, a pesquisa sobre judicialização da previdência social realizada pelo CNJ/Insper (2020, p. 76) demonstrou a estreita relação entre a captação de clientela pelos advogados e a hiperjudicialização do segmento. O estudo apontou como uma das possíveis causas do fenômeno o fato de os advogados terem acesso prioritário às agências do INSS, sem se submeter à fila imposta aos segurados, que recorreriam aos advogados para fazer os requerimentos administrativos, antes mesmo da fase judicial de postulação.

A atuação dos profissionais na seara previdenciária foi percebida pelos participantes desta pesquisa como especialmente agressiva, surgindo como um dos elementos centrais de fomento à litigância. Nesse sentido, o entrevistado Diretor 1 comentou que os advogados pareciam *"escolados"* e *"diligentes"*. Perguntado sobre o sentido da expressão, esclareceu que *"sempre cobram a implantação dos benefícios e correm atrás dos clientes. A subseção chegou a ser tema de uma reportagem na televisão"*. O relato é marcado pela memória do servidor quanto a fraudes ocorridas na localidade, apresentadas em notícias veiculadas pela imprensa que davam conta de contratos abusivos de honorários advocatícios. Através dos instrumentos, advogados chegavam a embolsar o valor integral das verbas retroativas dos segurados rurícolas. O mesmo comentário foi formulado por outra entrevistada, que lembrou inclusive que uma advogada abordava os clientes dentro das dependências da justiça:

> *A mudança no volume [de processos] se deve à prática do INSS de negativa geral e os advogados vão muito atrás. Alguns têm escritório em várias cidades para arrebanhar litigantes. Os advogados abordam os segurados, eles chegam nas pessoas. Tivemos o caso de uma advogada que nos ligou e viu um advogado abordando as pessoas inclusive na fila da atermação* (Diretora 7).

Em uma das unidades, narrou-se que os segurados de áreas longínquas comparecem à justiça mediante transporte oferecido pelos advogados. Diretor 1 informou que *"os advogados trazem os clientes para*

---

[134] O cenário tem possível correlação com o fato de que o Brasil possui mais advogados do que a maior parte dos países do mundo. No país, constata-se a densidade de um advogado para cada 190 habitantes, enquanto no Reino Unido a densidade é de um a cada 354 e, na França, de um para cada 1.074 habitantes (OAB, 2019).

audiência, isso já foi mencionado no balcão, tenho quase certeza de que o serviço existe, como uma parceria. Inclusive, alguns comentam em audiência que o carro quebrou, esse carro coletivo do sindicato ou dos advogados". A Supervisora 10, de Goiás, confirmou que os advogados fornecem transporte e almoço para as partes, quando é adotada prática de mutirão:

> *Temos vários casos, se a pessoa é daqui, vem no carro dela, mas quem vem dos municípios ao redor... a pessoa vem com o advogado e advogados alugavam até van e ônibus quando a sistemática era de mutirão. O advogado paga inclusive o almoço porque o pessoal passava o dia aqui.* (Supervisora 10)

A experiência da virtualização também depende intensamente dos advogados. Um entrevistado narrou que as audiências virtuais são realizadas a partir do escritório dos profissionais, já que a população rural não possui equipamento e conexão de internet suficientes para que o ato seja realizado a contento:

> *O jurisdicionado vai para o escritório, deixamos que eles vão e fazemos um despacho uniformizando isso. Eles entram todos através do escritório, o advogado vai focalizando, como se estivessem numa audiência aqui, partes e testemunhas. Só que o nosso ritmo caiu pela metade, por essa questão da novidade mesmo. Hoje só conseguimos fazer 50% do volume de audiências que fazíamos. Então por dia só estamos conseguindo fazer 14 ou 15 audiências.* (Diretor 1)

O papel ativo dos advogados privados parece ter se sobreposto ao dos sindicatos na intermediação entre a população rural e as instituições públicas. Houve baixa percepção da presença dos sindicatos de trabalhadores rurais na arena da judicialização, o que pode sinalizar uma tendência de dessindicalização ou uma presença mais ostensiva dos advogados contratados pelas entidades, e não dos seus próprios representantes. Apenas em uma unidade foi testemunhada uma relação mais estreita entre os advogados dos litigantes e os sindicatos de trabalhadores rurais, o que foi denominado como uma "parceria". Segundo um dos servidores, *"há uma parceria, pois os sindicatos indicam os clientes para os advogados, num sistema que se chama de parceria, o sindicato fornece a lista e o advogado conhece o cliente na hora da audiência. Eles devem conhecer apenas 15 a 20% dos clientes antes da audiência"* (Diretor 1).

A hipótese de uma dessindicalização contemporânea no campo traduz uma mudança em relação ao fortalecimento experimentado pelas entidades no início dos anos 2000. A sindicalização no meio rural brasileiro subiu 40% entre os anos de 1999 e 2004 (CANZIAN, 2006;

CAMPANA, 2010).[135] O movimento ocorreu na esteira do aumento de verbas para o Pronaf (Programa Nacional de Fortalecimento Agricultura Familiar), passando a ser elemento decisivo no impacto do então crescente acesso à justiça no meio rural. Numa época marcada por políticas econômicas de austeridade, a atenção das entidades se deslocou do conflito laboral no campo para a inclusão dos trabalhadores em políticas sociais, incluindo a reivindicação histórica de acesso à terra.[136] Assim, os sindicatos foram os agentes que passaram a oferecer assistência jurídica aos trabalhadores e a catalogar a documentação necessária para a postulação dos benefícios. O acesso às verbas do programa se dava, entre outros documentos, pela via da Declaração de Aptidão ao Pronaf, fornecida pelas entidades de classe.[137] Os documentos mobilizados para a pactuação de financiamento rural serviam ainda para a obtenção de aposentadoria pela via judicial.

Para as entidades sindicais brasileiras, qualquer ideia no sentido da instituição de uma contribuição formal dos trabalhadores rurais à previdência deflagraria a competição pelos escassos recursos desses trabalhadores entre sindicatos e governo, gerando possível desmobilização em torno das associações de classe.[138]

Os sindicatos, até então estruturados em torno do Pronaf com amplo repasse de recursos, vêm passando por uma fase de enfraquecimento. André Gambier Campos (2016) considera que esse é um processo amplo decorrente da crescente informalidade e precarização do mercado de trabalho verificadas no Brasil desde o ano de 2014. Embora conte com elevado número de sindicatos de trabalhadores, da ordem de 10.817 (IPEA, 2016), esse contingente estaria eminentemente concentrado em áreas urbanas (73,8%) e atuaria em bases locais, tendo parcos recursos e estrutura para representar os trabalhadores em questões políticas de maior abrangência (CAMPOS, 2016, p. 16).

---

[135] Fernando Canzian (2006) entende que "as ações do governo Lula na agricultura familiar estão provocando uma explosão na sindicalização de trabalhadores rurais. O potencial econômico e político das iniciativas são comparáveis aos do Bolsa-Família, um dos pilares de sustentação da popularidade do governo".
[136] Pierson (2001, p. 4) considera inevitável que existam longos ciclos de contenção de gastos, ante a alta produtividade industrial, o deslocamento dos trabalhadores para o setor de serviços, desemprego e globalização, porém, ele nota que esses fenômenos deslocam a agenda dos conflitos para reestruturação de políticas sociais.
[137] Portaria nº 47 da Secretaria Especial de Agricultura Familiar e do Desenvolvimento Agrário (antigo MDA), de 26 de novembro de 2008.
[138] Essa ideia constou na Proposta de Reforma à Constituição nº 287/2016, uma das reformas da previdência que tiveram tramitação recente.

As entidades representativas dos trabalhadores do campo foram ainda mais severamente desarticuladas após a edição da MP nº 871, de 18 de janeiro 2019, depois convertida na Lei nº 13.846/2019. O novo marco legal retirou a possibilidade de os sindicatos emitirem declarações de comprovação de atividade rural, substituindo o procedimento pela criação de um cadastro junto ao Ministério da Economia e de uma autodeclaração dos trabalhadores, a ser validada por órgãos públicos, a partir do ano de 2023. Segundo os sindicatos, o cadastro de trabalhadores rurais (CNIS Rural) não seria uma novidade, estando vigente há mais de dez anos, porém com adesão de apenas 3% dos trabalhadores do campo. Segundo defendeu no Congresso Nacional o representante da entidade sindical Contag (Confederação Nacional dos Trabalhadores Rurais Agricultores), a maioria dos segurados estaria sendo expurgada da Previdência, num processo que teria sido iniciado com o corte de benefícios em operações de apuração de fraude, iniciadas desde o ano de 2016 (AGÊNCIA SENADO, 2019). Assim, os benefícios foram reduzidos, e foi limitada a capacidade de influência dos sindicatos na sua concessão.[139]

Sobre o perfil dos trabalhadores rurais, as observações colhidas nesta pesquisa apontaram a variação de atividades econômicas – prevalecem atividade pesqueira e de agricultura de substância na Bahia e criação de gado e soja em Goiás (Diretoras 5 e 10, respectivamente) –, bem como de vulnerabilidade econômica em ambas as regiões estudadas (Diretor 1). É importante notar, assim, que existem perfis muito distintos de segurados especiais, a depender da região do Brasil. Conforme análise do CJF/Ipea (2012), há diversidade de experiências de vida, as quais seriam "decorrentes especialmente dos diferentes contextos culturais e regionais dos quais são oriundos: áreas urbanas ou rurais; regiões de forte dinamismo socioeconômico ou regiões deprimidas; grandes centros ou regiões de fronteira; comunidades ribeirinhas, indígenas ou quilombolas".

Estatisticamente, o retrato da população rural, segundo o último censo agropecuário (IBGE, 2017), é o de predomínio de trabalhadores do sexo masculino (81%), com formação elementar primária (24%). A composição racial é de 45,43% de trabalhadores brancos, 44,47% pardos,

---

[139] No curso deste trabalho, em especial na análise de sentenças no Capítulo 5, fica claro que os posicionamentos do juízo não reforçam o papel dos sindicatos rurais. As provas produzidas são sistematicamente rejeitadas como início de prova material. Seria determinante para uma "revolução de direitos" a existência de estruturas jurídicas que alicerçassem tal mobilização. A judicialização é também mecanismo de vocalização de lutas políticas mais amplas (EPP, 1998; SIEDER *et al.*, 2010, p. 9).

8,37% pretos e 1,12% indígenas. Além disso, um total de 73% das pessoas ocupadas no campo (o que equivale a 11.101.533 pessoas) não transita livremente no mercado de trabalho, mantendo laço de parentesco com os produtores/empregadores. A renda média é o último dado que confirma a vulnerabilidade econômica da população estudada, correspondendo a um terço da renda auferida no meio urbano (PNAD/IBGE, 2009).

A defesa do INSS em juízo é realizada por procuradores federais vinculados à Advocacia-Geral da União. Eles compõem uma força de trabalho que conta com 1.670 procuradores dedicados ao trato das questões previdenciárias (TCU, 2018). Os relatos ouvidos por esta pesquisa repetiram que ocorre uma paulatina descentralização das atividades do INSS. Núcleos remotos, distantes das reclamações e dos pedidos das unidades judiciárias, seriam os responsáveis pelo peticionamento, cumprimento de decisões e confecção de cálculos. A causa da mudança foi a edição, pela autarquia, da Resolução nº 691/2019, que extinguiu as antigas agências locais de atendimento a demandas judiciais (APS-DJ) e criou, em seu lugar, unidades de âmbito regional.[140]

A descentralização da defesa propriamente dita e do cumprimento das sentenças e decisões gerou, segundo os entrevistados, grande atraso na tramitação dos processos e na implantação, o qual foi assim descrito:

> *Agora está bem em dia, mas houve uma alteração no modo de implantação. Eu vim para cá em 2014 e, de lá até 2019, a gente fazia um dossiê de cada processo e enviávamos por e-mail para eles e isso funcionou. Antes dessa providência, eram ameaças de multa e as coisas não eram implantadas. Mandávamos por e-mail... funcionava bem. Quando foi em 2020, o INSS começou a regionalizar as tarefas e aí não tivemos mais acesso à AADJ de Goiás e a intimação passou a ser apenas processual. Aí como foi feito um serviço que incluiu estados que estavam com a implantação atrasada e como Goiás estava em dia, ficamos para trás. Aí experimentamos atraso... Nossos processos saíram de 60 dias para 120*

---

[140] Em atendimento à solicitação formulada para esta pesquisa, o INSS expediu o ofício nº 108/2019, do Gabinete da Procuradoria Regional Federal, no qual se lê que foram efetivamente implantadas as "Centrais de Análise de Benefício para atendimento das Demandas Judiciais". Até aquele momento, em dezembro de 2019, o montante de concessões e revisões judiciais processadas pelo INSS teria atingido cerca de 968 mil eventos nos sistemas da autarquia. Ainda, o INSS informou a criação de uma "Estratégia Nacional de Atendimento Tempestivo – ENAT", cujo objetivo seria o de "conferir os meios necessários à otimização da gestão, aumento da produtividade e da eficiência na análise e conclusão dos requerimentos de reconhecimento inicial de direitos. Para tanto, considerou-se atendimento tempestivo a conclusão da análise de requerimentos de reconhecimento inicial de direitos em prazo igual ou inferior a 45 (quarenta e cinco) dias", conforme dispõe a Resolução nº 695/PRES/INSS, de 8 de agosto de 2019.

dias até que fossem cumpridos. Tinha estados que aguardavam implantação há muito tempo e os que estavam em dia sofreram. (Diretora 7)

A presença dos procuradores nas audiências, embora determinante para as conciliações e instruções dos processos, mostrou-se oscilante. Em algumas unidades, os procuradores são substituídos por funcionários do INSS sem formação jurídica, os chamados prepostos.

No geral, podem ocorrer variações na condução dos atos, os quais podem ter as seguintes formas: i) um preposto, com ou sem auxílio de conciliador, encontra-se com as partes e entabula as propostas de acordo, encaminhando-se ao juiz o resíduo de processos não transacionados (Diretora 8); ii) prepostos comparecem à oitiva, na presença do juiz, no lugar dos procuradores (Diretora 7); iii) as audiências são feitas, sem triagem e sem prepostos, apenas por juízes e procuradores (Diretora 3). Além disso, existem magistrados que realizam as audiências em variados dias do mês, e outros que as concentram em uma semana, aumentando a carga diária (Supervisora 10). Nesse último caso, as audiências são consideradas um "mutirão" ou "esforço concentrado", parando as demais rotinas das varas estudadas.

Um exemplo da variação quanto à presença ou ausência de determinados atores surgiu quando a entrevistada Diretora 3 explicou em mais detalhes a atuação dos prepostos do INSS. Segundo o seu relato, antes da realização das audiências, uma servidora da autarquia se deslocaria para triar e analisar os processos no prédio da justiça. Após a triagem, a preposta escutaria as partes e as suas testemunhas em sala destinada para isso e faria os acordos a serem homologados, ao final, pelo juiz. Assim, a funcionária do INSS faz o mesmo trabalho de análise dos benefícios que poderia fazer dentro da agência. Porém, o respaldo de ser uma atuação agora "judicial" permite que se aplique critérios considerados mais elásticos e concessivos do que aqueles que seriam aplicados, por ela mesma, se estivesse na "burocracia". De acordo com a entrevistada Diretora 3, essa preposta seria *"especialmente mais confiante e fácil de trabalhar, confirmando os entendimentos judiciais e fazendo mais acordos que os demais"*. Enfim, a situação ilustra que a mesma servidora do INSS que não se sente autorizada a conceder os benefícios na esfera burocrática transaciona no âmbito da justiça, possivelmente por se sentir acautelada de constrangimentos quanto à possível responsabilização pessoal perante as instâncias de controle.[141]

---

[141] Essa circunstância foi mapeada pela pesquisa CNJ/Insper (2020, p. 76), detalhando-se ali que "os atores (do INSS) afirmam balizar sua atuação primariamente na instrução

Os juízes, por sua vez, orientam o procedimento a ser adotado pelas secretarias de vara, informando a realização ou não das audiências concentradas, a extensão da pauta e decidindo, inclusive, quanto à sua própria participação ou abstenção nos atos. Como antecipado, em algumas unidades, as audiências ocorrem sem a presença de magistrados, que apenas supervisionam a ocorrência de eventuais problemas e homologam os resultados finais.

Quando decidem tomar parte nos atos, no campo jurisdicional, os magistrados não são vistos como decisores racionais e distantes das interações vivenciadas em audiência, sendo reciprocamente conformados por elas. Para um entrevistado, eles passariam por um processo de "transformação" e ganho de "traquejo", inserindo-se na realidade do campo, pois

> (...) com o passar do tempo, o juiz já vai criando o traquejo de quem é rural. No início você pega juízes que trabalhavam em Brasília e não conheciam o interior. O que era mais complicado... demoravam mais na audiência, muita pergunta... é o caso de juiz que sempre morou na capital e nunca trabalhou com previdenciário, aí toma aquele susto com o pessoal humilde da zona rural. Quem não conhece a realidade tem uma desconfiança maior e nega mais os benefícios, acho que isso acontece. Tem até juiz que dá uma volta na zona rural para conhecer, já teve juiz que foi na zona rural para ver como as pessoas vivem. (Diretor 1)

Esse relato demonstra o processo de estranhamento experimentado por juízes cuja formação distancia-se do meio rural e das suas peculiaridades. Dados do CNJ (2018) demonstram que um quarto dos juízes brasileiros é proveniente do estado de São Paulo. Em segundo lugar, aparece Minas Gerais com 9%, seguida de Rio Grande do Sul, Rio de Janeiro e Paraná, cada um com 8% do total de magistrados do país. A maioria deles (59%) atua na mesma unidade da federação em que nasceu. Ademais, a força de trabalho da magistratura é composta por pessoas que ascendem das classes médias e baixas urbanas. Um

---

normativa n. 77/2015. Os gestores no âmbito do INSS estão sujeitos a uma série de incentivos que podem gerar insegurança no seu trabalho, como a possível responsabilização pessoal por erros cometidos (...). Nesse cenário, é muito comum o presidente do INSS e seus diretores seguirem fielmente as recomendações da Procuradoria, com raras divergências. Quando ocorrem divergências, o entendimento da Procuradoria acaba prevalecendo, tendo em vista o risco de responsabilização pessoal do gestor. Há, ainda, a orientação para que as decisões administrativas sejam claras e incluam a exposição de seus motivos. Registra-se que, eventualmente, a Procuradoria busca trazer evoluções judiciais para dentro do INSS para evitar litígios, mas o gestor nem sempre está aberto a isso, por receio de agir contra a lei".

relatório produzido pela Associação dos Magistrados Brasileiros (2019) detalha que

> cerca de 23% dos juízes vêm de classes sociais mais baixas. Do ponto de vista ocupacional, 24,6% dos entrevistados são filhos de pais pertencentes ao escalão básico do serviço público ou trabalhadores com baixa remuneração; e 21,2% são oriundos do estrato inferior das classes médias, filhos de servidores públicos do escalão intermediário ou de trabalhadores autônomos como, por exemplo, bancários ou corretores. Assim, quase metade dos juízes é proveniente das camadas intermediária e inferior.

O possível ganho de familiaridade com o trabalho rural não significa, entretanto, um movimento necessariamente positivo, já que o desenvolvimento de uma intuição pode tanto mais aguçar a discricionariedade e o processo decisório desamarrado de uma argumentação legalmente embasada. Pode, assim, construir um juiz que pensa que "sabe" quem é o "verdadeiro" rural, mas desde um ponto de vista superficial.[142] Conforme apontado por estudo conduzido pelo Conselho da Justiça Federal (CJF) em parceria com o Ipea (2012, p. 141), as audiências de instrução e julgamento de processos de segurados rurícolas não são oportunidades de efetivo diálogo. Antes, elas são um encadeamento de perguntas e respostas combinado com uma análise da aparência física dos litigantes:[143]

> A tuação da parte, durante a audiência, é restrita à tomada de depoimento pessoal, durante o qual o juiz faz perguntas atinentes à rotina no campo. Em alguns casos, percebeu-se que a interação da parte autora com o juiz não chega a configurar um diálogo, reduzindo-se, em realidade,

---

[142] Trato mais longamente desse ponto no Capítulo 5 deste livro.

[143] A pesquisa CJF/Ipea (2012) trouxe elementos importantes no sentido de que as partes, não raro, não conseguem identificar os juízes em audiência, nem sequer compreender as perguntas, que precisam ser repetidas. Diz o estudo que "raramente os usuários ouvidos nas audiências, especialmente os de origem rural, confrontam os demais presentes na sala e nem sempre compreendem as perguntas que lhes são dirigidas, exigindo que o juiz as refaça de diferentes modos. Constatou-se, em muitos casos, grande dificuldade da parte autora para citar datas e lugares, remetendo-se a fatos de sua vida como marcos temporais, o que dificulta a obtenção de dados precisos acerca do seu histórico de vida: "foi antes de eu ter meu filho", "trabalhei até casar", "conheço ele desde criança". As dificuldades se estendem à identificação, pelo usuário, dos demais atores presentes. Nas varas visitadas, não foi incomum o usuário não conseguir identificar o juiz, confundindo-o com o procurador do INSS, possivelmente pelo fato de tomar contato inicialmente com este, nas audiências de conciliação, nas quais aqueles profissionais costumam ser protagonistas e adotam postura inquisitiva, talvez mais próxima da noção de autoridade legítima para aquele contexto interativo".

a uma sequência de perguntas e respostas. Identificou-se certo padrão de audiências na 1ª e na 5ª Região, onde, durante o depoimento de trabalhadores rurais, os juízes não apenas voltam suas perguntas para a rotina do trabalho no campo como também pedem para ver as mãos da parte, à procura de indícios de prova, como a calosidade, para formarem suas convicções. (CJF/Ipea, 2012).

A instrução desses processos contém perguntas sobre a trajetória dos trabalhadores do campo, de modo a que o juiz possa aferir se eles atuaram, em regime de economia familiar, pelo prazo de carência de 180 (cento e oitenta) meses. As perguntas observadas no campo do estudo do CJF/Ipea (2012) denotam que não há uma preocupação dos juízes com uma apuração profunda da trajetória dos rurícolas. Ao revés, as instruções caminham em direção a um *checklist* de supostas técnicas de cultivo rural, desconhecidas do próprio magistrado que as investiga. Como indagações sobre *"quantas espigas dá um pé de milho?"* ou *"o senhor já cuidou de galinha? Quanto tempo demora pra galinha chocar o ovo?"* dificilmente permitem a construção de uma familiaridade mais acentuada com as circunstâncias de vida da população rural, é possível que o "traquejo" identificado pelos entrevistados desta pesquisa represente, em verdade, o fortalecimento de pré-compreensões e estereótipos por parte dos magistrados.

Indo na mesma linha, Neri e Garcia (2017, p. 706), a partir de análise etnográfica de audiências em que foram ouvidas mulheres rurícolas, concluem que existem blocos de perguntas acerca do que é "trabalho rural", sobre a figura do "trabalhador rural" e o conceito de "regime de economia familiar". As autoras identificaram que, no lugar de uma análise mais objetiva e calcada em elementos documentais, a definição desses conceitos é feita com base em "certa intuição de quem é trabalhador rural está presente e ganha corpo na inspeção judicial" (NERI; GARCIA, 2016, p. 706). É possível que, nessa interação, a figura do rurícola não deixaria de ser a de um "estranho familiar", alguém que, a despeito dos encontros sistemáticos e insistentes, seguiria como um terceiro exótico (GODOY, 2016).[144]

---

[144] Gabriel Gualano de Godoy (2016), partindo de uma análise de matriz filosófica e psicanalítica para tratar dos encontros entre refugiados e autoridades migratórias, desenvolve o conceito de "estranhamento familiar". Segundo ele, a superação da dualidade entre entrevistador/entrevistado, nacional/estrangeiro, demandaria uma nova "política do encontro" e "uma ética que sustente um modo de se relacionar com o outro", isto é, "uma outra maneira de habitar o mundo e de pensar o nada em comum que nos vincula a uma comunidade". Encontros de linha de frente enfrentados com autoridades migratórias, nos quais

Proponho a seguinte organização dos principais atores que se movem na judicialização da política previdenciária rural, a partir de percepções colhidas sobre eles nas entrevistas e de outros dados detalhados no curso desta obra:

TABELA 6
Atores da judicialização da previdência rural

Ator	Interesse potencial	Percepção geral dos entrevistados
Trabalhadores rurais	Concessão dos benefícios previdenciários.	Arregimentados pelos advogados na zona rural, os trabalhadores rurais possuem renda média baixa e variam de atividade, conforme a cultura agrícola predominante em cada região.
INSS/ Procuradores	Implementação da política pública no contexto de restrição orçamentária, retardamento da concessão das prestações.	Os processos administrativos têm sido simplificados, e a atuação da autarquia, descentralizada.
Sindicatos	Organização do interesse dos trabalhadores diante do INSS e fortalecimento das próprias entidades.	Foi narrada uma presença incipiente e diluída dos sindicatos nas unidades.
Advogados	Concessão judicial de benefícios previdenciários e recebimento de honorários pagos diretamente por estaque do valor a ser recebido pelos clientes.	A percepção é a de uma advocacia com táticas mais proativas de captação e abordagem à clientela.
Juízes	Gerenciamento das unidades e solução das controvérsias de forma rápida.	Pouco familiarizados com as práticas do campo e a população rural, os juízes formulam perguntas sobre as atividades desenvolvidas e passam por um processo de construção de intuição quanto aos segurados que fazem jus aos benefícios.

Fonte: Elaboração própria.

No tocante ao rito propriamente dito, uma vez ajuizadas as demandas, com ou sem advogados, as petições iniciais são analisadas pelos servidores, de modo a se aferir a existência ou não de provas da

---

são mais acirrados os processos de subjetivação e discriminação, foram também tratados no âmbito da sociologia do guichê francesa, conforme trabalho de Alexis Spire (2007).

condição de rurícola. Algumas unidades se mostraram especialmente rigorosas na execução dessa tarefa, só permitindo que sejam pautadas as audiências de processos que possuem evidências documentais apresentadas, no mínimo, para cada intervalo de três anos da carência que se pretende provar (Supervisora 10); em outras, não existe uma triagem rigorosa (Diretora 4). Nos processos que sobrevivem e não são extintos, sem resolução o ente público é citado para apresentar a contestação em até trinta dias, entregando a sua peça de defesa com as pesquisas sobre informações sociais e patrimoniais antes do ato. O despacho que ordena a citação já contém a data da realização da audiência (Supervisora 10).

As audiências são, enfim, o grande centro do rito dos Juizados, nelas sendo ouvidas as partes e suas testemunhas apontadas na petição inicial, até o número máximo de três. Neri e Garcia (2017, p. 703) constataram que o ato de produção probatória se passa em ambiente hierárquico e formal, sem interação "livre e igualitária". Segundo as autoras:

> É nela que ocorre o face a face, em que o magistrado inquirindo o autor, bem como as testemunhas, sempre permitida a elaboração de perguntas pelo advogado do autor e pelo procurador federal, busca formar sua convicção sobre a condição de trabalhador rural do autor e se todos os requisitos para a concessão da aposentadoria por idade estão preenchidos. Há claramente uma hierarquia demonstrada desde a disposição da mobília até o modo inquisitório com que o magistrado dirige a audiência ao compor o cenário e a performance adequados à interação social semelhantes ao modelo da teatrologia, ao qual nos referiremos adiante. Exemplo disso é a disposição das salas onde são realizadas as audiências. Sob a direção do magistrado, o diálogo é travado entre as partes num ambiente formal. (NERI; GARCIA, 2017, p. 703)

Mais recentemente, essa configuração pode ter mudado em alguns aspectos, já que as audiências foram adaptadas à sistemática da virtualização. Uma das diretoras (Diretora 8) contou ter havido uma resistência inicial à medida, a qual teria sido superada frente aos bons resultados:

Estamos fazendo no virtual e precisamos ligar e treinar as partes. Não sei como está no resto da Primeira Região, mas foi ideia minha. Os juízes estavam resistentes, mas sugeri fazer audiência no escritório de advocacia e estabelecemos uma portaria com os critérios: sala reservada, câmera voltada para porta, a parte fica dentro da sala após ser colhido depoimento pessoal... se percebemos que está tentando conversar, cessa a audiência. O INSS topou. Tem sido um sucesso desde maio de 2020. Então, teve uma consulta do TRF e nossos números foram os melhores. A grande maioria quer audiência virtual.

O ambiente virtual não mitiga a constrição fundamental relativa ao tempo. Uma das unidades reportou que mesmo no novo formato são designadas quinze audiências por turno (Diretor 1). Além disso, na maior parte das varas, os processos são sentenciados na própria audiência de instrução e julgamento, ainda que as rodadas contenham até 30 oitivas (Diretora 4). Uma das consequências dessa busca incessante por uma solução rápida é a de construção de uma prática que limita a expressão dos trabalhadores rurais, apresentando suas vidas "numa fachada social muito estrita, pobre em termos de experiência e potencialmente geradora de decisões injustas" (NERI; GARCIA, 2017, p. 704).

Após a fase recursal, passada no âmbito das Turmas Recursais e Turma Nacional de Uniformização, os feitos retornam para a etapa de cumprimento de sentença. Nos juizados, esta última é resumida, consistindo na conferência de cálculos elaborados pelas partes e expedição de requisição de pagamento. O ponto específico dos cálculos revive a falta de estrutura persistente nos juizados especiais, pois as varas, sem equipe suficiente para a tarefa, solicitam a apresentação de planilhas ao INSS e precisam lidar com situação de atrasos e aplicação de multas:

Não tem diálogo com o INSS, eu vejo que o juiz marca reunião, mas não vejo colaboração deles... por exemplo, o prazo para implantação eles não respeitam... falam que não dependem deles, que é nacional. Colocamos multa, e pagam multa cara, mas continuam fazendo a mesma coisa. Os cálculos têm processo que apresentam e não apresentam. Depois de muito tempo apresentam. (Supervisora 10)

A fim de consolidar graficamente as narrativas, apresento um fluxo ilustrativo do rito da judicialização da previdência rural:

FIGURA 2
Rito das ações sobre benefícios previdenciários rurais

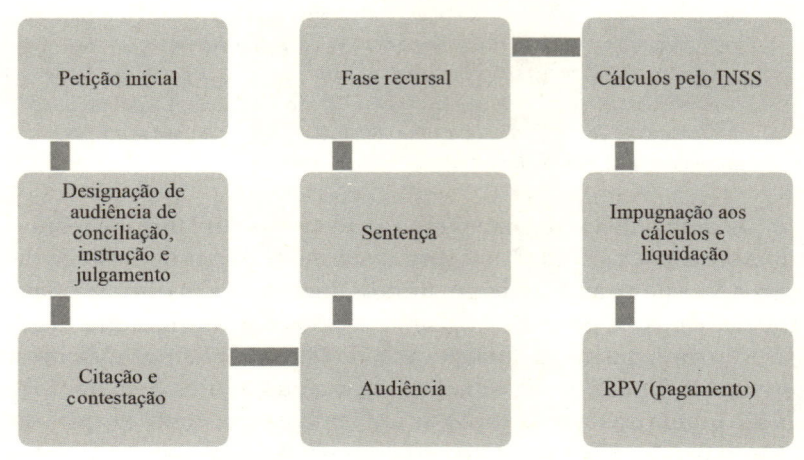

```
[Petição inicial] ──── [Fase recursal] ──── [Cálculos pelo INSS]
        │                     │                      │
[Designação de          [Sentença]            [Impugnação aos
 audiência de                                  cálculos e
 conciliação,                                  liquidação]
 instrução e
 julgamento]
        │                     │                      │
[Citação e              [Audiência]           [RPV (pagamento)]
 contestação]
```

Fonte: Elaboração própria.

Embora proporcione uma tramitação mais célere que a das varas federais comuns,[145] todo esse desenho simplificado possui limites patentes quanto à profundidade de produção das provas e ao leque de soluções disponíveis. De acordo com a pesquisa de Celly Cook Inatomi (2009, p. 81), a baixa complexidade do procedimento gera uma dependência demasiada em relação aos documentos, cálculos e provas produzidos pelas agências estatais, reduzindo o potencial dos juizados enquanto "lugar de resistência à lógica restritiva através da qual os direitos sociais são distribuídos no país". Para Inatomi (2009), os mecanismos procedimentais existentes não são suficientes para fazer com que as burocracias efetivamente adiram às posições judiciais, o que tolhe impactos indiretos mais responsivos.

4.4 A linha de frente

No segundo capítulo, detalhei algumas dificuldades vivenciadas quando da instalação dos Juizados Especiais Federais no Brasil. O

---

[145] Uma ação em juizados especiais leva 01 ano e 06 meses para ser julgada, alcançado 03 anos, em caso de interposição de recurso (CNJ, 2019).

surgimento da lei, antes da disponibilização de mínimos recursos materiais para a sua implementação, fez com que cada unidade acabasse estruturando o projeto com as condições de que dispunha, valendo-se até de funcionários e prédios emprestados (INATOMI, 2009, p. 84; AQUINO, 2012). Repercussões dessa trajetória falha ainda estão presentes na realidade identificada nesta pesquisa.

Ainda que a carga de trabalho e sentenças seja elevada para os juízes em âmbito nacional, redundando na prolação de 2.107 sentenças por ano (CNJ, 2019), sobressai dos relatos colhidos nesta pesquisa uma diferença de percepção quanto ao volume de trabalho ao serem comparadas as varas da capital e interior, estas últimas chamadas de "subseções". Além do fato de varas de interior ostentarem uma competência denominada "plena" ou "mista", abarcando todos os tipos de procedimento, e as da capital serem especializadas em direito previdenciário, a entrevistada Diretora 7 atribui esse cenário de distorção ao que teria sido uma interiorização sem planejamento:

> (...) mudou muito de 1999 para cá. Antes eram só 6 varas em todo o estado, e elas possuíam um acervo muito grande. Quando entrei nós fazíamos despachos em máquina de datilografia, não havia computador. A parte de informática e equipamento de trabalho melhorou, mas ainda inda tem muito excesso de trabalho e coisas muito burocráticas. Agora a justiça se popularizou. Cresceu muito com a interiorização das varas, até então não era conhecida. As faculdades de direito também se expandiram. Acontece que a interiorização foi sem planejamento, a justiça se abriu, ficou mais conhecida, mas o número de pessoas que procuram aumentou e a estrutura é a mesma. O tribunal lança as novidades pensando em seção, mas na subseção é diferente, pois a vara é mista, tem todas as matérias. A subseção tem mais dificuldades. Eles planejam a justiça pensando em varas que tem apenas 3 mil processos, mas temos 15 mil. Apenas nosso juizado tem 4 mil processos.

Na capital, por outro lado, o acervo rural foi percebido como "*não muito grande, havendo alguns marisqueiros*" (Diretora 2). Em Salvador, as audiências giraram no marco de cinco por tarde, e as audiências de conciliação são realizadas por um CEJUC (Centro Judicial de Conciliação), obtendo índice de acordos considerado alto (Diretora 2).

Os servidores lotados no interior da Bahia revelaram ainda que as audiências acontecem de modo concentrado, em uma semana do mês. Os juízes fazem de 15 (quinze) a 45 (quarenta e cinco) audiências, com uma média de três oitivas (autor e duas testemunhas) em cada uma delas. A duração das audiências, de acordo com uma das servidoras (Diretora 3), é de dez a quinze minutos: "*são concentradas as audiências em 05 dias. E os dois juízes (titular e substituto) revezam os dias. Agora iam fazer mais, porque o volume aumentou. Como o INSS não manda mais preposto, não existe conciliação prévia, eles apenas peticionam quando há acordo. As audiências são rápidas, duram de 10 a 15 minutos*". O procedimento do mutirão de audiências foi corroborado por outra Diretora do estado da Bahia (4), "*as audiências são concentradas em 1 semana do mês, em quatro dias e os juízes dividem os quatro dias. São marcadas 45 audiências por dia*". Em Goiás, as audiências em caráter de mutirão giravam em torno de 20 por dia (Diretora 10).[146]

Em algumas varas do interior, são conciliadores que realizam inclusive a instrução probatória. A entrevistada que identifico como Diretora 7, do estado de Goiás, descreveu da seguinte forma a prática em que o conciliador colhe a prova, e o juiz aparece, "em caso de problema":

> *Não marcamos uma audiência só de conciliação. Em regra, os processos que demandam audiência, demandam prova testemunhal. Seguimos a lei da Fazenda Pública Estadual que autoriza o conciliador a fazer perguntas para chegar no acordo. O conciliador preside e o juiz ingressa em caso de problema. É ouvido o autor e mais 2 testemunhas. Se não houver acordo, já vai direto para a sentença. Se o juiz quiser esclarecimentos adicionais, converte em diligência, mas raramente juiz realiza instrução.*[147]

O formato de mutirão não é utilizado apenas pelas unidades da base da Justiça Federal, mas aparece também em rodadas itinerantes organizadas pelo Tribunal Regional Federal da 1ª Região. De acordo com

---

[146] A duração das audiências apurada nesta pesquisa é similar à encontrada em estudo do CJF (2012), manifestando-se ali que "na vara visitada, observou-se um número diário elevado de audiências, chegando a 20 por dia. A grande maioria das audiências dura cerca de dez a quinze minutos, e o juiz faz perguntas simples e diretas, a fim de esclarecer o que está sendo demandado. Raras foram as audiências nas quais foi possível dialogar por mais tempo com a parte".

[147] A realização das audiências por terceiros é autorizada por normativo do TRF da 1ª Região, apenas no âmbito dos juizados previdenciários. Segundo a Portaria COJEF nº 06, de 2009, os juízes podem "delegar aos servidores a prática de determinar atos, independentemente de despacho, salvo quando determinar a citação e intimar a parte autora para emendar a inicial e recomenda que as sentenças sejam proferidas, em audiência, com o cálculo de valores atrasados".

convocações da corte, os juízes podem realizar até quarenta audiências por dia nas itinerâncias.[148] [149] A premência do tempo e a presença ou ausência de determinados atores gera resultados diretos na prática da jurisdição. De um lado, a presença dos procuradores em audiência, em contato direto com os segurados, foi apontada como elemento que favorece as conciliações, sobretudo se essa for a predisposição do juiz (Diretora 10). A descentralização do INSS e o peticionamento por escrito diminuiriam, enfim, a predisposição à transação, dada a falta de contato com o segurado. De outro, também os juízes aparecem como afetados pela interação, pois, segundo uma das ouvidas, *"os juízes já sabem identificar com a experiência... os juízes têm experiência, feeling, é o jeito de a pessoa falar, o que ele diz naquele momento, é mais o físico da pessoa, do que qualquer documento".*

As audiências possuem ainda alguns elementos surpresa. A consulta a cadastros e sistemas de registro de patrimônio como o Renajud (Restrições Judiciais sobre Veículos Automotores) surge como fator inesperado e que conduz à improcedência. A Diretora 8 afirmou que *"a improcedência decorre, por exemplo, de pesquisa ao Renajud, pois tem gente que tem patrimônio e poderia estar recolhendo. As testemunhas não conseguem corroborar a tese do autor. Acontecem também muitos testemunhos ensaiados. Os documentos juntados são sempre os mesmos".* A existência de veículos e bens que contrariam uma expectativa arraigada quanto à pobreza dos segurados especiais surgiu também de modo recorrente nas sentenças que serão analisadas no próximo capítulo.

Por fim, a percepção dos entrevistados é confirmatória de que alterações restritivas na política social e condicionantes econômicas afetam a judicialização, gerando maior ingresso de demandas. Ao serem perguntados se a justiça é um "balcão do INSS", para se utilizar o jargão presente nas pesquisas do segmento, os servidores manifestaram que o volume seria *"público e notório, mas já foi pior. Enquanto STF e STJ não se posicionavam quanto ao requerimento administrativo aí éramos efetivo*

---

[148] Notícia divulgada pelo Tribunal Regional Federal da 1ª Região dá conta de que, no ano de 2014, em mutirão realizado no Estado do Pará, 09 juízes fizeram 5.400 audiências sobre benefícios previdenciários rurais, no período de 10 dias. A taxa de conciliação nos processos foi da ordem de 78% dos feitos. (TRF1, 2014).

[149] Celly Cook Inatomi (2009, p. 96) menciona que os juizados itinerantes contribuem para a efetivação do acesso à justiça, de forma que "as dificuldades que se colocam para o comparecimento pessoal do cidadão nos JEFs Cíveis vêm sendo amenizadas por duas medidas principais. A primeira delas é a possibilidade de entrar com um pedido por escrito, no que um advogado pode realizar tal tarefa, seja pessoalmente, seja por via eletrônica. A outra saída, que vem sendo utilizada com mais frequência, especialmente pela 1ª Região, é a utilização dos Juizados Itinerantes".

balcão. Eles (INSS) perdiam sentido" e *"a gente acaba sendo uma extensão, porque principalmente de benefícios por incapacidade, que se tornaram 70% do que a gente faz"*. (Diretora 4 e Diretor 1, respectivamente). Além disso, endossaram a percepção contida em outros estudos de que a instituição do mecanismo de "alta programada", isto é, a previsão de que os benefícios previdenciários de incapacidade sejam cessados em um marco fixo, alimentaria o ajuizamento de novas ações judiciais (CNJ, 2020; CJF/CIN, 2020).[150]

4.5 Impactos da judicialização da previdência rural: elementos teóricos e percepção das entrevistas

Como o controle judicial de atos da administração pública pode ter diferentes preocupações, a medição dos seus impactos depende, em grande parte, de quais são as expectativas previamente criadas. O olhar em relação aos impactos pode ser marcadamente subjetivo, dependendo das projeções do observador. Assim, Cane (2004) registra que a fluidez dos pontos de partida e de chegada faz com que se experimente um certo agnosticismo em relação à teorização dos efeitos que podem ser produzidos por decisões judiciais, havendo uma impressão de que nunca se reunirão dados suficientes a ponto de estabelecer relações de causalidade sólidas. Para o autor, enquanto a literatura norte-americana estaria preocupada com a alocação de poder, a inglesa, por exemplo, enfocaria os limites de liberdades individuais, e a indiana, a litigância de interesse público. Daí que os propósitos da interferência judicial podem ser mais voltados a regular os procedimentos das burocracias, equalizar assimetrias e desvios de poder, e não necessariamente o de adjudicar os direitos em substituição aos administradores.

Rodríguez-Garavito (2015) também entende que há um verdadeiro "ponto cego", um estado de parco consenso quanto a abordagens e metodologias no campo do estudo de impactos de decisões judiciais. O autor anota que pesquisadores vinculados a uma linha construtivista veem impacto transformador na ação das cortes não apenas nos julgamentos específicos, sobretudo aqueles indiretos, oferecendo uma tipologia de impactos estruturada a partir do caso constitucional

---

[150] A alta programada é previsão que consta na Medida Provisória nº 739, de 2016.

colombiano atinente ao massivo deslocamento interno forçado de pessoas em decorrência de conflitos armados (T-025).[151]

Segundo essa classificação de Rodríguez-Garavito (2015), é possível que as Cortes abram o canal das burocracias para uma determinada pretensão (*unlocking effect*), bem como que elas exerçam um efeito de coordenação interinstitucional (*coordination effect*). De outra parte, a capacidade das decisões judiciais de fazerem com que uma determinada política adote a linguagem de direitos é o que se chama de *policy effect*; já os chamados *participatory*, *sectoral* e *reframing effects* seriam aqueles que atuariam no plano dos impactos simbólicos, aumentando a participação social em torno de uma agenda, promovendo a adoção de uma determinada linguagem pela sociedade civil envolvida, reconfigurando perante a mídia a natureza de um problema e transformando agendas difusas ou associadas à violência em problemas de direitos humanos.

Os possíveis efeitos de coordenação interinstitucional e de mudança das posições da burocracia se expressam de forma particular em cada judicialização. O diálogo entre autores como Wang (2009) e Oliveira e Noronha (2011) demonstra, por exemplo, que a experiência brasileira de judicialização da saúde ampliou canais de participação deliberativa na política pública, inclusive com resultado de alteração na lista de oferta de medicamentos. Wang (2009, p. 36) esclarece que a esfera judicial no âmbito da saúde não é redentora, mas pode ser efetivamente mais aberta a segmentos hipossuficientes:

> Em algumas situações, mesmo que os pedidos feitos ao judiciário não sejam atendidos, ainda assim pode haver efeitos indiretos positivos na judicialização de direitos sociais, por potencialmente constranger o poder público a firmar acordos fora do Judiciário e suscitar ou criar movimento político em torno da questão. Além do mais, o Judiciário pode ser uma via relativamente barata ou até mesmo gratuita para o interessado, quando a ação é ajuizada pelo Ministério Público ou quando o seu autor é representado por organizações não governamentais (ONGs) ou por defensores públicos. (WANG, 2009, p. 36).

Dentre as várias posturas que o Poder Executivo pode assumir diante da judicialização, Oliveira (2019) sistematiza que a interação pode ser de aproximação, através de mecanismos de cooperação, ou

---

[151] Dados do Alto Comissariado das Nações Unidas para Refugiados (ACNUR, 2016) revelam que a Colômbia é o segundo país com maior número de deslocados internos do mundo (6,9 milhões). O caso T-25 refere-se à massiva violação de direitos dessa população, construindo-se, no julgamento, a noção de "estado de coisas inconstitucional".

de distanciamento, concretizando-se por objeção, isto é, por conduta de "anulação ou protelação da decisão judicial". A autora, então, detalha que "especificamente no que diz respeito à aproximação entre as instituições do sistema de justiça e o Executivo, argumentamos que esta é capaz de gerar um entrelaçamento institucional, ou seja, uma relação interinstitucional para o enfrentamento da questão da judicialização de políticas públicas" (OLIVEIRA, 2019). A autora completa o seu raciocínio exemplificando com entrelaçamentos institucionais havidos no âmbito da judicialização da saúde, tais como as Câmaras de Resolução de Litígios da Saúde, os Núcleos de Assessoria Técnica em Ações de Saúde (NATs) e o Comitê Interinstitucional de Resolução Administrativa de Demandas da Saúde (CIRAD).

Outro fenômeno detectado no campo das respostas institucionais à judicialização é o da "inflação" dos braços jurídicos dos órgãos públicos. Natália Pires (2018, p. 247) descreve o processo por meio do qual os gestores, conscientes da persistência da judicialização, atuam estrategicamente de modo a amenizar os impactos da litigância, incorporando "uma lógica de gestão de processos em massa". O cerne de todas essas formas de resposta é a noção de que a judicialização produz efeitos que assumem caráter material, instrumental ou não material (OSF, 2018), apresentando-se de forma multidimensional e variável no tempo. Em decorrência desses efeitos, burocracias se adaptam, agendas de direitos ganham visibilidade e movimentos sociais podem atuar mais acirradamente.[152]

Porém, maturidade de diálogo interinstitucional não é algo que se observa necessariamente em todas as expressões correntes de judicialização. Num cenário de falta de pesquisas quanto aos efeitos diretos e indiretos exercidos pela judicialização da previdência rural, as falas colhidas nesta pesquisa reforçam a ideia de baixa responsividade e diálogo entre administração previdenciária e as autoridades judiciais revisoras dos seus atos, sendo reificados comportamentos adversariais e destituídos de mecanismos de cooperação.

Os atores ouvidos compreendem que a burocracia do INSS estaria respondendo à judicialização simplificando ainda mais o processo

---

[152] Juliana Cesário Alvim Gomes (2020, p. 90) faz um detalhamento dos possíveis efeitos simbólicos da judicialização e da relação que movimentos sociais podem estabelecer com o Poder Judiciário. A autora aponta que os movimentos podem tentar influenciar a indicação de membros para as Cortes ou buscar fazer uso de "mecanismos de permeabilidade social" como o das audiências públicas e *amicus curiae*. Os movimentos podem, ainda, tentar apoiar socialmente uma decisão adotada, pois, segundo a autora, eles contribuem para a formação do significado constitucional.

administrativo previdenciário, através do fim das entrevistas pessoais dos segurados e da justificação administrativa,[153] procedimento que consistia na visita ao local de residência do postulante, com colheita de depoimento dos seus vizinhos. Uma das entrevistadas (Diretora 7) reclamou que estaria "*cada vez pior o processo administrativo, pelo fim da entrevista, sendo que os documentos só são juntados quando o juiz determina*". Em igual sentido, informou-se que "*os processos administrativos são juntados na contestação, mas não fazem mais entrevistas com os rurais. Está cada vez mais simplório*" (Diretora 3).

De fato, conforme antecipado, o sistema anterior de instrução dos processos administrativos foi substituído por uma autodeclaração da condição de segurado especial.[154] Além das mudanças na comprovação da atividade rural, Sibahi (2020, s.p.) elenca que teria havido ainda o "fechamento de agências físicas do INSS, além de uma crise na fila de análise dos pedidos. Hoje, cerca de 1,3 milhão de brasileiros estão na fila de espera da sua aposentadoria, em uma situação extrema". Tais circunstâncias vieram acompanhadas do aumento de 31% na negativa de benefícios no ano de 2019 (SIBAHI, 2020).

A ideia de que os rurícolas podem estabelecer uma relação formal de cadastro junto à burocracia previdenciária não foi até hoje exitosa. Segundo Alexandre Valadares e Marcelo Galiza (2016), há décadas, aguarda-se a instituição de uma carteira de identificação rural, e a via formal de alimentação do cadastro CNIS-Rural não teria se mostrado consistente e amplamente utilizada. Desse modo, os rurícolas já possuem um cadastro de informações sociais, mas que é subaproveitado e incapaz de transmitir fidedignidade em relação à condição de vida dos trabalhadores.

Se as informações sociais são imprecisas, e o guichê da previdência foi substituído por uma fila única virtual, as interações e entrevistas que antes eram material analisado em juízo agora passaram a existir apenas no momento da judicialização, primeira oportunidade de diálogo dos cidadãos rurícolas com o Estado. Até mesmo a manutenção do sistema de audiências se mostra em xeque, pois, conforme analisarei mais detidamente na seção 5.6 e no Capítulo 6, esses encontros não necessariamente representam interações em que se trava um diálogo, e a mudança de objetivação do processo administrativo tem sido lida

---

[153] Essa é a nova orientação contida no Parecer nº 00003/2017/DIVCONS/PFE-INSS-SEDE/PGF/AGU.
[154] Alterações constantes na MP nº 871/2019, convertida na Lei nº 13.846/2019.

por integrantes do Poder Judiciário como possivelmente correlacionada a uma eliminação também das audiências.

As entrevistas demonstram que, além disso, antigos entrelaçamentos institucionais se desfizeram.[155] A tendência de regionalização acabou com a prática de antigas portarias conjuntas, firmadas entre INSS e Poder Judiciário, que estabeleciam rito e procedimentos de caráter local, adequados à realidade de cada vara federal e núcleo de procuradores (Diretoras 3 e 5). As agências de cumprimento de decisões judiciais não se localizam mais nos prédios da justiça, deixando de responder a cobranças e negociações com os atores próximos. A postura de "objeção", descrita por Vanessa Elias de Oliveira (2019) como aquela em que o Poder Executivo "anula ou protela a decisão judicial", foi intensificada, pois os atrasos na implantação de benefícios redundaram em sucessivas cominações de multa (Supervisora 10).

Entre os entrevistados, foi unânime, ainda, a constatação de que, no âmbito dos efeitos indiretos, a judicialização previdenciária não gera absorção dos entendimentos judiciais pelas rotinas burocráticas da administração. As entrevistas concluem pela resiliência do distanciamento de posições entre as duas esferas, na linha dos demais estudos existentes sobre o tema (CNJ, 2020; TCU, 2018), pois *"o INSS colocou regras e portarias que são taxativas e não abre mão. Isso acumula na justiça, porque o Judiciário quebra isso... Tinha que ser revisto pelo INSS, pois é rígido demais. Vem à mente, por exemplo, a união estável, eles não aceitam, uma coisa pacífica, eles não aceitam"* (Supervisora 10).

As tentativas residuais de diálogo ocorrem em órgãos de cúpula do Poder Judiciário, em espaços distantes da primeira instância e nos quais o INSS é espectador convidado, e não parte integrante. Volto-me, a seguir, a essas tentativas, promovendo um breve detalhamento de algumas dessas práticas de fóruns interinstitucionais previdenciários.

---

[155] A expressão é de Oliveira (2019) e corresponde "à aproximação entre as instituições do sistema de justiça e o Executivo, argumentamos que esta é capaz de gerar um entrelaçamento institucional, ou seja, uma relação interinstitucional para o enfrentamento da questão da judicialização de políticas públicas".

4.6 Judicialização da previdência rural e diálogo interinstitucional

Conforme adiantado na seção anterior, são poucos os espaços que buscam endereçar a origem dos conflitos previdenciários e colocar em diálogo os Poderes Judiciário e Executivo. Identifiquei, no curso desta pesquisa, atuações do Centro de Inteligência (CIn) da Justiça Federal em matéria previdenciária; a existência de fóruns interinstitucionais previdenciários no âmbito dos Tribunais Regionais Federais da 1ª e 4ª Regiões; um Grupo de Trabalho do Conselho Nacional de Justiça destinado à elaboração de diagnóstico para a melhoria dos juizados especiais;[156] e, por fim, um fórum temático anual conduzido pela Associação dos Juízes Federais (AJUFE).

A iniciativa denominada "Centro de Inteligência da Justiça Federal" (CIn) consiste em um órgão instituído pelo Conselho da Justiça Federal, no ano de 2017, composto por dois Ministros do Superior Tribunal de Justiça, cinco Desembargadores e 11 juízes.[157] O CIn se propõe a ser uma estrutura flexível e capaz de levar temas suscitados pela base da magistratura para instâncias superiores de decisão, gerando mediações interinstitucionais, recomendações e pareceres, no lugar das tradicionais decisões judiciais. Tentando resumir a ideia, Vânila Moraes *et al.* (2018) descrevem que o CIn representa "a institucionalização de uma célula capaz de articular os diferentes âmbitos do Poder Judiciário, os níveis nacional e local da jurisdição, e de integrar as instituições que compõem o sistema de justiça".

A regulamentação do órgão traz como eixos da atuação do CIn a prevenção de demandas, o monitoramento de informações processuais

---

[156] Cf. Portaria CJF nº 126, de 10 de setembro de 2019. A composição detalhada desse grupo é a seguinte: "Art. 3º. Integram o grupo de decisão: I – o ministro diretor do Centro de Estudos Judiciários, que o presidirá; II – um ministro representante da Comissão Gestora de Precedentes do Superior Tribunal de Justiça; e III – os cinco presidentes das Comissões Gestoras de Precedentes dos Tribunais Regionais Federais. §1º Compete ao Grupo de Decisão dar as diretrizes de trabalho do Centro Nacional e apreciar os assuntos apresentados pelo Grupo Operacional. §2º O Grupo de Decisão será secretariado pelo juiz coordenador do Grupo Operacional com o auxílio do secretário do Centro de Estudos Judiciários. Art. 4º Integram o Grupo Operacional: I – os cinco juízes federais indicados pelos respectivos Tribunais Regionais Federais entre aqueles com experiência em gestão de demandas repetitivas ou conciliação; II – os cinco juízes federais, coordenadores do Núcleo de Gerenciamento de Precedentes dos Tribunais Regionais Federais; e III – um juiz federal da Turma Nacional de Uniformização dos Juizados Especiais Federais, indicado pelo seu presidente".

[157] Portaria nº CJF-POR-2017/00369, de 19 de setembro de 2017.

e a gestão dos precedentes. Na prática, através de "Centros Locais de Inteligência" existentes nas sedes da justiça federal nos estados, os juízes podem indicar temas com potencial repercussão de gerar litígios em massa. Após essa provocação, o Centro Nacional de Inteligência escolhe a sua modalidade de atuação, sendo a mais comum delas a emissão de notas técnicas, as quais tentam esclarecer precedentes judiciais ou recomendar condutas aos magistrados ou à administração pública.

No âmbito da previdência rural, o CIn promoveu um estudo relativo às condições experimentadas pelos trabalhadores boias-frias, buscando incentivar a administração do INSS a seguir o entendimento do Superior Tribunal de Justiça e dos demais tribunais no sentido de que os trabalhadores rurais que prestam serviço de modo eventual, ora numa propriedade, ora noutra, sem vínculo empregatício (*boias-frias*), devem receber o enquadramento previdenciário de segurados especiais e não de contribuintes individuais, os quais são obrigados ao recolhimento de contribuições. O CIn identificou que o INSS, a despeito da jurisprudência francamente favorável à maior cobertura dos boias-frias, seguia emitindo comunicações internas em que incentivava que cada Procurador, diante do caso concreto, avaliasse o tratamento a ser dado aos trabalhadores. Em seu parecer, o CIn cientificou o Poder Executivo da sua nota "para fins de edição de uma súmula administrativa".

Mais recentemente, o CIn analisou as mudanças normativas no tema da caracterização dos segurados especiais, tratando da Lei nº 13.846, de 2019, e dos seus reflexos na designação de audiências de instrução e julgamento dos processos de segurados rurícolas.[158] Nessa última manifestação, o CIn parece sinalizar que a prática atual de audiências obrigatórias pode ser revista a partir da inovação legislativa. Primeiro, a nota do CIn traz a visão do INSS acerca da legislação, relatando a edição de uma comunicação interna da autarquia que permite o reconhecimento da condição de segurado especial por autodeclaração, dispensando a prova oral. Além disso, segundo narra o CIn, o INSS teria erigido um parâmetro objetivo quanto à temporalidade dos documentos, firmando que "cada documento apresentado poderá respaldar o reconhecimento de até 7,5 anos de exercício de labor na condição de segurado especial".[159] Considerando as orientações internas do INSS, o CIn recomendou aos juízes:

---

[158] Trata-se da Nota Técnica Conjunta CLI PR/RS/SC 01/2020, referida no julgamento do recurso cível nº 5002136-27.2020.4.04.7115, de 26/02/2021, Relator Fábio Matiello.
[159] Ofício-Circular nº 46/DIRBEN/INSS, de 13/09/2019.

a) a utilização em juízo dos meios de prova previstos no art. 38-B, §2º, da Lei nº 8.213/91, para a comprovação de atividade rural de segurado especial ou trabalhador rural eventual, em quaisquer situações em que isso se mostre necessário à obtenção de benefícios previdenciários;
b) seja avaliada pelos magistrados a desnecessidade de produção de prova oral em audiência ou de realização de justificação administrativa nesses casos, sempre que a autodeclaração e demais elementos de prova se mostrarem suficientes para o reconhecimento do período alegado, reforçando-se a utilidade da consulta a cadastros públicos, como CNIS, PLENUS e outros que venham a ser disponibilizados;
c) em caso de insuficiência probatória para o reconhecimento da totalidade ou de parte do período rural alegado – e não sendo caso de extinção sem resolução do mérito (STJ – Tema nº 629) – seja ponderada a necessidade da audiência, privilegiando-se normalmente a sua realização.

Conforme antecipado na introdução, não é possível prever como essas recomendações impactarão a prática, nem como a jurisprudência vai absorver a novidade da autodeclaração dos segurados rurícolas, afinal historicamente a postura dos tribunais superiores consolidou-se numa linha favorável à máxima flexibilização de provas e procedimentos. Porém, além de ter orientado pela facultatividade da audiência, o CIn validou práticas que já estão em andamento em outras localidades da Justiça Federal de admissão de vídeos e provas fotográficas das condições de vida dos rurícolas.[160]

No âmbito dos fóruns dos tribunais regionais, é possível observar experiências em que são realizadas reuniões com a participação de juízes e procuradores do INSS, a fim de se buscar padronizar rotinas processuais e incentivar a cooperação entre os atores. Mais especificamente, o Tribunal Regional Federal da 4ª Região efetivou uma negociação com o INSS para a redução dos prazos para a implementação de benefícios previdenciários.[161]

---

[160] Em projeto piloto, o TRF da 5ª Região passou a validar registros audiovisuais em substituição às audiências de instrução e julgamento. A experiência foi narrada em depoimento do juiz federal Fernando Ximenes, que descreveu a redução em 30% do congestionamento dos processos mediante a adoção de vídeos feitos nas residências dos rurícolas por seus advogados. Ver: https://www.youtube.com/watch?v=j1gow8mm0ao. Acesso em: 01 jul. 2021.

[161] Segundo informações do CNJ (2020), a atuação do fórum teria levado à redução de 95% dos processos cuja implantação estava atrasada. Disponível em: https://www.cnj.jus.br/projeto-reduz-em-mais-de-95- atraso-na-implantacao-de-beneficios-pelo-inss/. Acesso em: 15 maio 2021.

Por fim, o papel da Associação dos Juízes Federais parece ser de diálogo interno, sendo consolidados enunciados que parametrizam a atuação dos juízes, na oportunidade de encontros ocorridos em evento denominado Fórum Nacional dos Juizados Especiais Federais (FONAJEF). Entre os citados enunciados, constam algumas orientações acerca das demandas que envolvem rurícolas, destacando-se uma recomendação recente de acordo com a qual os pedidos podem ser julgados apenas com base em prova documental, sem realização das audiências, se a decisão for favorável ao segurado. Diz o enunciado que "é possível o julgamento do mérito dos pedidos de benefício previdenciário rural com base em prova exclusivamente documental, caso seja suficiente para a comprovação do período de atividade rural alegado na petição inicial".[162]

Até o momento, essas medidas parecem repercutir mais internamente no próprio Poder Judiciário, sem a capacidade de efetivamente mudar os ventos da administração. Ainda, o fato de estar sendo considerada a eliminação de audiências previdenciárias como decorrência do movimento de maior simplificação dos processos administrativos é uma indicação de que talvez a justiça é o ente que vai tentar seguir a tendência sinalizada pelo INSS, e não o contrário. É impossível projetar, contudo, se isso será respaldado pelos tribunais superiores, já que a jurisprudência do Superior Tribunal de Justiça é, em grande medida, favorável aos segurados, e a falta de audiências vem sendo considerada como cerceamento de defesa.

4.7 Palavras finais

A análise da judicialização da previdência rural através do ângulo proposto neste capítulo – a percepção dos atores internos ao Poder Judiciário – reforça o contexto de linha de frente, encampado como premissa por este trabalho, e demonstra que os papéis de juízes, procuradores e burocratas do INSS (prepostos) são relativamente manejáveis e substituíveis entre si: ora as audiências contam com juízes, ora não; ora os magistrados colhem a prova, ora são conciliadores. O encontro frente a frente nas audiências é, acima de tudo, marcado pela

---

[162] Cf. Enunciado nº 222 do FONAJEF. Disponível em: https://www.ajufe.org.br/fonajef/enunciados- fonajef/386-enunciados-xvii-fonajef. Acesso em: 15 maio 2021.

imprevisibilidade. O rito descrito pelas entrevistas contém as seguintes características:

TABELA 7
Dinâmicas da judicialização da previdência rural

Fase do processo	Dinâmica
Petição inicial	É possível que seja atermada na própria sede da Justiça Federal, mas costuma ser apresentada por advogados.
Admissibilidade	A análise dos requisitos da petição inicial depende de "início de prova material", rol legislativo considerado apenas exemplificativo pela jurisprudência. Algumas unidades são rigorosas na avaliação, outras não. Caso se constate que não exista prova material mínima, os processos não vão para audiência e são extintos, sem resolução do mérito.
Citação e contestação	Há citação prévia à audiência. O INSS pode juntar peça de contestação previamente ou na própria audiência. Segundo as entrevistas, os processos administrativos se simplificaram.
Audiências	São obrigatoriamente realizadas e costumam ocorrer em mutirões, nos quais podem ser realizadas até 45 oitivas. Os atos podem ser conduzidos por conciliadores e servidores e passaram a ser realizados em modo virtual.
Sentenças	Os entrevistados referiram que as sentenças são proferidas em audiência e dependem, pelo volume de processo, de uma "intuição" por parte do juiz.
Cálculos e pagamentos	Os advogados são remunerados pelo êxito, destacando-se a sua parcela dos valores que serão pagos, a título de condenação, aos autores rurícolas. Esse percentual de remuneração dos profissionais varia entre 30% e 50%. Os pagamentos se operam por "requisição de pequeno valor", e não precatório, observando o art. 100 da CF/88. As entrevistas reportaram atraso no cumprimento de decisões judiciais, multa e recalcitrância por parte do INSS.

Fonte: Elaboração própria.

No que concerne ao impacto das decisões, a litigância não tem produzido o efeito de "revolucionar" os direitos envolvidos (EPP, 1998), mostrando-se *acomodada,* como modo seletivo de se implementar bem-estar. Ainda que o potencial transformador da judicialização não possa ser idealizado e considerado como panaceia (ROSEMBERG, 1991), seria possível cogitar, a partir das entrevistas, alguma forma de *ativação* do aperfeiçoamento da política, na forma preconizada pelos trabalhos de Cane (2004), Sabel e Simon (2004), Ferraz (2020),

Vasconcelos (2018) e Wang (2009).[163] Porém, isso não ocorreu. As entrevistas não apontaram movimentos consistentes de cooperação entre INSS e Poder Judiciário ou um ciclo de judicialização virtuoso, capaz de gerar diálogos e mudanças na previdência rural. Ao contrário. Foram descontinuadas as antigas agências locais de cumprimento das decisões judiciais e protocolos locais de cooperação, enquanto os fóruns interinstitucionais detectados traduzem iniciativas episódicas da própria justiça, e não políticas do INSS para enfrentamento e contenção da judicialização.

Assim, considerando-se o mapeamento de posturas institucionais proposto por Oliveira (2019), a conduta do INSS ainda é predominantemente marcada pela "objeção" ou "distanciamento". E, embora tenha sido experimentada alguma melhora nas estatísticas de atraso de cumprimento de decisões judiciais, houve relatos reiterados de dificuldades na implementação dos benefícios, gerando cominação de multas. Na perspectiva interna à justiça, a fala capaz de resumir a percepção é a da Supervisora 10, funcionária da justiça lotada no interior de Goiás, para quem, não importa o que aconteça, não existe *"colaboração deles"*.

Por outro lado, a recente alteração legislativa trazida pela Lei nº 13.846, de 2019, no sentido de criar uma autodeclaração para simplificar a concessão de benefícios rurais não é uma reação organizada à judicialização. Na hipótese de o novo cadastro se mostrar restritivo, incompleto ou esvaziado, à moda da experiência prévia do CNIS-Rural, a provável reação dos tribunais será a de prosseguir mantendo as audiências obrigatórias e as altas taxas de litigância.

A resiliência da hiperjudicialização, num quadro em que os processos se solucionam em rodadas de até quarenta e cinco audiências em um só dia, como em um dos exemplos, faz dos juizados previdenciários o lugar em que tende a ocorrer uma "segunda precarização de direitos sociais", como adverte Inatomi (2009, p. 151). A autora pontua, além disso, que compreender a justiça como "um segundo INSS" ou "agência executiva de políticas públicas" é, tanto mais, optar por um mecanismo incapaz de guarnecer os direitos sociais como "universais e inegociáveis" (INATOMI, 2009, p. 149). A partir da leitura de uma amostra de decisões, o próximo capítulo aprofunda essa ideia e aponta que, na linha de frente do atendimento

---

[163] Celly Cook Inatomi (2020) afirma que não se pode extrair dos ganhos judiciais uma "palavra final que leva de fato a uma mudança social, ou como uma decisão que coloca um ponto final em situações de disputas na sociedade e de destituição de direitos".

aos rurícolas, é possível que o resultado das sentenças encerre práticas discricionárias de categorização e seleção dos beneficiários, as quais não se revestem do viés protetivo comumente atribuído a elas.

CAPÍTULO 5

NO BALCÃO DA JUSTIÇA: DISCRICIONARIEDADE E ESTEREÓTIPOS DA JUDICIALIZAÇÃO DA PREVIDÊNCIA RURAL

> *"Queria trabalhar nas próprias terras. Queria ter ele mesmo sua fazenda, que, diferente dos donos dali que não conheciam muita coisa do que tinham, que talvez não soubessem cavoucar a terra, nem o que poderia nascer em sequeiro ou em várzea, ele sabia de muito mais. Havia sido parido pela terra."*
> Torto arado. Itamar Vieira Junior, 2019.

5.1 Introdução

A última parte deste livro se dedica à análise dos efeitos da judicialização da previdência rural em relação aos seus usuários. Considerando as dinâmicas descritas no capítulo anterior, endereço a pergunta sobre como, afinal, são decididas as causas. Neste segmento do trabalho, ingresso nos resultados do que denominei anteriormente como "adjudicação de linha de frente", numa tentativa de revelar padrões e seletividades através dos discursos contidos nas próprias decisões.

Contrapus, no início deste trabalho, o que seriam imagens tradicionais do *"juiz"*, indivíduo capaz de, por meio da interpretação, construir "respostas certas" e atribuir significado às normas, inclusive sopesando princípios e valores (DWORKIN, 1986), ao que seria a figura do *"burocrata"*, sujeito contido por uma legalidade estrita e aplicável de modo mecanizado a clientes que se movem na sua engrenagem de trabalho. Enquanto o juiz decidiria através do desenrolar de uma série de movimentos analíticos e interpretativos, os quais englobam desde a escolha da regra até a construção criativa do seu sentido para fatos específicos (LENS, 2012, p. 279), o burocrata implementaria as políticas públicas, sem reinterpretá-las (HILL *et al.*, 2015, p. 6). Mencionei, ainda na introdução, que essas duas figuras clássicas sofreram questionamentos e evoluções, levando, com o passar do tempo, a abordagens que analisam as burocracias e o próprio sistema de justiça em perspectiva *bottom-up*, rastreando experiências, resultados e adversidades vivenciadas pela sua clientela.

No caso dos juízes, o ângulo da "linha de frente" permite examinar como se comportam aqueles que, enfrentando elevada carga de trabalho, decidem por meio da interação com os jurisdicionados em encontros similares aos experimentados pelos burocratas do *welfare* (MILESKI, 1971; FISS, 1983; BILAND; STEINMETZ, 2017).

Esse contexto foi mapeado no Capítulo 4, quando tratei das audiências, que duram em média 15 minutos, da distribuição elevada de processos e da possibilidade de que até mesmo a instrução da prova seja colhida por servidores e conciliadores leigos.

Defendi que esse modo rápido e massivo de sentenciar os feitos nas próprias audiências amplia a margem de discricionariedade dos juízes, tratando o conceito como equivalente a uma autonomia para, nos limites da norma, construir julgamentos (LENS, 2012, p. 279) – um dispositivo de criatividade colocado em prática na atividade jurisdicional.

Mesmo sem haver uma oposição estrita entre regras e discricionariedade, pois ambos os conceitos são, na prática, indeterminados e comunicantes (TATA, 2007), espera-se do juiz a solução das controvérsias por uma elaborada fundamentação jurídico-analítica. A inserção de juízes em contexto de "linha de frente" os deixa jungidos a outra lógica, já que as condições de trabalho fazem com que as decisões dependam ainda mais da estereotipização da clientela (HILL *et al.*, 2015; BILAND; STEINMETZ, 2017). Assim, a escolha do curso de ações possíveis não se expressa primordialmente através da persuasão legal, mas, antes, pela categorização dos usuários em rurícola ou não, pescador ou não, trabalhador pesado ou não, nos termos da política estudada por este trabalho.[164]

---

[164] A definição de Davis (1969 *apud* HILL *et al.*, 2015) é essa que toma discricionariedade como a situação em que os efetivos limites do poder do agente o deixam livre para fazer uma escolha entre os possíveis cursos de ação e inação.

Os processos de categorização servem, via de regra, para reificar hierarquizações sociais existentes, uma vez que os estereótipos exprimem valores e códigos culturais dos agentes de poder, reproduzindo o imaginário social em que estão inseridos (MOREIRA JR., 2020, p. 367; SEVERI, 2016). Ocorre, assim, um processo cognitivo em que os atores de outros grupos sociais são vistos, à distância, como um todo homogêneo, como partes que possuem características comuns e ocupam o mesmo lugar social (MOREIRA JR., 2020, p. 369), o qual, não raro, é assimétrico e subordinado. Por isso, o momento desse encontro no "guichê" é, nas palavras de Roberto C. Pires (2016, p. 14), uma situação de "controle burocrático" das identidades, capaz de gerar "violência simbólica, pois impõe aos indivíduos uma leitura sobre sua existência social".

Analisando uma amostra de demandas que discutiram a aposentadoria de rurícolas, este último segmento da pesquisa demonstra que o exercício da discricionariedade nesses processos começa pelo autorreforço constante da autonomia decisória do Poder Judiciário. Os juízes, quando se colocam diante dos trabalhadores na mesa de audiência, relativizam parâmetros, de modo a ampliar a sua liberdade de avaliação dos casos. A postura flexível quanto às evidências que podem ou não ser admitidas como prova da qualidade de segurado especial impede a construção de *standards*.[165] Não existem balizas claras sobre as provas e, acima de tudo, acerca do peso que circunstâncias desfavoráveis exercem sobre as narrativas. Em consequência, a quantidade massiva de encontros entre as partes e os magistrados faz com que as causas sejam decididas num modo sumário e intuitivo, com base em cláusulas vagas que mencionam que os depoimentos são "fortes" ou "fracos", e a prova, "boa" ou "ruim".

Considerando esse cenário, promovo neste capítulo a análise do material obtido junto às varas participantes da pesquisa, analisando quantitativamente quais são os argumentos mais incidentes nas sentenças e selecionando trechos das decisões que permitem compreender quais são os estereótipos empregados quanto à aparência física, identidade e gênero das trabalhadoras e dos trabalhadores rurais.

---

[165] A experiência da justiça criminal norte-americana indica que o aumento da discricionariedade dos julgadores, através da derrubada de parâmetros objetivos para aplicação das penas (caso *United States v. Booker*) levou a um agravamento geral das penas impostas aos réus negros. Segundo Crystal Yang (2013), *"using comprehensive data on federal defendants sentenced from 1994-2009, I find evidence that increased judicial discretion via Booker has led to large and robust increases in racial disparities in sentencing, particularly after periods of reduced appellate scrutiny"*.

A amostra revela a predominância de argumentos que encerram os processos considerando a qualidade da documentação apresentada pelas partes. Com isso, a despeito de serem realizados encontros presenciais, as provas escritas se mostrariam, ainda assim, oficialmente mais determinantes para a solução dos litígios do que os depoimentos colhidos nessas oportunidades. Esse achado, ao ser combinado com a transcrição de sentenças que tendem a enquadrar os trabalhadores rurais num tipo-ideal essencializado e estereotipado de conduta, de acordo com o qual não podem existir vínculos informais de trabalho, interações urbanas, modos de constituição de família desvinculados do casamento ou outros elementos ainda valorados como desviantes, indica que o encontro entre as partes e os magistrados nas audiências da previdência rural talvez se preste mais a reencenar a exclusão daqueles que já se encontram desde sempre alijados da cobertura social. A partir desse achado, proponho, na última seção, um debate quanto a possíveis desenhos para a política.

5.2 Sobre a amostra

Para retratar o padrão decisório dos juízes no âmbito da previdência rural da região objeto de estudo, analisei 288 julgados proferidos pela Justiça Federal dos estados da Bahia e de Goiás, no período de 2015 a 2018.[166] Para calcular a amostra, solicitei informações ao TRF da 1ª Região, que disponibilizou dados no sentido de que, no ano de 2018, foram proferidas 15.906 sentenças envolvendo segurados especiais na Bahia, ao passo que Goiás teria sido responsável pela prolação de 3.219 julgados.[167] O universo total estimado de sentenças em processos que envolvem rurícolas nos dois estados, considerando-se o período pesquisado, foi projetado segundo a média do ano de 2018. Assim, para os anos de 2015 a 2018, considerei que foram sentenciados 76.500 feitos.

---

[166] Feferbaum e Queiroz (2019, p. 154) explicam que, "para a estatística, a 'amostra' consiste em um conjunto de indivíduos retirados de uma população segundo critérios metodológicos para viabilizar o estudo desse conjunto, cujas conclusões serão representativas da população. Em pesquisas de jurisprudência, entretanto, é comum verificar a expressão 'amostra' para designar o total de julgados a ser analisado".

[167] Processo eletrônico (PAe-SEI) nº 0014162-15.2019.4.01.8004. Acessível em: https://sei.trf1.jus.br/sei/controlador.php?acao=procedimento_trabalhar&acao_origem=protocolo_pesquisa_rapida&id_protocolo=9910700&infra_sistema=100000100&infra_unidade_atual=110001558&infra_hash=4136ad9eed37a98cb5593447c98380c642c88fe23f870d9de7fc640a2aa62f63.

Trata-se, assim, de um universo finito. A estatística define como universo finito toda e qualquer população inferior a 100.000 elementos. As fórmulas para cálculo de amostras se diferenciam pelo tamanho da população: i) se superior a 100.000 elementos (infinito), o tamanho da população não é considerado no cálculo da amostra; ii) se inferior a 100.000 elementos (finito), o tamanho da população é considerado no cálculo da amostra (COSTA NETO, 2002). Aplicando tais premissas a este trabalho, uma amostra de 263 casos teria margem de erro de seis pontos percentuais e nível de confiança de 95,5% para um universo de 5.000 sentenças. Para um universo superior a 100.000 sentenças, a amostra precisaria ser de, no máximo, 280 casos (COSTA NETO, 2002).

Vale lembrar ainda que o tamanho de uma amostra confiável se define em função da precisão que se deseja obter, da facilidade de obtenção dos dados, do tempo necessário para a sua execução e dos custos envolvidos, o que foi observado na mensuração desta pesquisa. O cálculo deve se pautar pelos critérios da suficiência e razoabilidade, ou "fôlego", nas palavras de Feferbaum e Queiroz (2019), de modo a permitir uma análise qualitativa do material.[168][169] Os eventuais limites da amostra podem ser atenuados pela triangulação com entrevistas (SILVA, 2017, p. 311).[170]

Sopesados esses elementos, a despeito de se tratar de uma população finita, optei por fixar a amostra no patamar de 280 processos, tratando-a como decorrente de um universo infinito. Com essa medida, há mais segurança e confiabilidade para se projetar resultados para outras unidades.

---

[168] Os autores Feferbaum e Queiroz (2019, p. 153) detalham, em termos práticos, que uma pesquisa que considere 1.000 acórdãos do Supremo Tribunal Federal pode ser suficiente, mas não permite que haja fôlego na análise. Uma questão razoável seria, enfim, a de 80 acórdãos.

[169] Paulo Eduardo Alves da Silva (2017, p. 313) lembra a pesquisa conduzida por Ironita Machado (2009), que, para responder à pergunta sobre a relação entre a propriedade e capital no Brasil do início do século XX, partiu de um universo de 40,5 mil processos para chegar no exame final de 243 casos. Thiago Coacci (2013) faz um inventário de pesquisas com julgados, elencando trabalhos como o de Rosa Oliveira (2009), que contou com 187 decisões para compreender o discurso dos tribunais brasileiros sobre homoafetividade, e o de Ana Lúcia Pastore Schritzmeyer (2004), que selecionou 233 acórdãos sobre curandeirismo.

[170] Jarry Richardson (2017, p. 138) problematiza o inquietante tema da generalização da amostra, afirmando que "nem todas as pesquisas que procuram produzir conhecimentos com o intuito de generalizar os resultados, sobretudo na abordagem qualitativa, em que os estudos de caso ou amostras muito pequenas do tipo não probabilístico são a regra. A generalização representa um problema inerente que é debatido de forma controvertida".

A Bahia possui 24 varas que julgam processos previdenciários, enquanto Goiás apresenta 12 unidades com tal competência.[171] Respondendo ao processo administrativo aberto em função desta pesquisa, 15 unidades participaram do estudo e disponibilizaram sentenças proferidas no período examinado, que vai de 2015 a 2018.[172] Solicitei, no processo administrativo, que as unidades enviassem 10 sentenças de procedência e 10 de improcedência, as quais foram selecionadas aleatoriamente pelas próprias unidades. Assim, de início, a amostra pretendia obter igual número de sentenças para cada tipo de resultado, afastando a indagação quantitativa sobre quantas as sentenças seriam mais procedentes ou improcedentes. Não havia, de partida, a intenção de afirmar que a judicialização da previdência possuía um viés "pró" ou "anti-segurado", pois essa tendência não havia sido confirmada em pesquisa anterior do CNJ/Insper (2020), que partiu de uma amostra mais ampla e compreensiva de todos os tipos de demandas previdenciárias. O presente estudo voltou-se, então, à exploração dos argumentos mais comumente mobilizados para a solução dos processos.

Embora o pedido tenha sido o de que as unidades apresentassem sentenças de procedência e improcedência em igual quantidade, as varas anexaram ao procedimento gerado pelo TRF da 1ª Região algumas sentenças sem análise meritória, que tiveram que ser descartadas. No total, as unidades participantes remeteram 349 sentenças cujo assunto era "aposentadoria por idade rural", tendo sido descartadas 61 delas, que tinham como resultado a extinção dos processos ou a homologação de acordos.[173] Ao final, a amostra redundou na análise de 288 sentenças.

---

[171] São varas de juizado da seção judiciária da Bahia, as 5ª, 9ª, 15ª, 21ª, 22ª e 23ª Varas de Salvador. No interior, contabilizam-se varas nas cidades de Alagoinhas, Feira de Santana (03), Ilhéus, Irecê, Itabuna (02), Jequié, Guanambi, 2 varas de Vitória da Conquista, Eunápolis, Barreiras, Juazeiro, Campo Formoso, Teixeira de Freitas e Bom Jesus da Lapa. Em Goiás, constam: a 13ª Vara Federal (Goiânia); 14ª Vara Federal (Goiânia); 15ª Vara Federal (Goiânia); 16ª Vara Federal (Goiânia); 02 varas de Anápolis; Aparecida de Goiânia, Formosa, Itumbiara, Luziânia, Rio Verde e Uruaçu.

[172] Participaram do estudo as seguintes varas: Subseção Judiciária de Alagoinhas; Subseção Judiciária Feira de Santana; Subseção Judiciária Teixeira de Freitas; Subseção Judiciária Jequié; 09ª Vara de Salvador; 15ª Vara de Salvador; Subseção Judiciária de Jataí; 15ª Vara de Goiás; 22ª Vara de Salvador; 21ª Vara de Salvador; Subseção Judiciária de Guanambi; 5ª Vara de Salvador; 23ª Vara de Salvador; Subseção Judiciária de Anápolis.

[173] A opção pelo benefício de aposentadoria por idade rural em detrimento dos outros foi explicada na introdução deste trabalho. As razões devem-se ao fato de ele exigir uma carência maior, de quinze anos, e estabelecer uma relação direta entre o postulante e a previdência rural, ao contrário das pensões por morte, em que o solicitante é dependente de terceiros.

Dessas, a proporção foi de 62,8% de casos improcedentes e 37,2% de casos procedentes:

FIGURA 3
Resultado dos processos

Resultado dos Processos
Base: 288 casos

Procedente
37,2%

Improcedente
62,8%

Fonte: Elaboração própria.

Também os juízes foram representados aleatoriamente na determinação dos julgamentos que seriam analisados, evitando-se distorções.[174] No que concerne ao gênero dos julgadores, a amostra teve paridade, com leve predominância de juízas mulheres:

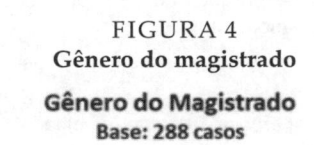

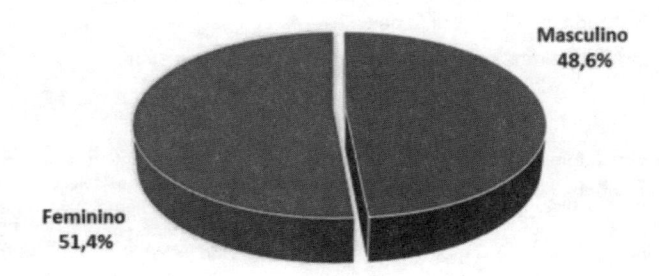

FIGURA 4
Gênero do magistrado

Gênero do Magistrado
Base: 288 casos

Masculino
48,6%

Feminino
51,4%

Fonte: Elaboração própria.

---

[174] A íntegra das referidas sentenças e de outros atos acha-se ainda em "banco de sentenças" eletrônico. O banco de sentenças consta em: https://portal.trf1.jus.br/pesquisadocumentos/.

Após uma análise preliminar, necessária para a construção dos códigos,[175] os argumentos foram tabulados conforme os seguintes parâmetros:

TABELA 8
Sentenças improcedentes – Relação código e argumento

(continua)

SENTENÇAS IMPROCEDENTES

Código	Argumento
1	O trabalhador tem histórico urbano, menção a emprego urbano nos seus registros sociais (CNIS).
2	Os documentos são recentes, confeccionados para serem utilizados nos processos, documentos fracos, ruins.
3	Os documentos utilizados estão em nome de terceiros, e não da própria parte (parentes distantes; proprietários de terras que foram arrendadas, etc.).
4	O autor rural recebe um outro benefício social que indica que ele não depende do trabalho na roça para sobreviver (ex: BPC/Loas).
5	O cônjuge da parte autora possui alguma fonte de rendimento urbana, o que indica que a família sobrevive por outra forma que não a receita de agricultura.
6	A entrevista realizada junto ao INSS foi ruim, contraditória.
7	O trabalhador viveu em São Paulo ou em algum centro urbano, tendo voltado ao campo momentos depois.
8	As testemunhas, em juízo, prestaram depoimentos ruins, orquestrados, lacônicos.
9	A parte não tem aparência física de trabalhador rural.
10	Trata-se de uma mulher "do lar", que não exerce agricultura com as "próprias mãos". Cuida dos afazeres domésticos e não vai para a roça.
11	A renda rural não se provou indispensável ao sustento.

---

[175] As categorias foram criadas após uma análise preliminar das sentenças, isolando-se as que se mostraram mais centrais e se repetiram. Os códigos foram selecionados a partir da sua repetição em mais de cinco elementos, aproximadamente. Não segui à risca o método de codificação axial próprio da teoria fundamentada em dados (TFD), dado que, conforme esclarece Cappi (2017), supõe idas e vindas e, não raro, a utilização de programas informáticos. A tabulação dos argumentos cumpre na pesquisa uma função que não central a justificar o emprego da técnica. Optei por dar maior ênfase à seleção de trechos das próprias sentenças e à sua análise qualitativa. A propósito da codificação, Cappi (2017, p. 14) enuncia que, no bojo da TFD, ela compreende "um sistema rigoroso de anotação das operações de codificação – através de memorandos, anotações ao lado do texto ou programas informáticos que facilitam o trabalho – sem presumir por antecipação a relevância analítica de qualquer categoria, até que ela apareça como relevante ao longo deste minucioso processo de 'ida e volta' entre a observação e a codificação".

(conclusão)

Código	Argumento
12	Não foi cumprida a carência. Não se provou exercício do trabalho rural por 180 meses.
13	A parte tem um veículo ou bem que não seja compatível com perfil de trabalhador do campo.
14	Não tem a idade necessária para a fruição do benefício.

Fonte: Elaboração própria.

TABELA 9
Sentenças procedentes – Relação código e argumento

SENTENÇAS PROCEDENTES	
Código	Argumento
1	A parte tem uma aparência de trabalhadora rural, modos típicos dos trabalhadores rurais.
2	Os documentos são bons: antigos e fortes, detalhados.
3	Algum integrante do grupo familiar ou a própria parte autora em outro momento de sua vida já recebeu benefício rural (aposentadoria ou auxílio-doença, por exemplo).
4	As testemunhas, em juízo, prestaram depoimentos bons, contundentes e harmônicos.
5	Embora tenha havido algum vínculo urbano na trajetória, ele foi breve, é considerado irrelevante por aplicação da súmula n° 41 da Turma Nacional de Jurisprudência dos Juizados (TNU).
6	O processo é contraditório. Os documentos são ruins, fracos, mas são admitidos e validados mesmo assim.
7	O trabalhador apresentou comprovantes de pagamento do Imposto Territorial Rural (ITR).
8	O CNIS (registros sociais) da parte é "limpo", sem nenhum vínculo urbano.

Fonte: Elaboração própria.

As sentenças foram examinadas tanto mediante a tabulação dos argumentos quanto qualitativamente. A análise qualitativa do conteúdo de decisões deve atentar para o fato de que discursos judiciais são situados e constituem expressão de poder. Thiago Coacci (2013, p. 102) explica que se trata de uma radiografia sobre como o poder foi exercido, ainda que das narrativas não se consiga "apagar completamente o discurso dos outros atores que não o ator estatal". Também Paulo Eduardo Silva (2017, p. 313) considera que todo processo possui "verdades ocultas e distintas dos registros formais". Ocorre, assim, a expressão e o tensionamento de mais de um discurso dentro do processo judicial. Mesmo que se trate de um documento oficial que exprime uma posição de Estado, Fabiana Luci de Oliveira e Virgínia Ferreira da Silva (2005) deixam claro que existem "associações feitas pelos agentes que têm sua fala registrada no processo", de forma que a pesquisa qualitativa de decisões deve se preocupar com "a apreensão dos valores, regras e condutas que entram em jogo na luta simbólica em que estão envolvidas as representações do mundo social".

Tendo em conta tais premissas, as decisões exercem neste estudo um papel descritivo dos argumentos citados e do modo como eles se relacionam. A partir disso, pretendo inferir os padrões que selecionam os rurícolas contemplados ou não com o acolhimento das suas pretensões. Na análise, após a extração do trecho da sentença há a indicação do processo respectivo a que este se refere, sendo anexada, ao final do trabalho, a listagem de todas as demandas que integraram a pesquisa. Divido este capítulo em considerações sobre o perfil das sentenças, as incertezas procedimentais e as suas implicações na mesa de audiência. Após, trato da identidade dos trabalhadores rurais que se constrói e se projeta a partir desses encontros, destacando um especial segmento para abordar o tema em perspectiva de gênero e considerando o tratamento dispensado às seguradas mulheres em juízo. Concluo o capítulo especulando sobre os resultados e as discussões que podem surgir a partir deles.

5.3 Perfil das sentenças da judicialização da previdência rural

As sentenças proferidas nos processos de judicialização da previdência rural são curtas. Conforme demonstrado graficamente, incluindo-se todos os elementos textuais, 85% da amostra analisada nesta pesquisa foi composta por documentos com até três páginas. Essa característica de concisão, ilustrada abaixo, na Figura 4, se por um lado confirma a premência de tempo e volume a que estão submetidos os magistrados, por outro, afasta esse tipo de jurisdição do modelo usualmente mais prolixo de análise legal.

FIGURA 5
Tamanho das sentenças

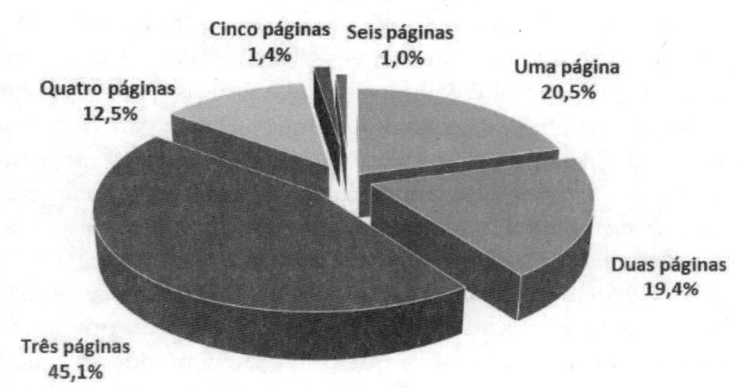

- Cinco páginas: 1,4%
- Seis páginas: 1,0%
- Uma página: 20,5%
- Quatro páginas: 12,5%
- Duas páginas: 19,4%
- Três páginas: 45,1%

Fonte: Elaboração própria.

As sentenças usualmente contêm uma menção ao dispositivo legal que prevê o pagamento de aposentadoria por idade rural e anunciam a flexibilização das provas, invocando, para isso, o entendimento de que não são necessários documentos referentes a todo o período em relação ao qual se pretende provar a condição de rurícola, bastando *"que a prova testemunhal abranja todo o período de carência, nos termos da Súmula n. 14 da Turma Nacional de Uniformização dos Juizados Especiais Federais"* (0015154-57.2018.4.01.3300).

De acordo com a legislação, é muito amplo o leque de evidências que podem ser consideradas nos processos. Elas saem de um espectro em que figuram documentos mais formais, tais como comprovantes de pagamento de Imposto Territorial Rural (ITR), certidões de nascimento, casamento e de óbito, para um outro polo em que são tolerados registros informais, como declaração de filiação sindical, conta de energia elétrica, requerimento de matrícula em escola situada em zona rural, recibos, fichas de secretaria de saúde, contratos de comodato, certidões da Justiça Eleitoral, declaração de aptidão ao PRONAF (Programa Nacional de Agricultura Familiar), entre inúmeros outros.

Não há também consenso em relação ao que faz um documento especialmente persuasivo ou convincente. Em algumas unidades judiciárias, o mesmo documento pode ser aceito ou rejeitado, a depender do contexto, e, comparando-se unidades distintas, não existe padrão claro.

A moldura flexível faz com que os atos proferidos em audiência contenham fórmulas repetidas e simplificadas. Expressões como *"prova frágil"*, *"depoimento convincente"* ou *"prova recente"* traduzem o tipo de cláusula sumária que costuma se associar a algum outro elemento. Dentre inúmeros exemplos colhidos, pinço a situação padrão em que o juiz menciona o contrato de comodato como suficiente para a concessão da aposentadoria e, após, rotula a prova como *"convincente"*, afirmando que *"a condição do trabalhador rural do requerente deduz-se da documentação acostada. No mais, a prova oral colhida em juízo foi convincente quanto ao labor rural exercido"* (7962-70-2015.4.01.3314).

A aleatoriedade quanto aos documentos avaliados costuma ser turbinada discursivamente pela menção ao que seria o princípio *"in dubio pro misero"* e pela ideia de que o tipo de demanda em questão possui um *"caráter principiológico"*, que atrairia a necessidade de que a norma se dirija a fins sociais. A interpretação, para esses juízes, deveria atentar ao *"interesse do trabalhador e [à] necessidade de comprovação do tempo de serviço"* (0021881-32.2018.4.01.3300; 0029757-72.2017.4.01.3300).

O caso da prova produzida pelos sindicatos é emblemático do cenário de incerteza quanto ao modo como a prova será valorada. A despeito de a declaração sindical ser aceita como início de prova material à luz da regulamentação previdenciária, algumas sentenças a rejeitaram sumariamente, independentemente de ter havido ou não homologação junto ao INSS. Em alguns relatos, a prova surge como unilateral e fraca. Ao se referir às atas de assembleias sindicais autenticadas, nos quais o autor rurícola se fez presente, um dos magistrados sentenciantes indignou-se, pois:

A quantidade de fraudes que se tem constatado em processos desta natureza nesta seção judiciária não só permite, mas recomenda a rejeição deste tipo de documento dada a sua absoluta informalidade, equivalente, inclusive, à própria prova oral reduzida a escrito. Nada mais! (3784-81.2014.4.01.3313)

No mesmo sentido, outra juíza desconsidera expressamente a carteira sindical, afirmando que:

(...) foi colacionada apenas carteira do Sindicato dos Trabalhadores Rurais do Conde em nome da autora, com data de registro em 30/07/2011. Assim, em que pese a prova testemunhal produzida em audiência, tem-se que os documentos colacionados ao feito não são contemporâneos ao período que se pretende provar,

portanto, inservíveis para comprovar o exercício de atividade rural, em regime de economia familiar, pelo tempo de carência reclamado para a concessão do benefício. (0017911-24.2018.4.01.3300)

Outra circunstância especialmente valorada no quesito documentação refere-se à data em que estes foram confeccionados, sendo considerados "artificiais" aqueles mais recentes, com data próxima à do ajuizamento do processo. A dificuldade de produção de documentos pela população rural, que faz com que busquem reunir papéis às vésperas da judicialização, gera notáveis reflexos nos resultados dos processos. Em alguns feitos, os juízes consignaram que o documento teria sido produzido apenas para ser apresentado na justiça:

(...) a emissão de carteira sindical na véspera do requerimento administrativo indica a verdadeira intenção da autora que, não obstante declare na petição inicial que trabalha na atividade rural desde a mais tenra idade, somente dois meses antes de entrar com o requerimento administrativo procurou filiar-se à entidade de sua esposa e categoria. (189-40.2015.4.01.3312).

A sentença, então, nesse caso, decreta que há *"uma tentativa de criar um conjunto probatório com o* único fim *de obter a aposentadoria postulada"* (189-40.2015.4.01.3312).

Assim, a amostra revela que a documentação frágil é o grande fator que conduz à improcedência dos processos. Do total de 181 sentenças improcedentes, 32,8% delas teve como argumento central o fato de os documentos apresentados serem *"recentes", "fracos"* ou ruins.

Somando-se aos vínculos urbanos registrados no Cadastro Nacional de Informações Sociais (CNIS), razão invocada em 18,75% das sentenças negativas, tem-se um cenário segundo o qual 51,55% da amostra se baseou em elementos documentais para encerrar os processos. Assim, durante a audiência, as questões foram solucionadas com base em provas que não precisariam ser colhidas na própria audiência. O gráfico abaixo contém as principais razões lançadas nas sentenças improcedentes.

FIGURA 6
Sentenças improcedentes

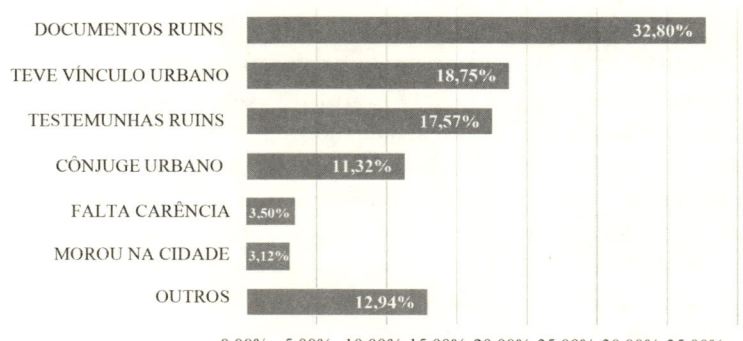

- DOCUMENTOS RUINS: 32,80%
- TEVE VÍNCULO URBANO: 18,75%
- TESTEMUNHAS RUINS: 17,57%
- CÔNJUGE URBANO: 11,32%
- FALTA CARÊNCIA: 3,50%
- MOROU NA CIDADE: 3,12%
- OUTROS: 12,94%

Fonte: Elaboração própria.

Esse resultado se casa com a análise realizada pelo Centro de Inteligência da Justiça Federal, que, mesmo sem amparo estatístico, pregou que a prova oral nas demandas rurais tem assumido um caráter residual e complementar das evidências. Segundo a Nota Técnica, o que a experiência tem demonstrado é que os magistrados, na análise da atividade rural, fiam-se grandemente na prova documental, em parte pela exigência do art. 55, §3º, da LBPS, e em parte pela sua confiabilidade. A prova testemunhal, na matéria em análise, não raro envolve a prestação de informações sobre fatos muito antigos, sendo difícil aferir o quão precisa é a lembrança do depoente sobre eles. Se os processos de resultado improcedente foram julgados a partir de evidências majoritariamente documentais, o mesmo não ocorreu com os favoráveis.

Neles, embora os documentos ainda desempenhem um papel relevante, parece ter peso maior o bom depoimento das testemunhas e a "aparência" de rural. Somados, esses dois argumentos representam 45,2% do total de razões declinadas nas sentenças da amostra.

FIGURA 7
Sentenças procedentes

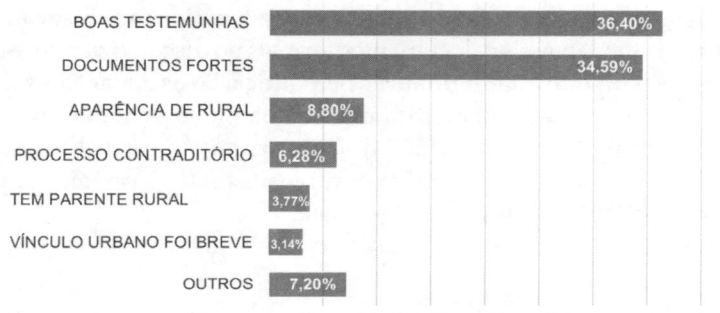

- BOAS TESTEMUNHAS: 36,40%
- DOCUMENTOS FORTES: 34,59%
- APARÊNCIA DE RURAL: 8,80%
- PROCESSO CONTRADITÓRIO: 6,28%
- TEM PARENTE RURAL: 3,77%
- VÍNCULO URBANO FOI BREVE: 3,14%
- OUTROS: 7,20%

Fonte: Elaboração própria.

É possível especular que, diante da exposição de características mais marcadamente associadas aos rurais, os juízes superem uma análise rigorosa dos documentos, recorrendo ao *"traquejo"* que os servidores ouvidos por esta pesquisa definiram como sendo a cancha adquirida para se identificar os trabalhadores rurais a partir da aparência. O relato da entrevistada Diretora 4 corrobora esse argumento: *"é claro para mim que os juízes já sabem identificar com a experiência. Os juízes têm experiência, feeling, é o jeito de a pessoa falar, o que ele diz naquele momento, é mais o físico da pessoa, do que qualquer documento"*.[176] É possível ainda que a aparência sirva como reforço argumentativo direcionado aos julgadores em segundo grau e ao próprio INSS, firmando-se com esse tipo de arrazoado que se trata de uma prova documental fraca, mas se está diante de um *"rural de verdade"*.

O fato de que, nas sentenças de improcedência, preponderou uma argumentação formal relativa à qualidade dos documentos não significa que a aparência dos trabalhadores é irrelevante para alguns magistrados, ou que não tenham sido acionados processos cognitivos de categorização. É razoável afirmar que talvez uma argumentação negativa quanto à aparência gere o receio de prolação de sentenças

---

[176] A prática das análises de aparência também foi identificada como critério de julgamento na pesquisa CJF/Ipea (2012, p. 143) sobre acesso à justiça nos juizados especiais, notando-se ali que há um padrão em que *"os juízes não apenas voltam suas perguntas para a rotina do trabalho no campo como também pedem para ver as mãos da parte, à procura de indícios de prova, como a calosidade, para formarem suas convicções"*.

abertamente discriminatórias, o que torna o uso de argumentos sobre documentação uma válvula de escape mais tranquila para encerrar o processo. Seja como for, o achado relativo a essa maior mobilização de argumentos sobre papéis e documentos formais no discurso das decisões é relevante para informar mudanças na política. Se os encontros face a face não são tão determinantes quanto se imagina e podem redundar numa constrangedora "inspeção" do autor rural, é possível cogitar a sua substituição por vídeos da lavoura, visitas *in loco* ou, ainda, por políticas assistenciais amplas e objetivas.[177]

5.4 As incertezas do percurso e o nervosismo do encontro

O padrão das sentenças é ilustrativo de que os trabalhadores se submetem a um ciclo de incertezas decorrentes do rito descrito no Capítulo 4, que gera uma repercussão tal no comportamento dos atores em audiência que reverbera também no discurso oficial das fundamentações. Já trilhei o caminho que mostra que os processos podem não chegar às audiências, sendo extintos antecipadamente, sem análise do mérito, por falta de "início de prova material". Caso superem esse primeiro filtro e cheguem à mesa de audiência, boa parte deles se encerra em virtude de a documentação ser considerada insatisfatória. Na hipótese de os segurados possuírem documentos considerados suficientes, é possível ainda que alguma experiência urbana seja valorada negativamente na audiência ou que as testemunhas não entreguem uma boa *performance*. Há uma abertura permanente à surpresa e à desconstrução das narrativas que estão em julgamento durante a audiência, tomando forma uma manifestação tensa da "loteria" judicial referida por Wang e Vasconcelos (2015) quando analisaram a judicialização do BPC/LOAS.

Assim, ainda que os magistrados sentenciantes mencionem que são importantes as respostas "*sem evasivas*" e os testemunhos que assegurem "*sempre*" ter sido exercida a profissão de rurícola (4390-22.2017.4.01.3502), certo é que, no geral, as circunstâncias favoráveis ou desfavoráveis são valoradas de modo discricionário. Elas podem descontruir ou levantar as narrativas, mas podem, com a mesma facilidade, ser indiferentes. Os

---

[177] Tratarei mais a fundo dessas alternativas ao final deste capítulo e na conclusão do trabalho.

processos dos segurados Aloísio e Rafael são ilustrativos dessa situação. Em demandas julgadas pela mesma unidade, sem maiores explicações, o fato de ambos terem recolhido contribuições ao INSS é valorado de modo oposto. Para o primeiro segurado, prevaleceu a ideia de que a contribuição feita por terceiros não é comprometedora, como se fosse possível que alguém pague contribuições sem o conhecimento do beneficiário; para o segundo, por sua vez, o recolhimento representou o insucesso no pleito de aposentadoria:

> *Por outro lado, consta dos autos que a parte autora verteu contribuições na qualidade de contribuinte individual registrado no CNIS, nos períodos de 2012 até 2016. Entretanto, tal circunstância não desqualifica, por si só, sua condição de segurado especial, uma vez que restou comprovado que o autor realizou pagamento por instrução de terceiros, sem que tivesse exercido atividades como autônomo.* (045374-72.2017.4.01.3300)

> *Contudo, o CNIS carreado aos autos demonstra que a parte autora possui diversos recolhimentos como contribuinte individual recentes, os últimos no período de 01/05/2002 a 31/08/2003 e de 01/02/2004 a 30/04/2004. Assim, considerando como termo inicial a data do último recolhimento, não se perfaz a carência necessária à concessão do benefício vindicado.* (0045531. 45.2017.4.01.3300)

O ponto atinente à existência de algum trabalho urbano na trajetória do solicitante de benefícios rurais costuma ser central para o resultado, mas isso não impede que, em alguns processos, o fato passe simplesmente despercebido. A amostra desta pesquisa evidencia que 30,07% das sentenças improcedentes baseou-se no fato de existir alguma passagem do autor ou do seu cônjuge por algum emprego urbano. Porém, como a Turma Nacional de Uniformização dos Juizados Especiais firmou que "a circunstância de um dos integrantes do núcleo familiar desempenhar atividade urbana não implica, por si só, a descaracterização do trabalhador rural como segurado especial, condição que deve ser analisada no caso concreto",[178] em diversos casos

---

[178] Esse é o teor da súmula nº 46 da jurisprudência da Turma Nacional de Uniformização dos Juizados Especiais Federais (TNU). No âmbito da previdência rural, o colegiado da TNU emitiu ainda enunciados importantes no sentido de que: i) para a concessão de aposentadoria por idade de trabalhador rural, o tempo de exercício de atividade equivalente à carência deve ser aferido no período imediatamente anterior ao requerimento administrativo ou à data do implemento da idade mínima (súmula nº 54); ii) a circunstância de um dos integrantes do núcleo familiar desempenhar atividade urbana não implica, por si só, a descaracterização do trabalhador rural como segurado especial, condição que deve ser analisada no caso concreto (súmula nº 41); iii) para fins de comprovação do tempo de labor rural, o início de prova material deve ser contemporâneo à época dos fatos a provar (súmula nº 34).

examinados, o vínculo urbano foi desconsiderado por ser curto, o que configuraria que a parte *"não conseguiu se posicionar no mercado de trabalho"* (4431-86.2017.4.01.3502), ou por *"pagar pouco"* (012509-59.2018.4.01.3300) e ser *"antigo"* (0029136-41.2018.4.01.3300). Ao cabo, até mesmo a história em si pode fazer pouco sentido, desprezando-se sinalizações urbanas. Em um dos exemplos, todas as circunstâncias foram superadas por argumentos frágeis, incluindo o de que uma empresa foi aberta por terceiros fraudulentamente:

> *(...) em audiência, a autora informou que desde 1987 trabalha na Fazenda, juntamente com seu marido, e que, há alguns anos atrás, laborou como serviços gerais (entre 1993 a 1997) e que tem uma casa no centro, que servia de apoio aos filhos que estudavam na cidade. Além disso, afirmou que uns parentes usaram o nome do marido para abrir uma empresa ("pedreira") sem a sua autorização, já que nunca usufruiu de renda decorrente dessa empresa.* (0019665-98.2018.4.01.3300)

A análise qualitativa das sentenças indica que obtêm maior êxito as narrativas que conseguem transmitir detalhes sobre a trajetória de vida dos segurados, como aquela em que o autor menciona que *"foi criado na fazenda de seu pai"* e que *"sobrevivia de 'bicos'"* (1093-89.2017.4.01.3507), conquanto a chance de que esse tipo de revelação ocorra em encontros tão rápidos é pequena.

Além disso, valoriza-se o conhecimento acerca da atividade rural, ainda que isso apareça como recurso retórico, cuja função é apenas a de ilustrar que algum diálogo foi travado na audiência. Não raro, essas informações são genéricas e se resumem a uma enunciação de produtos rurais cultivados. O caso da solicitante Maria José, recebedora de pensão rural e viúva de lavrador, foi um desses em que houve indagação sobre o tipo de lavoura exercida, mas, a despeito da informação de que a requerente *"trabalha como meeira, plantando arroz, mandioca, feijão e milho, cultiva hortaliças e cria galinhas e porcos"*, a aposentadoria foi indeferida, preponderando o fato de que a autora havia declinado um endereço urbano de um dos filhos quando se cadastrou junto ao INSS. O específico ponto do endereço se sobrepôs aos relatos das testemunhas que, conquanto idênticos aos da autora, foram considerados artificiais pelo magistrado. Nas palavras do juiz: *"as duas testemunhas ouvidas nada esclareceram acerca da atividade rural por parte da autora, pois apenas repetiram de modo muito semelhante as informações já prestadas pela requerente"* (0029612-95.2017.4.01.3500).

Navegando em meio a tantos pontos cegos e numa posição de assimetria estrutural e profunda, as partes rurícolas comportam-se com nervosismo em audiência. Nunca sabem se vão derrapar na próxima curva, constando expressamente em decisões que: "*A autora, em seu depoimento pessoal, demonstrou muita dificuldade para dizer o nome da propriedade rural em que supostamente trabalhara*" (5386-66.2016.4.01.3304) ou ainda "*durante o seu depoimento pessoal, a autora encontrava-se extremamente nervosa, não respondendo com firmeza* às *perguntas que lhe foram dirigidas*" (0025982-15.2018.4.01.3300).

Dubois (2010, p. 47) explica que esse tipo de situação está "longe da visão idílica da relação administrativa como um diálogo com recursos iguais para resolver conjuntamente um problema", pois, segundo ele, "o encontro burocrático é, especialmente nas administrações de previdência, estruturalmente dissimétrico. Colocados em uma situação de carência de solicitantes, principalmente se forem pobres e dependerem dos benefícios pagos pela organização que contatam, os visitantes são submetidos a um tratamento administrativo sobre o qual praticamente não têm controle".

Ainda, o encontro face a face assume características defensivas, num modo em que o sujeito que quer convencer terceiros das suas qualidades pode as falsear tão artificialmente que torna ainda mais precária a sua situação (GOFFMAN, 2002). Como explica Roberto C. Pires (2016), os demandantes de proteção social, quando se veem no guichê, reconstroem-se a partir do que considerem ser os critérios e modos de funcionamento do burocrata. O autor complementa que, por isso, "as interações transformam não só as políticas públicas que por meio delas são implementadas, mas também interferem na constituição dos seus próprios usuários" (PIRES, 2016).

Mesmo sem ter sido realizada uma etnografia e só pela análise da linguagem das sentenças, essa linha tênue entre o depoimento tido como satisfatório e o artificial conseguiu ser divisada nos processos desta pesquisa. Mesmo quando as sentenças prestigiam depoimentos "*coerentes*" e "*harmônicos*", eles não podem ser coesos a ponto de parecerem "*orquestrados pelos advogados*" (0010038-70.2018.4.01.3300). Assim, a despeito do nervosismo e da simplicidade das perguntas, tendentes a produzirem respostas padronizadas, para os juízes, os depoimentos precisam transmitir naturalidade e alguma riqueza de detalhe:

Embora tente fazer crer que retornou para a Região de Saubara logo após o divórcio, não há nenhum registro documental do alegado, tampouco lhe socorre os depoimentos das testemunhas ouvidas em audiência, que, no ponto, apresentaram discurso orquestrado, se limitando a afirmar que o retorno ocorreu em 2000, sem qualquer outro esclarecimento. (0010038-70.2018.4.01.3300)

Com essas nuances, o complexo encontro entre juízes e rurícolas foi descrito em pesquisa anterior como sendo um "choque de realidades" (CJF/Ipea, 2012, p. 145). O citado estudo defendeu que os segurados não entendem bem as perguntas que lhes são dirigidas, não reconhecem quem é o juiz na mesa de audiências, e prevalece a dificuldade de comunicação. Num dos episódios detalhados pelo estudo CJF/Ipea (2012, p. 145), a circunstância de a segurada não entender os questionamentos ocasionou a improcedência da sua demanda e gerou um tratamento ríspido por parte de um procurador do INSS:

Durante o depoimento pessoal, percebe-se que o juiz tenta identificar o tipo de serviço realizado por ela nos últimos 15 anos, para constatar se realmente fazia jus ao benefício; contudo, a autora responde sempre com fatos de sua infância e casamento. Há grande dificuldade de comunicação entre ambos. O juiz explica que queria saber fatos mais *"próximos"*, no sentido temporal, e a autora responde sempre com eventos mais *"próximos"*, no sentido espacial. Essa dificuldade de entendimento não é percebida pelo juiz, nem pelo procurador. O impasse demora mais de dez minutos, a ponto de o procurador do INSS jogar a caneta na mesa, dizendo *"assim não dá"*, em um gesto de impaciência. O clima fica tenso e a advogada da parte permanece inerte, apática. A impressão que se tem é de que a autora, já agitada por não conseguir responder corretamente à pergunta, está sozinha "contra" o juiz e o procurador do INSS. Por fim, o juiz consegue se fazer claro e a autora responde corretamente, explicando que, até então, estava achando que ele queria saber de fatos *"próximos"* à cidade, e não *"próximos"* ao ano de 2012.

O cenário marcado por esses paradoxos e contradições nos litígios da previdência rural fez com que certos processos da amostra fossem tabulados como especialmente contraditórios. Neles, grassam desencaixes textuais em relação à legislação e à jurisprudência: enuncia-se que existe início de prova material diante de documentos frágeis e passagens urbanas são tidas irrelevantes, entre outros pontos. Qualifiquei como contraditórias 6,28% das sentenças procedentes. Cito, como exemplo, desse fragmento da amostra o processo da segurada Maria. A documentação relativa à sua terra estava no nome de uma prima, e foram validados documentos como certidão de batismo e atestado na escola municipal. Para o desfecho do caso foi determinante a inexistência de vínculos urbanos apontados no cadastro de informações sociais (CNIS):

> Há início de prova material da atividade rural da parte autora, consistente nos seguintes documentos: ITRs de imóvel rural de herança do pai, atualmente em nome de uma prima ao longo do período de carência; certidão de batismo de filho, indicando domicílio rural; atestado de escola municipal, datado de 2010, indicando profissão de lavrador(a) da autora e de companheiro; cadastro familiar, em 2018, constando autora e companheiro como lavradores, com residência na zona rural; ausência de inscrições em CNIS de atividade urbana da autora e do companheiro. No depoimento pessoal, a autora disse que iniciou atividade de lavradora na juventude, pois seu pai era proprietário de imóvel rural onde permanece trabalhando até dias atuais. Disse que companheiro também é lavrador e a ajuda no cultivo da terra, nunca tendo exercido labor urbano. As testemunhas confirmaram trabalho rural da autora, informando que desde a juventude ela exerce essa atividade e nunca se ausentou de lá. Confirmaram mesma profissão do companheiro dela. Não houve divergência quanto à condição de trabalhador rural da parte autora, indicando que, há mais de 15 anos, exerce essa atividade. (0017130-65.2019.4.01.3300)

5.5 A identidade do trabalhador rural brasileiro: formação histórica e repercussões em juízo

Como visto, os encontros do cidadão com o aparato do estado são momentos que estão "longe de ser pacíficos" (DUBOIS, 2010, p. 13), pois revelam a inevitável tensão ocasionada pelo fato de que o agente estatal de linha de frente define, em alguma medida, a identidade dos solicitantes de serviços públicos, rotulando vidas heterogêneas em categorias homogêneas (mãe solteira, deficiente, rurícola etc.).

No âmbito das políticas sociais, as decisões partem de determinadas representações sobre a pobreza, de uma projeção idealizada quanto aos pobres "merecedores" e "não merecedores" (PIRES, 2016; EIRÓ, 2017).[179] Flávio Eiró (2017, p. 9) detalha que, nesse domínio, as

---

[179] Tratando da concessão de habitações, Roberto Pires (2016, p. 7) esclarece que se forma o "caso bom" em oposição ao "ruim" ou "complicado", uma vez que "nessa intercessão, emergiam tipificações coletivas, rotinas burocráticas e critérios informais, por vezes até ilegais, para a discriminação de quais demandantes deveriam ter acessos às unidades habitacionais. Os agentes na ponta gerenciavam a ocupação dos imóveis com base em julgamentos estereotipados dos comportamentos de indivíduos de diferentes origens étnicas,

práticas de inclusão e exclusão têm "um caráter normativo explícito" ou, como aponta Lotta (2018), compõem um processo moral que classifica as identidades. Segundo Eiró (2017, p. 9), as orientações que passam na cabeça do agente público são, não raro, conflitantes:

> No caso da assistência social, o poder discricionário de seus agentes contribui para a construção de sua imagem como a de responsáveis do bem-estar dos beneficiários, embora, em sentido estrito, estes agentes não determinem a ação do Estado. Os objetivos da assistência social são muitas vezes contraditórios para seus agentes, que buscam, ao mesmo tempo, a promoção do bem-estar dos beneficiários e a redução da dependência dos serviços prestados. Na ausência de regras claras quanto aos casos em que cada um destes objetivos deve ser priorizado, cabe a cada agente tomar a decisão.

Além disso, as representações não conformam apenas o íntimo dos agentes estatais. Elas são igualmente internalizadas pelos cidadãos (DUBOIS, 2010, p. 61), que, segundo a literatura, ao se colocarem em movimento postulando perante a burocracia, teatralizam as próprias identidades e projetam as expectativas que a instituição governamental deve ter sobre eles. Assim, assumem os papeis do "bom pobre", "bom imigrante" ou "trabalhador incansável" (DUBOIS, 2010; GOFFMAN, 1957).

Considerando que as identidades são historicizadas e produzidas em contextos socioculturais específicos, qual seria, então, a identidade atribuída e personificada pelo trabalhador rural brasileiro? Como ela se manifesta em juízo?

Num primeiro plano, o processo de subjetivação e afirmação da diferença dessa categoria passa tanto pelo desapossamento de terras, dada a estrutura fundiária desigual do país e a dificuldade de obtenção de títulos formais de propriedade, quanto pelas transformações sociais de urbanização. Por essas razões, a literatura aponta que, entre nós, a

---

delimitando fronteiras entre aqueles candidatos 'bons', merecedores e aqueles candidatos 'ruins', com histórico complicado, em situação de risco ou em famílias 'não-estruturadas' e potencialmente causadores de problemas, desvirtuando, assim, as intenções da legislação e os objetivos últimos de uma política inclusiva de habitação de interesse social. Esses exemplos ilustram não só as estratégias metodológicas mais comuns, como também algumas das (e não as únicas) linhas de investigação praticadas no campo da sociologia do guichê francesa. A busca por uma compreensão mais pormenorizada dos processos de implementação, dos contrastes entre prescrições formais e práticas locais, e das condições de uso da discricionariedade em situações de interação, contribui para a compreensão dos processos de produção de políticas públicas não só ao apontar os possíveis 'déficits de implementação'".

dicotomia urbano-rural cunhou um estereótipo negativo em relação aos trabalhadores do campo, especialmente aqueles dedicados à agricultura familiar (CALIARI, 2002; CAROLA, 2004; FROSSARD, 2003), conferindo-lhes atributos de "incivilidade" e "atraso" que remontam aos contornos do personagem literário "Jeca Tatu".

Frossard (2003) explica que a formação de um modelo agrícola exportador e latifundiário relegou aos trabalhadores da agricultura familiar o lugar das franjas marginalizadas, situadas no entorno das grandes propriedades. Assim, a partir da obra de Monteiro Lobato (1918), difundiu-se a imagem do rurícola como alguém "tomado pela falta de perspectiva, cheio de filhos, que mora em uma casa quase caindo, tendo a família tomada por doenças e sem as condições mínimas de sobrevivência" (FROSSARD, 2003, p. 23). Carola (2004) ressalta ainda que o elemento racial compõe o personagem. A esse rurícola estereotipado se atribuíram características que seriam as do "caboclo brasileiro", o qual, segundo Carola (2004), aparece na obra de Lobato como "um sem-terra", um "nômade agregado", que não se ligaria à terra tal como o camponês europeu.[180] Em uma relação que se retroalimenta, também os vieses discriminatórios associados a populações indígenas podem ser basear nas características da sua ruralização e vice-versa (DANIEL, 2020).[181]

Flávio Anjos et al. (2014) resumem que a agricultura familiar é vista a partir de "um universo de representações sociais extremamente negativas do ponto de vista da natureza desta atividade", sendo o seu ofício tido "como próprio de pessoas para quem 'la cabeza no le da para más'". Daí que, para os autores, a despeito da passagem do tempo, o rural brasileiro ainda teria a sua figura associada à precariedade e à falta de perspectivas. Mesmo partindo de dados educacionais recentes, Pereira e Castro (2021, p. 7) concluem que "o meio rural ainda padece com os piores indicadores, não somente na educação, mas também em outras

---

[180] O projeto colonizador, à medida que privilegiava e enaltecia o campesinato de origem, excluía os brasileiros e índios localizados na área, pela falta de vocação agrícola, pela falta de consciência de posse, pela ausência de acumulação de capital econômico para a compra da terra, por serem diferentes. Enfim, arrolavam um conjunto de indicativos que justificavam a expropriação dessas populações (RENK, 2000, p. 29).

[181] Camila Daniel (2020), em pesquisa sobre a experiência de indígenas peruanos migrantes no Brasil, enfatiza que, "no senso comum brasileiro, 'índio' está associado à pobreza, ignorância e ao passado. É uma categoria ligada à vida de aldeia e ruralidade. Em pesquisa sobre racismo contra estudantes indígenas da Universidade Federal do Amapá, Peixoto observou que os não indígenas acreditavam que os índios não deveriam ter acesso a universidades ou usar aparelhos eletrônicos ou roupas ocidentais, a menos que desistissem de sua indigeneidade".

variáveis sociais. E a situação é ainda mais delicada nas localidades à margem do agronegócio brasileiro, que vivem de atividades menos capitalizadas, o que aprofunda o ciclo vicioso da pobreza".[182]

Por fim, a pecha negativa da agricultura familiar foi ressignificada mais recentemente pela afirmação política do agronegócio no Brasil. Caio Pompeia (2021, p. 190) esclarece que a distinção entre as categorias do "agronegócio" e da "agricultura familiar" passou a ser "objeto de grande disputa classificatória no país", apresentando repercussão inclusive na divisão de ministérios do governo federal ao longo da década dos anos 2000. Segundo o autor (POMPEIA, 2021, p. 197), ainda que em bases familiares, a exploração do agronegócio se vinculou a modelos de exportação e ao amálgama de entidades patronais, enquanto a agricultura familiar findou marcada por uma noção de "incompetência" e "aparelhamento ideológico e partidário".

Todo esse conjunto de dados, estereótipos e representações irrompe nos processos judiciais que envolvem rurícolas, sendo valorada a aparência dos trabalhadores, a linguagem, a calosidade nas mãos e as narrativas que contêm elementos indicativos de "pobreza" eufemisticamente traduzidos como "humildade", "trabalho forte" ou "pesado". Segundo Neri e Garcia (2017), quando estão diante dessa população, os magistrados operam uma série de prejulgamentos sobre o que é trabalho rural e quem é o trabalhador rural merecedor de benefícios, pois, "apesar de o autor ser-lhe estranho, o juiz busca referências em processos anteriores de pedidos semelhantes para valorar as provas documentais, orais e estéticas". São as regras da experiência ou, como diz Fabiana Severi (2016), as "crenças profundamente arraigadas na sociedade" que formam e reproduzem os estereótipos quanto a quem é segurado rural.[183]

Diversos exemplos do que seria essa prática informal de "inspeção" das partes surgiram na amostra analisada por esta pesquisa, tanto em sentenças concessivas quanto em denegatórias. Ao tratar do caso de segurada com nítida passagem urbana, a magistrada afirmou que, embora a parte autora tivesse residido em São Paulo, "*em contato direto,*

---

[182] Sobre repercussões políticas e implicações democráticas do afastamento entre as identidades urbanas e rurais, ver Katherine J. Cramer (2016) e Jason Stanley (2020).

[183] Fabiana Severi (2016) conceitua estereótipo para tratar o tema do julgamento com perspectiva de gênero, firmando, então, que "estereótipos de gênero são tipos de crenças, profundamente arraigados na sociedade que os cria e os reproduz, acerca de atributos ou características pessoais sobre o que homens e mulheres possuem ou que a sociedade espera que eles possuam: são características de personalidade ou físicas, comportamentos, papéis, ocupações e presunções sobre a orientação sexual".

pude observar características próprias de pessoa que há muito está trabalhando na atividade rural" (000089-66.2016.4.01.3308). A cláusula, que surge como um reforço argumentativo, como um testemunho *in loco* exprimido pelos magistrados acerca da aparência e da pobreza dos segurados, é repetitiva e frequente:

> *Chama atenção, de logo, o forte aspecto de trabalhadora rural da autora.* (988-46.2016.4.01.3314)

> *A autora afirmou que trabalha na fazenda que pertence a Marcílio, seu pai de criação desde 7 anos, que seus três filhos nasceram na referida fazenda, em contato direto, pude observar características próprias de pessoa que há muito está trabalhando na atividade rural.* (1202-55.2016.4.01.3308)

> *Esta magistrada em contato direto com a parte autora pode observar características próprias de pessoa que há muito está trabalhando na atividade rural, mormente pela exposição ao sol e conhecimento das atividades desempenhadas.* (002137-95.2017.4.01.3308)

> *Ficou evidenciada atividade de pesca por mais de 15 anos na localidade mencionada, sendo que a prova oral foi suficiente para ampliação do período de carência consubstanciado pelos documentos a partir de 2007, tendo a autora aspectos físicos e estrutura compatível com serviço alegado.* (0003760-53.2018.4.01.3300)

> *Importante frisar, ainda, que a demandante, além de possuir aparência típica daquele que dedicou a maior parte de sua vida às lides rurais, em seu depoimento pessoal, mostrou-se segura e demonstrou ter conhecimento das lides campesinas, respondendo às indagações sem vacilo ou contradições.* (0000076-18.2017.4.01.3507)

> *Deve-se ter em mira, outrossim, que o autor encerra pessoa não alfabetizada, humilde e de pouca instrução formal, cujo depoimento evidenciou bem conhecer a atividade rural que afirma exercer.* (006112-81.2018.4.01.3300).

Dos pescadores artesanais, espera-se uma *"pele marcada pelo sol"* (0014422-13.2017.4.01.3300). O aspecto físico não significa, entretanto, um passe livre para a procedência das demandas. A aparência pode também ser desfavorável. A demanda da segurada Maria Gildicélia acabou julgada improcedente, pois

> *durante a audiência realizada, a autora não logrou esclarecer de forma satisfatória o fato de possuir a formação de magistério e constar em sua certidão de casamento a profissão de professora, mas nunca ter trabalhado lecionando. Note-se, ainda,*

que a autora não apresenta os traços e as marcas comuns de uma pessoa que exerce a atividade rural em regime de economia familiar por pelo menos 15 anos. (4828-38.2018.4.01.3300)

As características e modos dos segurados especiais servem de amparo para a análise documental realizada pelos magistrados, numa relação de proporcionalidade. Quanto mais fraca a prova documental, mais forte e próxima dos estereótipos precisa ser a aparência do postulante. A combinação entre as duas variáveis sobressai na fala de juiz que menciona que *"os documentos são posteriores inclusive à filiação no sindicato e ao comodato firmado com o avô. Isso também se confirma pelo fato de a expressão corporal e o comportamento e audiência não sugerirem submissão ao trabalho rural"* (6447-59.2016.4.01.3304). Ao ser julgado em segundo grau por uma Turma Recursal, esse mesmo processo teve a sua sentença mantida sob o argumento de preponderância da observação *in loco* realizada pelo juiz da origem. No julgamento do recurso, frisou-se que:

> *o juízo sentenciante, que tem contato com as partes e testemunhas e desse extrai seu convencimento, merecendo, por conseguinte, prestígio as suas impressões pessoais. (...) Merece prestígio o convencimento do magistrado firmado em audiência, oportunidade em que teve contato direto com a parte e com a prova, não havendo nos autos quaisquer elementos que infirmem suas conclusões.* (6447-59.2016.4.01.3304 – Julgamento em recurso).

Num segundo plano, elementos que confrontam a identidade vinculada ao trabalho forte, pesado e ao *status* social pobre conduzem à improcedência das ações. As sentenças compartilham de uma essencialização da figura dos rurícolas que demanda o trabalho extenuante, baixa interação com o meio urbano e ausência de bens de valor:

> *(...) a par da debilidade da prova documental, marcada por documentação em nome de terceiros, a testemunha ouvida deu a entender que o autor nunca trabalhou forte, reside em casa sozinho e recebe ajuda da irmã.* (300-84.2016.4.01.3314)

> *(...) ela é proprietária de um automóvel VW/Santana, enquanto ele possui VW/Gol 1.0. (...) ora, a propriedade de 2 (dois) veículos automotores é incompatível tanto com a alegada condição de segurada especial da autora, como também com a situação de 'miserabilidade' que ensejou a concessão de amparo social ao idoso.* (164-27.2015.4.01.3313)

> *(...) contudo, o fato de o casal possuir dois veículos demonstra que a alegada atividade não é exercida em regime de subsistência, o que descaracteriza a*

qualidade de trabalhador rural segurado especial. Embora alegue que o veículo novo é de propriedade da filha não logrou demonstrar tal fato com provas idôneas. (0029246-22.2018.4.01.3500)

Em contestação, o INSS juntou consultas informando a existência de uma empresa em nome do marido da autora denominada Açougue São Paulo, com situação cadastral ativa; bem como a propriedade de dois veículos, um Ford/ Corcel, ano 1974, e um Fiat/Pálio EDX, ano 1996. (0032890-70.2018.4.01.3500)

5.6 A perspectiva de gênero: mulheres rurais no balcão da justiça

O elemento discricionário da judicialização da previdência rural afeta também as mulheres rurícolas em juízo. A divisão sexual do trabalho, por força da qual a elas se atribuem tarefas domésticas, tidas como essencialmente acessórias e subvalorizadas,[184] converte-se tanto em dificuldade para reunir documentos quanto na forma de autocompreensão que externam, em audiência, para os juízes. Nas palavras de Schwarzer (2000), as mulheres rurícolas tem uma lacuna de "subjetividade produtiva", ou seja, não compreendem que o seu trabalho doméstico faz parte da economia familiar.[185]

A invisibilidade do trabalho feminino no campo, que resta comumente caracterizado como uma "ajuda" àqueles que seriam os efetivos "produtores", fez com que a própria inclusão das mulheres rurais na previdência social tenha sido tardia (BRUMER, 2002). De partida, o sistema previdenciário anterior à Constituição de 1988 era expressamente discriminatório da condição feminina, excluindo as mulheres da proteção social. Os benefícios eram pagos apenas ao "chefe" de família, por força de expressa disposição da Lei Complementar nº 11, de 1971, que dispunha que não era "devida a aposentadoria a mais

---

[184] Como explicam Flávia Biroli e Luís Felipe Miguel (2014), "[os] arranjos familiares convencionais – a posição hierárquica da 'dona de casa' e o trabalho doméstico desvalorizado são faces de uma mesma moeda, mesmo quando as mulheres trabalham dentro e fora de casa. Entre as camadas mais pobres da população, porém, a permanência da mulher na posição de 'dona de casa' é um efeito casado das convenções de gênero e do desemprego".

[185] Rebecca Cook e Simone Cusack (2011) aprofundam que, de fato, as próprias mulheres "podem ser socialmente condicionadas a absorver estereótipos negativos sobre si mesmas e a cumprir o papel subordinado e passivo que consideram adequado ao seu *status*".

de um componente da unidade familiar, cabendo apenas o benefício ao respectivo chefe ou arrimo".

Ao eliminar a distinção entre homens e mulheres no que tange ao recebimento das prestações previdenciárias, a Constituição Federal de 1988 empoderou os idosos nas famílias rurais, especialmente as mulheres (BELTRÃO et. al, 2005). Considerando-se a maior expectativa de vida feminina,[186] a participação das mulheres na seguridade social expandiu-se claramente no período. Se, em 1988, apenas 4% das mulheres recebiam benefícios previdenciários rurais, notadamente pensões por morte, no ano de 1992, esse percentual já era da ordem de 17,2% (BELTRÃO et al., 2005). Esse processo de franca expansão estendeu-se até um equilíbrio de gênero no percentual de concessões, com tendência de primazia feminina, dado o fato de que as mulheres se aposentam mais cedo e vivem mais (PAIVA et al., 2018; DELGADO; CARDOSO JR., 2000).

A maior participação quantitativa não significa, contudo, que as mulheres passaram a ter um enquadramento necessariamente simples na legislação protetiva. Estudo de Camarano e Pasinato (2007) sustenta que as mulheres têm predomínio numérico na população idosa, mas experimentam, ao mesmo tempo, dificuldades de inserção no mercado de trabalho rural e urbano. As autoras explicam que tal se dá "pela intermitência de sua participação decorrente, em grande medida, de sua função de cuidadora e dos problemas de desigualdade e segregação ocupacional existentes" (CAMARANO; PASINATO, 2007). De fato, as dificuldades são múltiplas. Uma delas está atrelado a que, no meio rural, a figura do "chefe" das propriedades rurais hierarquiza não só o modo de produção e organização social, materializando-se também na cadeia sucessória das terras.

Brumer e Anjos (2008, p. 12) detalham que, entre as famílias rurais, as sucessões *causa mortis* possuem efeitos distintos conforme o gênero dos filhos, operando em modo discriminatório em desfavor das mulheres. Enquanto os homens tendem a permanecer trabalhando nas propriedades e recebem a herança como contrapartida por esse cuidado dos pais na velhice, as mulheres migram e estabelecem novos vínculos, a partir do casamento. Sem herança familiar, como não possuem títulos que as vinculem aos lotes originários dos pais, as mulheres dependem do casamento civil para provar a sua condição de rurícolas (BRUMER;

---

[186] Conforme dados de Maranhão e Vieira Filho (2018) colhidos a partir de informações do IBGE, "em 2013, a estimativa da expectativa de vida para as mulheres era de 78,5 anos de idade e para os homens de 71,2 anos".

ANJOS, 2008; CANIOU, 1987). Essa dinâmica agrega instabilidade e impermanência para as seguradas, dado que precisam da trajetória de cônjuges para narrar a sua própria. São ainda mais gravemente desfavorecidas as seguradas solteiras e divorciadas, que não possuem a documentação decorrente desse vínculo para amparar as suas pretensões.

Mulheres enfrentam maiores entraves também na seara do financiamento agrícola. A situação da falta de títulos de propriedade reverbera na impossibilidade de que contraiam, em nome próprio, empréstimos junto ao Pronaf (Programa Nacional de Fortalecimento da Agricultura Familiar) e de que decidam prioritariamente o destino dos recursos, quando apropriados pela família (VALENTE *et al.* 2013).

Por esse conjunto de circunstâncias, os benefícios previdenciários, via de regra, são concedidos às mulheres por uma espécie de extensão da condição de rurícola que é reconhecida como própria dos homens, por serem eles aqueles formalmente vinculados à terra e ao seu cultivo. A norma do art. 11 da Lei nº 8213, de 1991, regente do enquadramento das trabalhadoras na categoria de seguradas especiais, induz inclusive textualmente a uma interpretação discriminatória quando menciona que os benefícios serão percebidos por aqueles que comprovadamente "trabalhem com o grupo familiar".[187]

A batalha judicial das seguradas mulheres se dá não apenas nesse campo da admissibilidade da sua documentação. Nas audiências de instrução e julgamento, a lógica descrita se repete. Como as trabalhadoras não se percebem como executoras de um trabalho "pesado", a pergunta sobre como desempenham as suas tarefas tende a nunca ser respondida de um modo satisfatório para os magistrados, afinal o significado de "trabalho" é estritamente vinculado às tarefas que envolvem contato direto com o roçado e a enxada (NERI; GARCIA, 2016). Assim, os questionamentos formulados pelos magistrados levam à formação de um quadro em que as mulheres do campo transmitem um distanciamento em relação às tarefas da produção agrícola, pois "não pegam na enxada", numa interação que redunda na negativa da cobertura social.

Neri e Garcia (2017, p. 708) seguem pontuando que, ao cabo desse processo, a divisão sexual do trabalho no meio rural é demarcada por "tecnologias de gênero" que tratam como leve o trabalho feminino, "qualquer que seja a espécie de atividade ou a força física empenhada".

---

[187] Diz o art. 11 da lei 8.213/91 que a condição de rurícola se estende ao "cônjuge ou companheiro, bem como filho maior de 16 (dezesseis) anos de idade ou a este equiparado, do segurado de que tratam as alíneas a e *b* deste inciso, que, comprovadamente, trabalhem com o grupo familiar respectivo".

Ausentes protocolos mínimos de julgamento e como a relação legal de documentos aceitáveis é apenas exemplificativa,[188] as *performances* das seguradas em audiência reforçam estigmas ao invés de combatê-los. De acordo com Neri e Garcia (2017):

> Nas relações cotidianas do campo, o trabalho feminino fora do roçado é visto como secundário ou complementar ao do marido, do pai ou dos filhos. E as audiências analisadas demonstraram a reprodução dessa tecnologia, sendo frequente todos os envolvidos na interação se referirem ao trabalho feminino como "ajuda" ou acessório. Como a legislação impôs o conceito de "regime de economia familiar", os magistrados consideram relevante identificar as atividades e a contribuição de cada um dos membros da família para o sustento familiar. A partir daí começam a surgir, na interação, as investigações em torno do trabalho urbano e trabalho rural. O status civil do(a) autor(a) e o conjunto das ocupações dos membros familiares é tão importante que, às vezes, antes mesmo de indagar a(o) autor(a) qual sua profissão ou em que trabalha, os juízes perguntam se o(a) esposo(a) trabalha ou se já é aposentado e em quê. No caso das autoras, quando o esposo tem ocupação urbana ou é aposentado, alguns magistrados indagam logo: "e a senhora precisa trabalhar?" O entendimento acima esposado, assim, privilegia a "labuta na roça" como atividade principal.

A literatura que trata de representatividade quanto ao gênero já evidencia que essa variável pode ter peso em decisões judiciais, atuando de forma insidiosa, dado que as mulheres tendem a ser inseridas apenas nos espaços e categorias que correspondem à imagem do seu papel no senso comum. Jane Reis e Renan Medeiros (2018) explicam o papel desse viés de representatividade, o qual tem lugar quando "as pessoas são indagadas sobre se A deveria pertencer à categoria B, respondem após refletirem em que medida A é semelhante à imagem ou ao estereótipo que têm de B".

A amostra colhida nesta pesquisa reforça a impressão dos estudos anteriores quanto à vulnerabilidade das seguradas mulheres na relação que se estabelece nos encontros das audiências e a existência de decisões estereotipadas quanto ao gênero. O viés aparece em histórias como a da segurada Antônia, que não teve a sua aposentadoria concedida pois *"declarou ter comprado uma casa no Município (...) em 1996 para que os filhos pudessem estudar. Informou que passa a maior parte da semana com*

---

[188] Os precedentes do Superior Tribunal de Justiça compreendem que a relação de documentos do art. 106 da Lei nº 8.213/91 é meramente exemplificativa.

os filhos e que vai para a roça três vezes por semana, para lavar as roupas do marido e organizar a casa. Afirmou ainda que não aguenta mais fazer serviços pesados" (4441-23.2014.4.01.3313). Trago alguns exemplos ilustrativos dessa linha de argumentação adotada nas sentenças:

A prova produzida em audiência foi bastante frágil em relação ao tempo do trabalho rural praticado pela autora, ficando evidenciado que a parte autora já não mais trabalhava como rural há muitos anos, tanto pelo depoimento da autora, quanto em relação à oitiva testemunhal. A autora, perguntada por mais de uma vez, sobre o trabalho que praticava, disse que cuidava dos filhos e da casa. A lida rural mesmo foi há muitos anos. Quando veio morar em Rio Acima em 1982, disse que apenas cuidava da casa e dos filhos. Afirmou que só exerceu atividade rural até os 30 anos de idade, nas terras do pai. (0039017-46.20084013800)

A autora mora na cidade de Ibirapuã há 20 anos e não exerce atividade rural; não costuma ir à roça periodicamente, ficando afastada por um mês ou período superior; morou na fazenda Mangueira até quando o seu filho mais velho tinha 15 anos de idade; seu marido trabalha sozinho na terra, recebendo remuneração plantando milho, feijão, mandioca. (4204-86.2014.4.01.3313)

Referidos documentos embora sejam aptos a demonstrar que o esposo da autora era rurícola, também são igualmente contundentes a afastar essa mesma condição relativa àquela, uma vez que, de forma expressa, destacam ser ela "do lar" / "doméstica", vocábulos comumente usados como sinônimos. (4502-78.2014.4.01.3313)

Embora a atividade rural do marido da autora tenha sido comprovada nos autos, o mesmo não se pode afirmar em relação à parte autora, já que o depoimento das testemunhas foi demasiado genérico, deixando de esclarecer como a requerente exercia atividade rural nas fazendas da região e ao mesmo tempo cuidava dos cinco filhos nascidos na constância do casamento. Nesse passo, a prova testemunhal não se mostrou reveladora acerca do alegado labor rural exercido pela autora. Ademais, o fato de a autora receber pensão por morte desde 1995 leva a crer que, à míngua de outros documentos, o benefício tenha sustentado a autora desde então, o que aponta em sentido oposto ao exercício de labor rural após o óbito do esposo. (021760-83.2018.4.01.3500)

Apesar das duas testemunhas ouvidas terem confirmado as alegações da autora no sentido de que ela mora na Fazenda Santo Antônio há muitos anos, nada esclareceram acerca da atividade rural por parte dela. Pelo contrário, as duas testemunhas foram categóricas ao afirmar que a autora é "do lar", o que descaracteriza a sua qualidade de trabalhadora rural. Somente depois de perguntadas pelo advogado sobre eventual ajuda ao marido nas atividades da roça é que as testemunhas afirmaram que ela ajudava o esposo. Por outro lado, merece destaque o fato de a primeira testemunha se referir ao esposo da autora como "pastor Doroteio", podendo-se denotar da afirmação que além de ser empregado rural com CTPS assinada, ele exerce atividades religiosas de natureza urbana, as quais comumente são remuneradas, fato não mencionado pela autora. (0029798-84.2018.4.01.3500)

Durante a audiência, a autora reafirmou a versão dos fatos contida na petição inicial, no sentido de que sempre trabalhou no meio rural, e que desde 2003 mora na Fazenda Mangueiral, também conhecida como Santo Antônio, município de Jaraguá, onde o marido trabalha com CTPS assinada. Questionada sobre o exercício de atividade como doméstica, a autora respondeu que sempre trabalhou dentro de sua casa e cuidou de suas coisas, se autodenominou, inclusive, como "rainha da minha casa". Embora tenha afirmado que sobrevive da atividade rural, não soube dar detalhes sobre o período adequado para plantio e colheita do milho. Sobre o endereço urbano na cidade de Jaraguá, em seu nome, a autora respondeu que é de uma casa doada pela prefeitura, onde moram suas filhas. Apesar das duas testemunhas ouvidas terem confirmado as alegações da autora no sentido de que ela mora na Fazenda há muitos anos, nada esclareceram acerca da atividade rural por parte dela. Pelo contrário, as duas testemunhas foram categóricas ao afirmar que a autora é "do lar", o que descaracteriza a sua qualidade de trabalhadora rural. Somente depois de perguntadas pelo advogado sobre eventual ajuda ao marido nas atividades da roça é que as testemunhas afirmaram que ela ajudava o esposo. (0029798-84.2018.4.01.3500)

Esse retrato de subordinação das mulheres rurais, pelo qual a sua atividade é confinada ao domínio da família e do cuidado, dissociando-se do que seria a efetiva produção, é mapeado, em termos mais amplos, por autoras e autores que, ao tempo em que apontam outras iniquidades produzidas pelo direito, propõem mecanismos para procedimentalizar a análise jurídica com perspectiva de gênero (SEVERI, 2016; FACIO, 2009; COOK; CUSACK, 2011). Se no plano normativo o desfazimento de estereótipos de gênero é uma imposição decorrente de tratados internacionais ratificados pelo Brasil, no plano concreto, a operacionalização de testes e métodos capazes de retirar o véu discriminatório que encobre práticas judiciais tem sido tematizada mais recentemente, estando em processo de consolidação. Enquanto Cook e Cusack (2011, p. 42) construíram um rol de perguntas mais abertas no sentido de *como* uma lei ou política estereotipifica mulheres e quais os danos que a sua aplicação gera, Alda Facio (2009) propõe uma parametrização mais estruturada. Os passos para um julgamento com perspectiva de gênero incluem: i) a "tomada de consciência da subordinação do sexo feminino", ii) "identificação das distintas formas em que se manifesta o sexismo"; iii) "identificar a mulher que está presente ou invisibilizada no texto legal". Por fim, após esse momento da identificação dos estereótipos, a autora defende que haja um aprofundamento da consciência e coletivização do problema.

Ao contrário de países como México, Chile e Bolívia, que contam com guias para julgamento com perspectiva de gênero, entre nós essa iniciativa foi deflagrada apenas no ano de 2020, quando se deu a instituição de um grupo de trabalho sobre o tema no âmbito do Conselho Nacional de Justiça.[189] No específico caso das mulheres rurícolas, alguns apontamentos procedimentais constaram em cartilha elaborada pela Associação dos Juízes Federais do Brasil. Segundo essas diretrizes (AJUFE, 2020, s.p.), em benefício das seguradas mulheres rurícolas, devem ser admitidas provas como "fotografias e vídeos". Além disso, a entidade recomendou que "os questionamentos em audiência sejam claros o bastante para que a segurada não se qualifique como alguém que não contribui com a dinâmica familiar no campo por ser 'do lar', evitando-se perguntas sobre se ela 'trabalha com enxada'". Ainda, apontou a cartilha da AJUFE que não deve haver "prevalência entre certidão de casamento ou evidências baseadas na família patriarcal em relação às demais modalidades de documento que podem ser utilizados por seguradas solteiras".

A modificação dos parâmetros de julgamento através desse tipo de lente corretiva é positiva, mas tem potencial limitado. Primeiro, as atividades de educação judicial não possuem o necessário efeito causal em relação às decisões que serão proferidas, sendo difusas inclusive no tempo. Em segundo lugar, o mecanismo de rotulação da clientela dos juizados especiais não cessará se for mantida a conformação institucional que produz um rito baseado substancialmente numa audiência de curta duração, cujas perguntas não se dão propriamente sobre fatos, mas sobre a trajetória de vida das trabalhadoras. As suas vidas são o objeto dos processos.

Mesmo que em associação a outros fatores, a velocidade do rito tende a consolidar visões estereotipadas e enviesadas quanto ao gênero. A propósito dessa reflexão, pinço, no próximo tópico, possíveis análises e mudanças que podem surgir a partir dos resultados desta pesquisa.

---

[189] O protocolo mexicano pode ser encontrado em https://www.scjn.gob.mx/derechos-humanos/sites/default/files/protocolos/archivos/2020-11/Protocolo%20para%20juzgar%20con%20perspectiva%20de%20g%C3%A9nero%20%28191120% 29.pdf. Acesso em: 28 jun. 2021. O Grupo de Trabalho brasileiro foi instituído pelo Conselho Nacional de Justiça em 2021, conforme Portaria de nº 259, de 20 de novembro de 2020.

5.7 Resultados e discussões

As engrenagens de judicialização massiva descritas ao longo deste trabalho, ainda que não sejam expressa e intencionalmente discriminatórias, constituem um ambiente propício às seletividades e iniquidades narradas no presente capítulo, não parecendo factível uma transformação de cenário que não passe, portanto, por alterações no volume, modo e condições em que a jurisdição é exercida. Os resultados colhidos nesta etapa evidenciam que, a despeito de se exigir jurisprudencialmente a realização de encontros e audiências entre partes e juízes, talvez a título de humanização das sentenças e aprofundamento da instrução, as provas documentais acabam sendo mais relevantes para a solução dos processos.[190]

Além disso, a análise das decisões judiciais que compõem a pesquisa revelou que parte relevante da amostra adota uma visão estereotipada quanto aos trabalhadores rurais, tomando-os como pessoas que necessariamente exercem um trabalho pesado, são pobres e precisam ter um aspecto bruto e castigado.

A recepção aos depoimentos é marcada pela imprevisibilidade. Podem parecer orquestrados, a parte pode estar excessivamente nervosa, o conhecimento quanto às atividades exercidas pode parecer pouco detalhado, e alguma interação urbana pode funcionar como gatilho que desmorona as frágeis narrativas que se constroem na mesa de audiência.

No que tange às práticas direcionadas às seguradas mulheres, as sentenças operaram, institucionalmente, discriminações de caráter indireto, ou seja, as perguntas quanto ao modo pelo qual elas exercem o trabalho não foi adaptada às específicas colaborações que as seguradas trazem para as famílias, induzindo-se impactos diferenciados e desfavoráveis a esse grupo.[191]

Independentemente da incidência quantitativa desses argumentos, a sua mera constatação deve ensejar o debate quanto ao rito dessa judicialização e ao desenho da própria política. Os termos explícitos e a racionalidade embutida nas sentenças demonstram que os níveis de

---

[190] A associação entre audiências e humanização da jurisdição foi defendida quando da implantação no Brasil da audiência de custódia, em cumprimento à Convenção Americana de Direitos Humanos, e aparece ainda associada às conciliações (CARRIJO, 2017).

[191] Raupp Rios (2008) e Moreira Jr. (2020) trataram no Brasil do conceito de discriminação indireta, construído na jurisprudência norte-americana a partir do julgamento Griggs v. Duke Power Co. de 1971. A discriminação indireta seria aquela que ocorre mesmo sem haver intencionalidade, quando normas e práticas neutras afetam um grupo de modo desproporcionalmente negativo.

litígio são problemáticos não apenas por uma ótica eficientista associada ao custo econômico dos processos, mas, acima de tudo, pelo iníquo tratamento destinado às suas usuárias e usuários. É possível especular, assim, se a política dos rurícolas não deveria ser estruturada em bases mais amplas, conectando-se a outras já existentes.

Soares *et al.* (2019, p.1) lembram que, por razões históricas, "a proteção social brasileira não é um cobertor exatamente curto, já que abrange 15% do nosso produto interno bruto (PIB), mas é uma colcha de retalhos". Os autores apontam que diversos benefícios utilizam a mesma matriz cadastral, o CadÚnico (Cadastro Único para Programas Sociais), e cobrem as mesmas contingências (como velhice e perda do emprego), mas não necessariamente compartilham os mesmos marcos legais e arranjos de implementação. A recente experiência do "auxílio emergencial", previsto pela Lei nº 13.982, de 2020, e a trajetória consolidada do Programa Bolsa Família, ambos com milhões de famílias beneficiárias e matriz normativa simplificada, revelam que políticas de amplo alcance podem ser focalizadas e atuar reduzindo a extrema pobreza (SOARES *et al.*, 2019) sem lidar com custos econômicos e humanos tão elevados de judicialização.[192]

Não se espera que os sindicatos e trabalhadores rurais vão – ou devam – transigir com uma política previdenciária historicamente construída e pensada para o segmento e que, como analisei no Capítulo 3, é bem focalizada segundo as análises. Porém, o bom êxito das políticas de transferência que se aproximam dos contornos de rendimento mínimo podem sinalizar que uma objetivação do desenho da política pode ser positiva, se conjugada simultaneamente com o aumento na base de usuários e a facilitação do processamento dos pedidos. A experiência tem mostrado que as negativas em massa deslocam o eixo decisório para a justiça, responsável hoje por 25% da concessão total

---

[192] Segundo Soares *et al.* (2019, p.1), "embora as transferências previdenciárias e assistenciais vinculadas ao SM também tenham boa focalização, o PBF consegue ser ainda melhor. Por conseguir conjugar essa boa focalização com uma enorme cobertura, o programa se tornou uma peça fundamental no sistema de proteção social brasileiro. A cobertura do PBF entre os 20% mais pobres aumentou ao longo do tempo, chegando a 60% nos últimos anos. Seus coeficientes de incidência – que medem quão redistributivo é o primeiro real desembolsado pelo programa – também se tornaram mais negativos, o que indica maior progressividade. Os 20% mais pobres antes das transferências do PBF recebem cerca de 70% dos recursos do programa. A comparação antes e depois mostra que, desde a sua consolidação, o PBF reduz tanto a pobreza quanto a pobreza extrema em algo entre 1 p.p. e 1,5 p.p., o que, em 2017, significou uma redução de cerca de 15% no número de pobres e mais de 25% no número de extremamente pobres. Dito de outra forma, em 2017, as transferências do PBF retiraram 3,4 milhões de pessoas da pobreza extrema e outras 3,2 milhões da pobreza".

de benefícios, e essa transferência decisória se mostra traumática para todos os atores envolvidos: burocratiza-se um Judiciário que opera, desde a instituição dos Juizados, em bases precárias de atendimento; abre-se o flanco para o tratamento seletivo e desigual da clientela rural; e, por fim, onera-se a operação da política com uma implementação excessivamente judicializada, possivelmente fazendo com que seus custos sejam suportados difusamente (LOWI, 1972).

CAPÍTULO 6

CONCLUSÕES

"Fui passear na roça, encontrei Madalena
Sentada numa pedra comendo farinha seca
Olhando a produção agrícola e a pecuária
Madalena chorava, sua mãe consolava dizendo assim:
Pobre não tem valor, pobre é sofredor
E quem ajuda é Senhor do Bonfim."
Madalena. Gilberto Gil, 1992.

6.1 O percurso do livro

Este livro partiu de um diagnóstico segundo o qual a judicialização dos benefícios da previdência rural atingiu um nível massivo muito particular: uma em cada quatro aposentadorias é concedida judicialmente. O quadro gera, ao mesmo tempo, uma nova dinâmica de implementação da política e de administração da justiça. A política segue se simplificando, de modo a contar com o segundo *round* judicial em que são ouvidas as pessoas e aparadas as arestas de beneficiários excluídos; de outro, a justiça segue tentando se expandir e interiorizar para atender a essa população. Os relatos do Capítulo 4 são de dinâmicas que entrelaçam esses dois universos que convencionalmente se supõem apartados. Os servidores da burocracia triam os processos judiciais e os conciliam nas dependências da justiça, onde se sentem "legitimados" a transacionar; agências administrativas de cumprimento de decisões judiciais foram criadas; os juízes não conseguem sempre colher a prova, delegando a formação dos elementos de convicção judicial e, para ficar num último exemplo central, criam estereótipos que auxiliam na resolução dos casos de um modo mais célere e "intuitivo".

Essa engrenagem de judicialização é, no entanto, alvo de críticas quanto ao que seria o excessivo uso de discricionariedade pelos juízes e ao seu custo econômico. A judicialização tem sido mote para projetos de emenda constitucional que almejam a precarização dos direitos da previdência rural. As reformas recentes colocaram na berlinda a concessão de benefícios rurais, e o tema ingressou na agenda de controle do Tribunal de Contas da União. Ainda que mudanças mais agudas não tenham emplacado, o rito para a solicitação das aposentadorias foi alterado no ano de 2019, consolidando um novo processo administrativo que será baseado apenas em uma autodeclaração fornecida pelo segurado. Os impactos dessa alteração ainda não são claros, pois, em iniciativas anteriores, a instituição de cadastros únicos de informações sociais rurais contou com baixa adesão, e, no compasso dos sucessivos cortes de benefícios, aumentou-se o fluxo de processos judiciais.

Foi considerando essa fotografia problemática que este trabalho defendeu que, embora seja uma válvula de escape de segurados vulneráveis e pressione pela expansão da cobertura, a judicialização tem impacto orçamentário relevante e reforça narrativas de erosão da política social que se propõe a acautelar. A conclusão, porém, não é de simples reforço ao tipo de crítica existente, mas de desvelamento de um custo humano da judicialização que permanece usualmente oculto nos trabalhos que se debruçam sobre o tema a partir de lógicas eficientistas. O núcleo do meu argumento está no Capítulo 5, onde observo que o processamento massivo das demandas da clientela rural, tal como feito hoje na justiça, é marcado por interações face a face baseadas em estereótipos, não raro, nocivos e discriminatórios.

Ainda que o fenômeno da judicialização não seja confinado aos domínios da previdência rural, afinal existem litígios em variados campos da ação governamental, este trabalho tomou como hipótese o fato de que um volume tão acentuado de processos gera um contexto de linha de frente que mereceria especial atenção e análise. Assim, desenvolvi a ideia de que juízes e burocratas poderiam se confundir, neste âmbito, não apenas pelos variados "entrelaçamentos institucionais" existentes, para utilizar a expressão desenvolvida no trabalho de Vanessa Elias de Oliveira (2019), mas também pelo modo de exercício de uma discricionariedade fundada em categorizações rápidas e estereotipização. Defendi que, mesmo sem haver um modelo teórico fechado que aproxime conceitualmente juízes e burocratas, a aproximação reforçaria a possibilidade de surgirem análises que partem do resultado das decisões para a formulação da crítica. Em outras palavras, se a ciência política tem observado as burocracias por uma perspectiva *bottom-up* (PRESSMAN; WILDAVSKI, 1973; LIPSKY, 1980; LOTTA, 2010), o mesmo exercício poderia ser feito quanto à atividade judicial burocratizada em seu modo de operar.[193]

A amarração dessas premissas teóricas introdutórias aconteceu nos Capítulos 4 e 5, quando tratei da "justiça vista por dentro" e do "balcão da justiça", respectivamente, abordando as interações de judicialização através das entrevistas realizadas e das sentenças judiciais colhidas em amostra selecionada. Antes de chegar ao ponto da análise empírica, ao longo dos Capítulos 1, 2 e 3, fiz um panorama das características da judicialização estudada. Discuti, primeiro, as causas e condicionantes históricos do movimento em direção à ampliação do controle judicial e revisei parte da literatura sobre judicialização de políticas públicas.

Muito centrados na extensa agenda de pesquisa sobre judicialização do direito à saúde e à assistência farmacêutica, os estudos desse campo forjaram uma imagem da judicialização como sendo marcada por grandes condenações, dificílimas de cumprir, preterições na concessão dos direitos (relativos, por exemplo, a vagas hospitalares ou remédios de alto custo) e seletividade no acesso à justiça. A judicialização mobilizaria o sistema em favor de partes economicamente privilegiadas (FERRAZ, 2021). Há, contudo, uma lacuna de trabalhos empíricos quanto à judicialização de direitos previdenciários e assistenciais, permanecendo à margem das agendas de pesquisa de judicialização esse intenso tráfego de processos que, isoladamente considerado, é irrelevante sob o ponto de vista orçamentário, mas, num prisma sistêmico, constrói uma política pública demasiadamente disfuncional e anexa à burocracia que controla.

São características distintivas da judicialização da previdência rural a oralidade do seu procedimento, que depende de audiências de curta duração para ser concluído; a inexistência de distorções quanto à apropriação dos recursos por elites econômicas, concentrando-se o ajuizamento de processos nas regiões Norte, Nordeste e Centro-Oeste do país; o baixo valor das condenações, o qual gera, no longo prazo, uma resposta institucional por parte da burocracia que parece mais acomodada e menos reativa. Exemplo dessa última circunstância é

---

[193] Em geral, os estudos sobre resultados de decisões judiciais são promovidos no âmbito da agenda de pesquisa sobre acesso à justiça, e não sobre judicialização, assim são os trabalhos de Cunha (2004), Sandefur (2008), Sentencing Project (2018).

a parca existência de fóruns e grupos de trabalho interinstitucionais voltados ao equacionamento do problema.

Afirmei ainda que essa litigância, embora tenha pontos de contato com a experiência latino-americana em matéria de judicialização de direitos socioeconômicos, especialmente no que concerne à profusão de litígios e ao seu funcionamento como uma "caixa de ressonância" de crises econômicas sucessivas (RUEDA, 2010), é procedimentalmente mais limitada. Essa perspectiva é desenvolvida no Brasil pelo trabalho da cientista política Celly Cook Inatomi (2009), ao qual fiz alusão no curso desta obra para reforçar o argumento de que os aspectos tidos como bem-sucedidos na experiência do continente, tais como as ideias de injunções estruturais e de diálogo interinstitucional, não correspondem com exatidão ao modelo de acesso à justiça dos nossos juizados especiais federais. Se, por um lado, a feição dos juizados como lugar em que se processam feitos atomizados garante que sempre existirá uma brecha para a resistência e defesa de direitos, por outro, gera baixa responsividade e incapacidade de mudança do posicionamento das agências governamentais (INATOMI, 2009, p. 150), redundando no panorama de excessiva litigiosidade, discricionariedade e críticas, que foi trazido como pano de fundo desde a introdução deste livro.

A despeito de ter anunciado que o trabalho não se voltava exatamente a estabelecer as causas do fenômeno da judicialização, dediquei algumas seções à descrição do processo de constitucionalização da previdência e ao que chamei de conflito persistente entre INSS e segurados especiais. Busquei, com isso, imbricar a judicialização à narrativa sobre a política pública, evoluindo os relatos em conjunto ao longo do texto, o que me parecia importante tanto para a compreensão das interações descritas no Capítulo 4 quanto para a análise das sentenças feita no Capítulo 5.

Conforme argumentei, a Constituição Federal de 1988 cunhou a figura do segurado especial num formato de regra, institucionalizando pela via da linguagem jurídica a postulação desse segmento. Se é certo que isso atendeu a uma demanda histórica por reparação e equivalência entre as previdências urbana e rural, não é menos certo que a "previdenciarização" do que poderia estar na cobertura assistencial possivelmente tornou mais judicializada e complexa a implementação da política pública.

O conflito central da litigância estudada está, enfim, na caracterização de quem é o "segurado especial", havendo díspares visões quanto aos documentos admissíveis como prova, o espaçamento temporal admissível entre cada evidência, a influência desfavorável dos vínculos urbanos e os processos administrativos cada vez mais simplificados. Demonstrei, a propósito disso, que a jurisprudência dos tribunais brasileiros, notadamente a do Superior Tribunal de Justiça, tem sido flexibilizadora de tudo que figurava em termos objetivos na legislação. Conforme os posicionamentos dos tribunais referenciados na tabela 4 do Capítulo 3, o rol de documentos é apenas exemplificativo, a falta de documentos permite novo ajuizamento de processos, o tamanho da propriedade não descaracteriza o regime de economia familiar e as passagens urbanas devem ser assimiladas sem uma orientação taxativa. A racionalidade dessa linha jurisprudencial parece ser a de deixar, tanto quanto possível, os casos ao arbítrio da decisão dos juízes em primeiro grau, os quais interagem com os segurados diretamente e que podem, pela sua interpretação, mitigar os parâmetros legais. Na equação do STJ, o campo da judicialização da previdência rural deve ser o da pulverização, sem teses fixadas de modo restritivo, ainda que institucionalmente isso signifique ignorar os custos econômicos, operacionais e humanos dessa transferência de poder de decisão quanto aos beneficiários da política.

Assim, ao mesmo tempo e de modo ambivalente, os ajuizamentos de ações levam a uma pressão difusa pela expansão da cobertura social, mas alguns postulantes ficam pelo caminho e amargam um processo judicial capaz de reforçar a condição de vulnerabilidade no momento das interações de "guichê".

No curso deste trabalho, referi que essa judicialização traz paralelos inevitáveis com as experiências de programas de transferência de renda tais como o Bolsa Família (PBF) e, mais recentemente, o auxílio emergencial, previsto pela Lei nº 13.982, de 2020, que não sofrem o mesmo volume de impugnações judiciais. As causas dessa assimetria quanto à judicialização não foram completamente esmiuçadas pela literatura. É possível que a camada de beneficiários do PBF esteja abaixo de uma linha de pobreza na qual existem mais deficiências no quesito de acesso à justiça, faltando inclusive organizações classistas e sindicais que lhes assistam. Parece factível, ainda, a hipótese de Wang e Vasconcelos (2015) de que tal fato se deve ao caráter mais abrangente do programa. Alinhando-se a essa ideia, este trabalho sugere, ao final deste Capítulo 6, que políticas amplas de assistência social podem ser uma via para se reduzir a judicialização e são uma solução que deve ser colocada em debate também para o caso da previdência rural.

Entrando na seara da análise dos resultados empíricos, o Capítulo 4 do livro descreveu as dinâmicas da judicialização da previdência rural, a partir dos relatos de servidoras e servidores da Justiça Federal nos estados da Bahia e de Goiás, os quais se acham vinculados ao TRF da 1ª Região. Explorei, nesse momento, a perspectiva dos marcos teóricos escolhidos de que se trata de uma "adjudicação de linha de frente", contextualizando que as unidades concentram as suas atividades em semanas de "esforço concentrado" e chegam a realizar 45 audiências em apenas um dia. As sentenças são proferidas na mesa de audiência, após a oitiva da parte autora e de até três testemunhas. Para dar cabo desse volume de trabalho, os juízes adotam uma postura descrita pelos entrevistados como "intuitiva" e baseada na "experiência".

À moda da proposta constante em estudos sobre judicialização (GALANTER, 1974; OLIVEIRA, 2019), no plano institucional, foram detectadas práticas e respostas de acoplamento entre as estruturas burocrática e judicial, pois as mesmas concessões de benefício que poderiam ser feitas no âmbito administrativo são triadas e conciliadas nas dependências da justiça, num terreno em que os próprios servidores do INSS se sentem confiantes em seguir posicionamentos jurisprudenciais e flexibilizar o deferimento dos pedidos. Mostrei que, nesse ponto, até mesmo a presença de juízes e procuradores nos atos formais é incerta, ilustrando-se a hipótese defendida por Biland e Steinmetz (2017) de que, nesse tipo de jurisdição massiva, perdem-se as fachadas clássicas de imparcialidade que envernizam os ritos judiciais.

Por fim, no Capítulo 5, analisei uma amostra de 288 sentenças circunscritas aos estados escolhidos para este estudo, delas extraindo uma conclusão geral no sentido de que os resultados das audiências confirmam a hipótese de uso enviesado de discricionariedade. Os achados indicam que, por meio de sentenças curtas, as juízas e os juízes adotam decisões cujos argumentos se baseiam sobretudo em provas documentais e não seguem uma linha previsível.

Em primeiro lugar, o fato de que a maior parte das sentenças faz alusão à prova documental, ainda que a audiência seja obrigatória, indica que o ato pode ser uma etapa indiferente ou, ainda, que os processos estão sendo decididos por argumentos ocultos, isto é, por vieses que prejulgam os segurados especiais, sem vir à tona. Esse encontro talvez indiferente surgiu, em vários documentos analisados, como um momento desagradável e desfavorável aos segurados. A leitura das sentenças transmite a tensão do rito e a possibilidade de que as narrativas sejam, a todo tempo, desconstruídas na mesa de audiência. As fundamentações inclusive externam que as partes se encontram "nervosas" ou foram "evasivas". Dediquei um segmento do trabalho a essas incertezas do encontro. Na seção 5.4, consta uma impressão de que são bem avaliados os depoimentos mais detalhados, mas neles sempre há o risco do deslize, de que venham à luz elementos que saíam dos estereótipos que conformam a visão dos julgadores quanto ao modo de vida da população rural. Um exemplo dessa dinâmica em que linhas invisíveis podem ser cruzadas é aquele dos depoimentos que são reputados tão coerentes que soam "orquestrados". As sentenças não possuem um padrão claro de argumento quanto às provas valoradas, aos depoimentos e às atitudes que devem ser adotadas pelos trabalhadores. Não existe uma zona de mínima segurança na qual os segurados possam navegar.

Além disso, um contingente expressivo de processos se baseia em argumentação acerca da aparência física dos postulantes e em vieses discriminatórios quanto aos segurados especiais, especialmente as mulheres. A pesquisa colheu um rol de exemplos em que juízas e juízes pontuaram que as partes possuíam um "aspecto próprio de quem lida com a atividade rural" ou ainda uma "aparência típica". A ideia de que existe uma figura comum e essencializada do trabalhador rural pode parecer, em princípio, favorável à concessão de benefícios. Porém, isso não é o que necessariamente ocorre. Alguns discursos contidos nas sentenças afastam as concessões por argumentos no sentido de que as partes possuem veículo e não são exatamente miseráveis ou, ainda, não são tão queimadas pelo sol e ostentam algum grau mínimo de escolaridade que influi na sua linguagem. Assim, a análise das sentenças revela que, no fundo, os atos retomam a ideia de uma identidade rural que sempre deve estar associada à pobreza e à precariedade.

No que concerne às seguradas mulheres, uma parcela das sentenças invoca papéis tradicionais quanto ao gênero. As interpretações exigem que as mulheres narrem um suposto comportamento ativo nas lides rurais, ou seja, o trabalho "pesado" ou de "enxada". Em algumas delas, adotou-se inclusive menções discriminatórias ao fato de as postulantes serem "do lar", firmando-se que

(...) embora a atividade rural do marido da autora tenha sido comprovada nos autos, o mesmo não se pode afirmar em relação à autora, já que o depoimento das testemunhas foi demasiado genérico, deixando de esclarecer como a requerente exercia atividade rural nas fazendas da região e, ao mesmo tempo, cuidava dos cinco filhos nascidos na constância do casamento. (021760-83.2018.4.01.3500)

Os achados desta pesquisa, nesse particular da vivência das mulheres rurícolas em juízo, confirmam as impressões etnográficas de Neri e Garcia (2017) no sentido de que, para superar obstáculos discriminatórios da práxis das audiências, as seguradas precisam se comportar como verdadeiras "atrizes da roça". Portanto, mesmo as evidências tidas como "fatos" são, ao final, construções discursivas que externam a visão dos julgadores (CONLEY; O'BARR, 1990). Esse conjunto de casos analisados denota que o produto das audiências em massa não é necessariamente "humanizado" ou "pró-segurado", como se poderia supor a partir de uma projeção dos entendimentos dominantes nos tribunais superiores. A concentração de esforços para que haja um "encontro" entre juízes e segurados não significa acolhimento, seja porque os documentos são, afinal, os elementos que preponderam, seja porque o ato judicial pode ser tenso e enviesado.

Em lugar de simplesmente celebrar o rito que hoje existe, a constatação desta obra de que pode haver uma linha borrada e tênue entre as figuras de juiz e burocrata na judicialização da previdência rural sugere a necessidade de que sejam ainda mais abertas as caixas da discricionariedade e das categorias apropriadas pelo discurso de juízas e juízes. Por todas as variadas razões versadas ao longo do texto, a judicialização da previdência rural merece ser escrutinizada por uma agenda própria de pesquisa, e a atuação judicial merece ser parametrizada por protocolos que diminuam as seletividades identificadas.

6.2 Comentários finais

Ao final do Capítulo 5, afirmei que as críticas ao modelo atual de hiperjudicialização da previdência rural não significam uma defesa de que conquistas sociais desse segmento de trabalhadores devam ser descartadas em detrimento de outra política qualquer. Os estudos que analisam a política da previdência rural *in loco* ressaltam a sua focalização e os impactos diretos na melhoria dos indicadores sociais da população do campo (SCHWARZER, 2000; BELTRÃO *et al.*, 2005). Assim, soluções de redesenho da política que, a título de conter a judicialização, a tornem mais restritiva, e não mais simples e operativa, tendem a surtir efeitos contrários aos planejados. Em sentido oposto, este livro tentou contribuir com o reforço de uma política mais ampla, e não afunilada e problemática como a de hoje.

Conquanto os formuladores da política da previdência rural não tenham antevisto a excessiva judicialização que passou a marcar – e não poderiam mesmo fazê-lo nos idos da década de 1970 –, a atual experiência de implementação desses benefícios é, sem dúvida, judicializada. Para além dos sabidos custos econômicos e gerenciais, existe uma camada de discursos e ritos forenses que são, em si, penosos para os segurados. Eles são comumente arregimentados por advogados e sindicatos, deslocam-se à sede da justiça em grupos e utilizando transportes coletivos, têm dificuldades de expressão e comunicação em audiência, submetem-se a uma situação geral de inadequação e nervosismo e a julgamentos que, ao final, comumente redundam no exercício de discricionariedade. O quadro descrito ao longo da pesquisa sugere que o desenho da política tisnado pela judicialização como hoje se encontra deve ser objeto de nova avaliação pelos formuladores no âmbito dos poderes Legislativo e Executivo, considerando-se, sobretudo, a possibilidade de uma renda universal rural ou de aposentadorias que se pautem em elementos que abranjam e simplifiquem a política, e não o contrário.

A persistência da baixa comunicação entre burocracia e justiça no que tange à origem dos conflitos descritos ainda é um ponto a ser endereçado por ambas as esferas. Considerando a perspectiva do Poder Judiciário, até o momento a solução para o aumento de demandas tem se circunscrito ao crescimento vegetativo da própria instituição. Segundo dados expostos ao longo deste livro, centenas de cargos foram criados para a interiorização da Justiça Federal, sem que exista uma atuação sistemática dos tribunais e do Conselho Nacional de Justiça no tema da judicialização da previdência rural. A jurisprudência se mostra excessivamente ambígua e flexibilizadora dos critérios legais, direcionando os processos a um desfecho casuístico. Paralelamente, não existe uniformização da conduta de magistradas e magistrados em audiências e demais ritos processuais. Por fim, a despeito da recente virtualização dos processos, é tímido o uso de novas formas de colheita probatória, tais como registros em vídeo ou inspeções.[194] As audiências seguem como providência obrigatória, rígida e, como visto, pautadas por interações controversas.

O campo dos fóruns interinstitucionais parece ainda incipiente e passível de ser explorado.[195] No Capítulo 4 sustentei que, aparentemente, o Poder Judiciário tende a seguir a postura administrativa de simplificação de ritos, e não o contrário. Até o momento, são poucas as iniciativas que efetivamente geraram diálogo mútuo. É possível que a postura tímida do Conselho Nacional de Justiça nessa frente de atuação se

---

[194] Tal iniciativa dos registros em vídeo surgiu embrionariamente apenas em nível local no âmbito do TRF da 5ª Região, como discutido no Capítulo 5.

[195] Citei, ao longo do Capítulo 5, alguns fóruns de diálogo interinstitucional dos Juizados Especiais Federais que foram descontinuados ou tiveram resultados pontuais, tanto no âmbito do TRF da 1ª Região quanto no do Conselho Nacional de Justiça.

deva ao seu caráter mais formalmente ligado às atividades disciplinares da magistratura e, no quesito da política pública de administração da justiça, a uma noção de eficiência enquanto redução quantitativa de processos, e não como orientações qualitativas para a conformação de decisões judiciais. Assim é que, a despeito de ter realizado uma profunda pesquisa sobre a judicialização da previdência social no Brasil (CNJ, 2020), o Conselho, até o momento, não a transformou em novos protocolos de atuação.

Sem repercussões de cunho prescritivo, os esforços das instituições que administram a justiça, conquanto relevantes, mantêm o quadro atual em que a burocracia segue alheia aos posicionamentos jurisprudenciais existentes, e as decisões judiciais, por seu turno, padecem dos inúmeros problemas apontados no curso deste trabalho, especialmente no Capítulo 5. Assim, se é certo que a exposição da precarização de direitos sociais da população rural em juízo pode colocar em xeque os movimentos de expansão da justiça a título de proteção desses mesmos direitos (conforme abordado no Capítulo 2), com maior razão essas reflexões podem fortalecer uma agenda de novas concepções sobre eficiência judicial e formulação da política judiciária.

O objetivo inicial, deste trabalho, de descrever uma judicialização pouco estudada, mas impactante sob os pontos de vista do volume e orçamento, foi ganhando novas inflexões ao longo da trajetória. Ainda que os marcos teóricos invocados tenham servido, desde o princípio, para relativizar a ideia da judicialização como negativa e adotar uma perspectiva analítica centrada no usuário, os novos achados sobre a condução errática de processos em desfavor de uma população vulnerável e historicamente alijada da cobertura social tensionam o lugar da justiça nessa equação de reconhecimento de direitos, demandando uma releitura da política pública que a universalize, reduzindo não apenas impactos orçamentários da judicialização, mas também o custo humano de uma interação judicial burocratizada e sem parâmetros claros. Como lembra Guillermo O'Donnel (1998, p. 9), a experiência de postular benefícios interagindo com as autoridades talvez seja a que "sublinhe melhor a privação de direitos dos pobres e socialmente fracos".

REFERÊNCIAS

ACNUR. Alto Comissariado das Nações Unidas para Refugiados. *Deslocamento forçado atinge recorde global e afeta uma em cada 113 pessoas no mundo*. Ano 2016. Disponível em: https://www.acnur.org/portugues/2016/06/20/deslocamento-forcado-atinge-recorde-global-e-afeta-uma-em-cada-113-pessoas-no-mundo/. Acesso em: 01 set. 2021.

ACUNHA, Fernando. *Constitucionalismo, autoritarismo e democracia na América Latina*. As recentes Constituições da Bolívia e do Equador e a persistência das tradições do constitucionalismo latino-americano. Tese (Doutorado em Direito). Universidade de Brasília, Brasília, 2017.

AGÊNCIA SENADO. MP vai dificultar acesso de trabalhador rural à aposentadoria, apontam sindicatos. *Agência Senado*. 25 abr. 2019. Disponível em: https://www12.senado.leg.br/noticias/materias/2019/04/25/mp-vai-dificultar-acesso-de-trabalhador-rural-a-aposentadoria-apontam-sindicatos. Acesso em: 01 maio 2021.

ALMEIDA, Fábio Ferraz de. Ninguém quer ser jurado: uma etnografia da participação dos jurados no Tribunal do Júri de Juiz de Fora/MG. *Confluências – Revista Interdisciplinar de Sociologia e Direito*, v. 16, n. 3, 2014, p. 244-273.

ALTO COMISSARIADO DA ONU PARA DIREITOS HUMANOS. *Gender Stereotyping*. Disponível em: https://www.ohchr.org/en/issues/women/wrgs/pages/genderstereotypes.aspx. Acesso em: 10 out. 2020.

ALVES, Clara da Mota Santos Pimenta; MENDES, Fernando. *Mudança em boa hora*: reforma da Previdência acerta ao atualizar as regras de delegação da competência da Justiça Federal. 2019. Disponível em: https://politica.estadao.com.br/blogs/fausto-macedo/mudanca-em-boa-hora-reforma-da-previdencia-acerta-ao-atualizar-as-regras-de-delegacao-da-competencia-da-justica-federal/. Acesso em: 25 fev. 2020.

ALVES, Clara da Mota Santos Pimenta; MORAES, Vânila. Operação Pente-Fino e seus paradoxos. *Valor Econômico*, São Paulo, 21 fev. 2019.

ALVES, Clara da Mota Santos Pimenta; TENENBLAT, Fábio. Assistência judiciária gratuita. A exceção que virou regra. *Jota Info*. 2015. Disponível em: https://jota.info/artigos/assistenciajudiciaria-gratuita-16092015. Acesso em: 03 ago. 2018.

AMARAL, Gustavo. *Direito, escassez e escolha*. Rio de Janeiro: Renovar, 2001.

AMARAL, Gustavo; MELO, Danielle. Há direitos acima dos orçamentos? *In*: SARLET, Ingo Wolfgang; TIMM, Luciano Benetti. *Direitos fundamentais, orçamento e "reserva do possível"*. 2. ed. Porto Alegre: Livraria do Advogado, 2010, p. 79-99.

ANGELL, Alan; SCHJOLEN, Line; SIEDER, Rachel. (Eds.) *The judicialization of politics in Latin America*. New York: Springer, 2005.

ANJOS, Flávio Sacco dos; CALDAS, Nádia Velleda; POLLNOW, Germano Ehlert. Menos mulheres, menos jovens, mais incertezas. A transição demográfica no Brasil rural meridional. *Revista Extensão Rural*, DEAER – CCR – UFSM, v. 21, n. 2, abri-jun 2014. Disponível em: https://periodicos.ufsm.br/extensaorural/article/view/10453/pdf_1. Acesso em: 18 ago. 2021.

ANNENBERG, Flávia. *Direito e políticas públicas*: uma análise crítica de abordagens tradicionais do direito administrativo a partir de um estudo do programa bolsa família. Dissertação (Mestrado em Direito). Universidade de São Paulo. São Paulo, 2014.

ANSOLABEHRE, Karina. More Power, more rights? The Supreme Court and society in Mexico. *In*: COUSO, Javier; HONEUSS, Alexandre; SIEDER, Rachel. *Cultures of legality*. Judicialization and political activism in Latin America. Nova York: Cambridge University Press, 2010, p. 78-111.

AQUINO, Joacir. *Acesso à Justiça Federal*: dez anos de juizados especiais. Brasília: Ipea; Conselho da Justiça Federal; Centro de Estudos Judiciários, 2012.

AQUINO, Joacir; OLIVEIRA, Rusiano. A previdência rural e sua importância para as famílias pobres no Nordeste: resultados de um estudo de caso no Rio Grande do Norte. *Rev. Econ. NE*, Fortaleza, v. 48, n. 1, 2017, p. 115-130.

ARANTES, Rogerio Bastos. *Judiciário e política no Brasil*. São Paulo: Iespe: Editora Sumaré: Fapesp: Educ, 1997.

ARANTES, Rogério. Constitutionalism, the expansion of justice and the judicialization of politics in Brazil. *In*: SIEDER, Rachel; SCHJOLDEN, Line; ANGELL, Alan. (Ed.). *The judicialization of politics in Latin America*. Springer, 2016.

ARANTES, Rogério; COUTO, Cláudio. Constituição, governo e democracia no Brasil. *Revista Brasileira de Ciências Sociais*, v. 21, n. 61, 2006, 41-62.

ARANTES, Rogério; COUTO, Cláudio. Constituição, governo e democracia no Brasil. *In*: *Judicialização de políticas públicas no Brasil*. OLIVEIRA, Vanessa Elias de. (Org.). Editora Fiocruz, 2018.

ARGUELHES, D. W.; HARTMANN, I. A. Timing control without docket control: how individual justices shape the Brazilian Supreme Court's agenda. *Journal of Law and Courts*, v. 5, n. 1, 2017, p. 105-140.

ARRETCHE, Marta. Democracia e redução da desigualdade: a inclusão dos outsiders. *Revista Brasileira de Ciências Sociais*, v. 33, n. 96, 2018, p. 1-23.

ARRETCHE, Marta. Emergência e desenvolvimento do Welfare State: teorias explicativas. *BIB: Boletim Bibliografico de Ciências Sociais*, n. 39, 1995.

ASSOCIAÇÃO DOS JUÍZES FEDERAIS DO BRASIL (AJUFE). *Julgamento com perspectiva de gênero*. Um guia para o direito previdenciário. WURSTER, Tani Maria; ALVES, Clara da Mota Santos Pimenta (Org.). Ribeirão Preto: Migalhas, 2021.

BARBOSA, Ana Laura Pereira; VIEIRA, Oscar Vilhena. Do compromisso maximizador à resiliência constitucional. *Novos estud. CEBRAP*. São Paulo, v. 37, n. 03, set.-dez. 2018, p. 375-393.

BARREIRO, Guilherme Scodeler de Souza; FURTADO, Renata Pedretti Morais. Inserindo a judicialização no ciclo de políticas públicas. *Rev. Adm. Pública*, v. 2, n. 49, mar./abr. 2015, p. 293-314.

BARROS, Ricardo Paes de; HENRIQUES, Ricardo; MENDONÇA, Rosane. Desigualdade e pobreza no Brasil: retrato de uma estabilidade inaceitável. *Revista Brasileira de Ciências Sociais*, v. 15, n. 42, 2000, p. 123-42.

BARROSO, Luís Roberto. O constitucionalismo democrático ou neoconstitucionalismo como ideologia vitoriosa do século XX. *Revista Publicum*, Rio de Janeiro, v. 4, 2018, p. 14-36.

BAZELON, David L. The impact of the court on public administration. *Indiana Law Journal*, v. 52, 1976, p. 101-110.

BELTRÃO, Kaizô Iwakami; CAMARANO, Ana Amélia; MELLO, Juliana Leitão. *Mudanças nas condições de vida dos idosos rurais brasileiros*: resultados não esperados dos avanços da seguridade rural. Rio de Janeiro: Ipea, 2005. Disponível em: https://www.ipea.gov.br/portal/images/stories/PDFs/TDs/td_1066.pdf. Acesso em: 28 mar. 2021.

BELTRÃO, Kaizô Iwakami; OLIVEIRA, Francisco Eduardo Barreto de; PINHEIRO, Sonoê Sugahara. *A população rural e a previdência social no Brasil*: uma análise com ênfase nas mudanças constitucionais. Rio de Janeiro: Ipea, 2000. Disponível em: https://www.ipea.gov.br/portal/images/stories/PDFs/TDs/td_0759.pdf. Acesso em: 28 mar. 2021.

BERWANGER, Jane. *Previdência rural*: inclusão social. São Paulo: Juruá, 2011.

BICHIR, Renata; STUCHI, Carolina Gabas. A assistência social e a pandemia: contribuições de uma política relegada. *Estado de São Paulo*, São Paulo, 13 abr. 2020. Disponível em: https://politica.estadao.com.br/blogs/gestao-politica-e-sociedade/a-assistencia-social-e-a-pandemia-contribuicoes-de-uma-politica- relegada/. Acesso em: 15 fev. 2021.

BIEHL, J.; AMON, J.J.; SOCAL, M.P.; PETRYNA, A. Between the court and the clinic: lawsuits for medicines and the right to health in Brazil. *Health and Human Rights*, v. 14, n. 1, jun. 2012, p. 36-52.

BILAND, Émilie; STEINMETZ, Hélène. Are Judges Street-Level Bureaucrats? Evidence from French and Canadian Family Courts. *Law & Social Inquiry*, v. 42, n. 2, 2017, p. 298-324.

BILCHITZ, David. *Poverty and fundamental rights*: the justification and enforcement of socio-economic rights. Oxford: Oxford University Press, 2008.

BIROLI, Flávia; MIGUEL, Luis Felipe. *Feminismo e política*: uma introdução. São Paulo: Boitempo Editorial, 2015. Edição do Kindle.

BOBBIT, Philip; CALABRESI, Guido. *Tragic choices*. Nova York: W.W. Norton e Company, 1978.

BOGDANDY, Armin von et al. *Transformative constitutionalism in Latin America*: the emergence of a new ius commune. 1. ed. Oxford: Oxford University Press, 2017.

BRASIL. *Anais da Constituinte*. Relatório da Comissão de Ordem Social. 1987a. Disponível em: https://www.senado.leg.br/publicacoes/anais/constituinte/7%20-%20COMISS%C3%83O%20DE%20ORDEM%20SOCIAL.pdf. Acesso em: 18 jul. 2018.

BRASIL. *Anais da Constituinte*. Senado Federal. 1987b. Disponível em: https://www.senado.leg.br/publicacoes/anais/asp/CT_Abertura.asp. Acesso em: 15 fev. 2021.

BRASIL. *Anais da Constituinte*. Senado Federal. 1987c. Disponível em: http://www.senado.leg.br/publicacoes/anais/constituinte/7b_Subcomissao_De_Saude_Seguridade_E_Meio_Ambiente.pdf. Acesso em: 29 mar. 2021.

BRASIL. *Anteprojeto de Lei nº 5.829/05*. Câmara dos Deputados. 2005. Disponível em: http://imagem.camara.gov.br/MostraIntegraImagem.asp?strSiglaProp=PL&intProp=5829&intAnoProp=2005&intParteProp=1#/. Acesso em: 04 fev. 2021.

BRASIL. Conselho da Justiça Federal. *CJF aprova valores de precatórios e RPVs para proposta orçamentária de 2020*. 2019. Disponível em: https://www.cjf.jus.br/cjf/noticias/2019/08-agosto/cjf-aprova-valores-de-precatorios-e-rpvs-para-proposta-orcamentaria-de-2020. Acesso em: 02 out. 2020.

BRASIL. *Nota Técnica nº 27/2020*. Conselho da Justiça Federal. Centro de Inteligência da Justiça Federal. 2020.

BRASIL. PEC 106. 2019. Disponível em: https://www.camara.leg.br/proposicoesWeb/prop_mostrarintegra?codteor=1712459&filename=PEC+6/2019. Acesso em: 01 jul. 2020.

BRASIL. PLOA 2018. 2017. Disponível em: http://www.orcamentofederal.gov.br/clientes/portalsof/portalsof/orcamentos-anuais/orcamento-2017/ploa/ploa-2017-orcamento-cidadao/view. Acesso em: 10 jul. 2018.

BRASIL. *Projeto de Lei nº 5.756, de 2001*. Câmara dos Deputados. 2001. Disponível em: http://imagem.camara.gov.br/Imagem/d/pdf/DCD06DEZ2001.pdf#page=56. Acesso em: 04 fev. 2021.

BRINKS, Daniel M.; FORBATH, William. Social and economic rights in Latin America: constitutional courts and the prospects for pro-poor interventions. *Texas Law Review*, v. 89, 2010-2011, p. 1943-1956.

BRINKS, Daniel M.; FORBATH, William. The Role of Courts and Constitutions in the New Politics of Welfare in Latin America. *In:* PEERENBOOM, Randall; GINSBURG, Tom. *Law and Development of Middle-Income Countries*: Avoiding the Middle-Income Trap. Nova York: Cambridge University Press, 2013, p. 221-245.

BRINKS, Daniel M.; GAURI, Varun. The law's majestic equality? the distributive impact of litigating social and economic rights. The Distributive Impact of Litigating Social and Economic Rights. *World Bank Policy Research Working Paper*, n. 5999, 2012.

BRINKS, Daniel; BLASS, Abby. *The DNA of Constitutional Justice in Latin America*: Politics, Governance, and Judicial Design (Comparative Constitutional Law and Policy). Cambridge: Cambridge University Press, 2018.

BRUMER, Anita. Previdência social rural e gênero. *Sociologias*, Porto Alegre, v. 4, n. 7, jan./jun. 2002, p. 50-81.

BRUMER, Anita; ANJOS, Gabriele dos. Gênero e reprodução social na agricultura familiar. *Revista Nera*, v. 11, n. 12, jan./jun. 2008, p. 6-17.

BUCCI, Maria Paula Dallari. Contribuição para a redução da judicialização da saúde. Uma estratégia jurídico-institucional baseada na abordagem de direito e políticas públicas. *In:* BUCCI, Maria Paula Dallari; DUARTE, Clarice Seixas. *Judicialização da saúde*: a visão do poder executivo. São Paulo: Saraiva, 2017, p. 31-85.

BUCCI, Maria Paula Dallari. *Fundamentos para uma teoria jurídica das políticas públicas*. São Paulo: Saraiva, 2013.

BUCCI, Maria Paula Dallari; COUTINHO, Diogo R. Arranjos jurídico-institucionais da política de inovação tecnológica: uma análise baseada na abordagem de direito e políticas públicas. *In:* COUTINHO, Diogo R.; FOSS, Maria Carolina; MOUALLEM, Pedro Salomon B. *Inovação no Brasil*: avanços e desafios jurídicos e institucionais. São Paulo: Blucher, 2017, p. 313-340.

BUGARIN, Mauricio; MENEGUIN, Fernando. A Emenda Constitucional dos precatórios: histórico, incentivos e leilões de deságio. *Est. Econ. São Paulo*, v. 42, n. 4, out-dez 2012, p. 671-699.

CALIARI, Rogério Ornar. *Pedagogia da alternância e desenvolvimento local*. Lavras: UFLA; 2002.

CAMARANO, Ana Amélia; PASINATO, Maria Tereza. *Envelhecimento, pobreza e proteção social na América Latina*. Rio de Janeiro: Ipea, 2007 (Texto para Discussão, n. 1.292).

CAMPANA, Fabio. *Pronaf, a arma que garantiu Lula*. 2010. Disponível em: https://www.fabiocampana.com.br/2010/12/pronaf-a-arma-que-garantiu-lula/. Acesso em: 01 maio 2021.

CAMPOS NETO, Orozimbo Henriques *et al*. Médicos, advogados e indústria farmacêutica na judicialização da saúde em Minas Gerais, Brasil. *Revista de Saúde Pública*, v. 46, 2012, p. 784-790.

CAMPOS, André Gambier. *Sindicatos no Brasil*: o que esperar no futuro próximo? Texto para discussão n. 2262. Instituto de Pesquisa Econômica Aplicada. Brasília: Rio de Janeiro: Ipea, 2016.

CANAL RURAL. *Em 2019, 60% dos pedidos de aposentadoria rural foram negados*. 05 dez. 2019. Disponível em: https://www.canalrural.com.br/agronegocio/em-2019-60-dos-pedidos-de-aposentadoria-rural-foram-negados/ Acesso em: 01 maio 2021.

CANE, Peter. *Judicial Review and Bureaucratic Impact*: International and Interdisciplinary Perspectives. Cambridge Studies in Law and Society. Cambridge: Cambridge University Press, 2007.

CANIOU, Juliette; LAGRAVE, Rose-Marie. Un statut mis à l'index. LAGRAVE, R.-M. (dir.). *Celles de la terre: agricultrice: l invention politique d´un métier*. Paris: Éditions EHESS, 1987.

CANON, Bradley C. Studying bureaucratic implementation of judicial policies in the United States: conceptual and methodological approaches. *In*: HERTOGH, Marc; HALLIDAY, Simon (Org.). *Judicial Review and Bureaucratic Impact*. Cambridge: Cambridge University Press, 2004.

CANON, Bradley; JOHNSON, Charles A. *Judicial policies*: implementation and impact. Washington: Congressional Quaterly Inc., 1984.

CANZIAN, Fernando. Agricultura familiar do PT favorece a CUT e sindicatos. *Folha de São Paulo*, 21 maio 2006.

CAPPI, Ricardo. Pensando as respostas estatais às condutas criminalizadas: um estudo empírico dos debates parlamentares sobre a redução da maioridade penal (1993 – 2010). *In*: MACHADO, M. R. (Ed.). *Pesquisar empiricamente o direito*. São Paulo: Rede de Estudos Empíricos em Direito, 2017.

CAROLA, Carlos Renato. Jeca Tatu e o processo civilizador da família rural brasileira. *Anais do Simpósio Processo Civilizador, História e Educação*, 8, 2004, João Pessoa. Universidade Federal da Paraíba, 2004. Disponível em: http://www.uel.br/grupo- studo/processoscivilizadores/portugues/sitesanais/anas8/trabalhos.htm. Acesso em: 3 abr. 2013.

CARRIJO, Flávia Alves. *A dignidade em audiência de conciliação*: um estudo com consumidores, conciliadores e representantes de empresas de telefonia. 2017. 78 f. Dissertação (Mestrado em Administração de Empresas) – Universidade Presbiteriana Mackenzie, São Paulo.

CARVALHO, Abner Vilhena. de. A relação positiva e negativa entre previdência rural, desigualdade e pobreza no Brasil: o dissenso como marca do debate científico. *Brazilian Journal of Business*, Curitiba, v. 2, n. 4, p. 3906-3929, out./dez. 2020. Disponível em: https://www.brazilianjournals.com/index.php/BJB/article/view/21153/16860. Acesso em: 20 mar. 2021.

CARVALHO, José Murilo. *Cidadania no Brasil*: o longo caminho. 15. ed. Rio de Janeiro: Civilização Brasileira, 2012.

CAVALCANTI, Sérgio; LOTTA, Gabriela Spanghero; PIRES, Roberto Rocha Coelho. Contribuições dos estudos sobre burocracia de nível de rua. In: PIRES, R.; LOTTA, G.; OLIVEIRA, V. E. (Orgs). *Burocracia e políticas públicas no Brasil*: interseções analíticas. Brasília: Ipea: Enap. 2018.

CHAYES, Abram. The role of the judge in public law litigation. *Harvard Law Review*, v. 89, 1975-1976, p. 1281-1317.

CHIEFFI, Ana Luiza; BARATA, Rita de Cássia Barata. Ações judiciais: estratégia da indústria farmacêutica para introdução de novos medicamentos. *Revista de Saúde Pública*, v. 44, n. 3, 2010, p. 421-429.

COACCI, Thiago. A pesquisa com acórdãos nas ciências sociais. *Mediações – Revista de Ciências Sociais*, volume 18, n. 02, ano 2013.

COLLIER, David; MAHONEY, James. Insights and pitfalls: Selection bias in qualitative research. *World Politics*, v. 49, n. 1, 1996, p. 56-91.

CONLEY, John M; O'BARR, William M. O'Barr. *Rules versus relationships*. The ethnography of legal discourse. Chicago: The University of Chicago Press, 1990.

CONSELHO DA JUSTIÇA FEDERAL. CJF, 2012. *Acesso à Justiça Federal*: dez anos de juizados especiais. Instituto de Pesquisa Econômica Aplicada (Ipea). Brasília: Conselho da Justiça Federal, Centro de Estudos Judiciários, 2012. 228 p.: il. (Série pesquisas do CEJ; 14).

CONSELHO DA JUSTIÇA FEDERAL. CJF, 2020. *Nota Técnica nº 29 do Centro de Inteligência da Justiça Federal*. Disponível em: https://www.cjf.jus.br/cjf/corregedoria-da-justica-federal/centro-de-estudos-judiciarios-1/nucleo-de-estudo-e-pesquisa/notas-tecnicas. Acesso em: 16 mar. 2021.

CONSELHO de Monitoramento e Avaliação de Políticas Públicas. *Relatório de Avaliação Judicialização dos Benefícios Administrados pelo INSS*. 2019. Disponível em: https://www.gov.br/economia/pt-br/acesso-a-informacao/participacao-social/conselhos-e-orgaos-colegiados/cmap/politicas/2019/gastos-diretos/relatorio-de-avaliacao-cmag-2019-judicializacao. Acesso em: 10 ago. 2021.

CONSELHO NACIONAL DE JUSTIÇA. *100 maiores litigantes*. Brasília: CNJ, 2012. Disponível em: https://www.cnj.jus.br/wp- content/uploads/2011/02/100_maiores_litigantes.pdf. Acesso em: 21 fev. 2021.

CONSELHO NACIONAL DE JUSTIÇA. *Ações coletivas no Brasil*: temas, atores e desafios da tutela coletiva. Brasília: CNJ, 2018. Disponível em: https://bibliotecadigital.cnj.jus.br/jspui/handle/123456789/290. Acesso em: 28 mar. 2021.

CONSELHO NACIONAL DE JUSTIÇA. CNJ, 2004. *Relatório Justiça em Números, ano 2004*. Disponível em: https://www.cnj.jus.br/pesquisas-judiciarias/justica-em- numeros/. Acesso em: 25 ago. 2019.

CONSELHO NACIONAL DE JUSTIÇA. CNJ, 2019. *Relatório Justiça em Números, ano 2019*. Disponível em: https://www.cnj.jus.br/pesquisas-judiciarias/justica-em- numeros/. Acesso em: 25 ago. 2019.

CONSELHO NACIONAL DE JUSTIÇA. INSPER. *A judicialização de benefícios previdenciários e assistenciais*. Brasília: CNJ, 2020. Disponível em: https://www.cnj.jus.br/wp-content/uploads/2020/10/Relatorio-Final-INSPER_2020-10- 09.pdf. Acesso em: 30 mar. 2021.

CONSELHO NACIONAL DE JUSTIÇA. *Justiça em números.* Brasília: CNJ, 2016. Disponível em: http://www.cnj.jus.br/files/conteudo/arquivo/2016/10/b8f46be3dbbff344931a93357991 5488.pdf. Acesso em: 10 out. 2017.

CONTROLADORIA-GERAL DA UNIÃO. CGU, 2019. *Relatório de Avaliação do Instituto Nacional do Seguro Social (INSS).* Disponível em: https://auditoria.cgu.gov.br. Acesso em: 03 mar. 2020.

COOK, Rebecca J.; CUSACK, Simone. *Gender stereotyping:* transnational legal perspectives. Philadelphia: University of Pennsylvania Press, 2011.

CORRÊA, Priscilla. *Direito e desenvolvimento*: aspectos relevantes do judiciário brasileiro sob a ótica econômica. Conselho da Justiça Federal, Centro de Estudos Judiciários. 2014.

COSTA JR., Álvaro Pereira Sampaio da Costa. 2007. *Judiciário e agências reguladoras*: a judicialização da política regulatória no Brasil sob a perspectiva do neoinstitucionalismo. Dissertação apresentada ao Instituto de Ciência Política da Universidade de Brasília. Brasília, 2007.

COSTA NETO, Pedro Luiz de Oliveira. Estatística. 2. ed. São Paulo: Editora Edgard Blücher, 2002.

COUSO, Javier A. The Changing Role of Law and Courts in Latin America: From an Obstacle to Social Change to a Tool of Social Equity. *In:* GARGARELLA, Roberto. *Courts and Social Transformation in New Democracies*: An Institutional Voice for the Poor? Taylor and Francis. Edição do Kindle. 2006.

COUTINHO, Diego R. *Direito, desigualdade e desenvolvimento.* São Paulo: Saraiva. 2013.

COUTINHO, Diogo R. O direito nas políticas públicas. *In:* MARQUES, E.; FARIA, C. A. *A política pública como campo multidisciplinar.* São Paulo: Editora Unesp, 2013, p. 181-200.

COUTINHO, Diogo R. O direito nas políticas sociais brasileiras: um estudo do Programa Bolsa Família. *In:* SCHAPIRO, Mario G.; TRUBEK, David (Orgs.). *Direito e desenvolvimento* – um diálogo entre os Brics. São Paulo: Saraiva 2012.

COUTINHO, Diogo R. O direito econômico e a construção institucional do desenvolvimento democrático. *REI-Revista Estudos Institucionais,* v. 2, n. 1, 2016, p. 214-262.

COUTINHO, Diogo R. Direito e institucionalismo econômico: apontamentos sobre uma fértil agenda de pesquisa. *Revista de Economia Política,* v. 37, n. 3, jul.-set./2017, p. 565-586.

COUTINHO, Diogo R; FERRAZ, Otávio Luiz Motta. Direitos Sociais e ativismo judicial. *Valor Econômico,* Caderno Legislação, 27 out. 2008, p. 2.

CRAMER, Katherine J. *The politics of resentment*: rural consciousness in Wisconsin and the rise of Scott Walker. Chicago; London: University of Chicago Press, 2016.

CRUZ, Marcos Paulo Mesquita da; SILVA, Vitor Hugo Miro Couto; CAMPOS, Robério Telmo; OLIVEIRA, Celina Santos de; BEZERRA, Arley Rodrigues. Diferenciais de rendimentos entre atividades agrícolas e não agrícolas no meio rural nordestino. *Revista de Desenvolvimento Econômico – RDE,* Salvador, v. 2, n. 43. Agosto de 2019, p. 201-231. Disponível em: https://revistas.unifacs.br/index.php/rde/article/download/6018/3953. Acesso em: 29 mar. 2021.

CUNHA, Armando. Os desafios ao Estado, à governança e à gestão pública: explorando ideias para subsidiar os esforços da reforma da gestão nas organizações do Poder Judiciário. *In:* CUNHA, José Ricardo (Org.). *Poder judiciário, novos olhares sobre a gestão e jurisdição.* Rio de Janeiro: Fundação Getúlio Vargas Editora, 2010.

CUNHA, Eleonora Schettini Martins; ARAÚJO, Carmem E. Leitão. *Process tracing nas ciências sociais*: fundamentos e aplicabilidade. Brasília: Enap, 2018.

CUNHA, José Ricardo. (Org.). *Poder judiciário*: novos olhares sobre gestão e jurisdição. Rio de Janeiro: Editora FGV, 2010.

CUNHA, Luciana Gross. Juizado Especial Cível e a democratização do acesso à justiça. *Apresentação 28º Encontro Anpocs*. 2004. Disponível em: https://www.anpocs.com/index. php/papers-28-encontro/st-5/st05-4/3925-lcunha-juizado/file. Acesso em: 12 de fev. 2021.

CUNHA, Luciana Gross; FRANCO, Ivan Candido da Silva de. O CNJ e os discursos do direito e desenvolvimento. *Revista Direito GV*, vol. 9, n. 2, 2013. Disponível em: https://www.scielo.br/scielo.php?script=sci_arttext&pid=S1808-24322013000200006&lng=pt&tlng=pt. Acesso em: 28 abr. 2021.

DA ROS, Luciano. O custo da Justiça no Brasil: uma análise comparativa exploratória. *Newsletter – Observatório de elites políticas e sociais do Brasil*, v. 2, n. 9, 2015. Disponível em: http://observatoryelites.org/wpcontent/uploads/2012/06/newsletter-Observatorio-v.-2-n.-9. pdf. Acesso em: 07 mar. 2016.

DA ROS, Luciano; TAYLOR, Matthew MacLeod. Juízes eficientes, judiciário ineficiente no Brasil pós-1988. *BIB*, São Paulo, n. 89, 2019, p. 1-31.

DANIEL, Camila. When I discovered I was índia: racialization processes in the migratory experiences of eruvians in Rio Janeiro. *Revista Vibrant*, 2020.

DELGADO, Lucília de Almeida Neves. O governo João Goulart e o golpe de 1964: memória, história e historiografia. *Tempo – Revista do Departamento de História da UFF*. v. 14, n. 28, 2010, p. 123-143.

DEWEY, John. *The public and its problems*: an essay in political inquiry. Ohio University Press. Edição do Kindle. [1946]. 2016.

DIEESE. DEPARTAMENTO INTERSINDICAL DE ESTATÍSTICA E ESTUDOS SOCIO-ECONÔMICOS. *O mercado de trabalho assalariado rural brasileiro*. Estudos e Pesquisas nº 74, ano 2014.

DIMOULIS, Dimitri. Uma visão crítica do neoconstitucionalismo. *In*: LEITE, George Salomão; LEITE, Glauco Salomão (Orgs.). *Constituição e efetividade constitucional*. Salvador: Juspodivm, 2008, p. 43-59.

DINO, Flávio. Entrevista concedida ao site Consultor Jurídico. 09 jul. 2002. Disponível em: https://www.conjur.com.br/2002-jul-09/ajufe_substitutivo_prejudica_juizados_especiais. Acesso em: 20 maio 2021.

DOMINGO, Pilar; SIEDER, Rachel (Ed.). *Rule of law in Latin America*: the international promotion of judicial reform. Londres: British Library Cataloging, 2001.

DUBOIS, Vincent. *The bureaucrat and the poor*: encounters in French welfare offices. Routledge, 2010.

DWORKIN, Ronald. *Law's Empire*. Cambridge: Harvard University Press, 1986.

DWORKIN, Ronald. *Taking rights seriously*. Cambridge: Harvard University Press, 1977.

EIRÓ, Flávio. *O Programa Bolsa Família e os pobres "não-merecedores"*: poder discricionário e os limites da consolidação de direitos sociais. 41º Encontro Anual da Anpocs, GT 25 – Políticas públicas, ano 2017.

EKLAND-OLSON, Sheldon; MARTIN, Steve J. Organization compliance with court-ordered reform. *Law & Society Review*, v. 22, n. 2, 1988, p. 359-384.

ELLIS, Kathryn. *Personalisation and adult social work*: recasting professional discretion at the street level? Understanding street-level bureaucracy, Policy Press. Edição do Kindle. 2015.

EPP, Charles R. *The rights revolution:* lawyers, activists, and supreme courts in comparative perspective. Chicago: The Chicago University Press, 1998.

EPSTEIN, Lee. Some thoughts on the study of judicial behavior. *Wm. & Mary L. Rev.*, 57, 2015, p. 2017-2074.

EPSTEIN, Lee; KNIGHT, Jack. Reconsidering judicial preferences. *Annual Review of Political Science*, v. 16, 2013, p. 11-31.

EPSTEIN, Lee; LANDES, William; POSNER, Richard. *The Behavior of Federal Judges*. Harvard University Press. Edição do Kindle. 2013.

ESPING-ANDERSEN, Gosta. *The three worlds of welfare capitalism*. Princeton, Princeton University Press, 1990.

EVANS, Tony; HARRIS, John. Street-Level Bureaucracy, Social Work and the (Exaggerated) Death of Discretion. *The British Journal of Social Work*, vol. 34, n. 6, 2004.

FACIO, Alda. Metodologías para el análisis de género del fenómeno legal. *In*: SANTAMARÍA, R. A.; SALGADO, J.; VALLADARES, L. (comp.). *El género en el derecho*. Ensayos críticos. Equador: Ministério de Justicia y derechos humanos, 2009.

FARACO, Alexandre D.; PEREIRA NETO, Caio Mario da Silva; COUTINHO, Diogo R. A judicialização de políticas regulatórias de telecomunicações no Brasil. *RDA – Revista de Direito Administrativo*, Rio de Janeiro, v. 265, p. 25-44, jan./abr. 2014.

FEFERBAUM, Marina; QUEIROZ, Rafael Mafei Rabelo (Coord.). *Metodologia da pesquisa em direito*: técnicas e abordagens para elaboração de monografias, dissertações e teses. 2. ed. São Paulo: Saraiva, 2019.

FERNANDEZ, M.; GOMES NETO, J. M. W. Judicialização, policy e modelos formais explicativos: uma proposta para compreender as decisões judiciais em matéria de políticas públicas. *Estudos de Sociologia*, Araraquara, v. 23, n. 45, 2018, p. 29-57.

FERRAZ, Octávio Luiz Motta. Health inequalities, rights, and courts: the social impact of the judicialization of health. *In:* YAMIN, Alicia Ely; GLOPPEN, Siri (Ed.). *Litigating health rights:* can courts bring more justice to health? Human Rights Program Series, Harvard Law School. Harvard University Press, 2011, p. 76-102.

FERRAZ, Octávio Luiz Motta. *Between usurpation and abdication?* The right to health in the courts of Brazil and South Africa. 2009. Disponível em: http://ssrn.com/abstract=1458299. Acesso em: 20 abr. 2021.

FERRAZ, Octávio Luiz Motta. *Health as a human right*. The Politics and Judicialisation of Health in Brazil. Cambridge: Cambridge University Press, 2021.

FERRAZ, Octávio Luiz Motta. Para equacionar a judicialização da saúde no Brasil. *Rev. direito GV*, n. 15, volume 3, 2019.

FERRAZ, Octávio Luiz Motta. The right to health in the courts of Brazil: Worsening health inequities? *Health and human rights*, v. 11, n. 2, 2009, p. 33-45.

FERRAZ, Octavio Luiz Motta; VIEIRA, Fabiola Sulpino. Direito à proteção da saúde, recursos escassos e equidade: os riscos da interpretação judicial dominante. *Dados – Revista de Ciências Sociais*, v. 52, n. 1, 2009, p. 223-251.

FERRAZ, Leslie S. *Acesso à justiça*: uma análise dos juizados especiais cíveis no Brasil. Rio de Janeiro: Editora FGV, 2010.

FERREIRA, Carlos Roberto Ferreira; SOUZA, Solange. As aposentadorias e pensões e a concentração dos rendimentos domiciliares per capita no Brasil e na sua área rural: 1991 a 2003. *Revista de Economia e Sociologia Rural*, v. 45, n. 4, p. 985-1011, 2007.

FERREIRA, Carlos Roberto. *Participação das aposentadorias e pensões na desigualdade da distribuição da renda no Brasil no período de 1981 a 2001*. Tese (Doutorado em Economia Aplicada). Universidade de São Paulo. 2003.

FIANI, Ronaldo. *Arranjos institucionais e desenvolvimento*: o papel da coordenação em estruturas híbridas. Texto para discussão IPEA nº1815. Rio de Janeiro: março, 2013.

FIGUEIREDO, Mariana Filchtiner; SARLET, Ingo Wolfgang. Reserva do possível, mínimo existencial e direito à saúde: algumas aproximações. *In*: SARLET, Ingo Wolfgang; TIMM, Luciano Benetti. *Direitos fundamentais, orçamento e "reserva do possível"*. 2. ed. Porto Alegre: Livraria do Advogado, 2010, p. 13-50.

FISS, Owen M. *The civil rights injunction*. Addison Harris Lecture. Indiana University Press, 1978.

FISS, Owen. The bureaucratization of the judiciary. *Yale Law Journal*, n. 92, ano 1983. Disponível em: https://digitalcommons.law.yale.edu/ylj/vol92/iss8/5. Acesso em: 20 set. 2020.

FONTAINHA, Fernando et al. *Metodologia da pesquisa*. Rio de Janeiro: FGV Direito Rio, 2013.

FREITAS, Vladimir Passos de. *O Poder Judiciário brasileiro no regime militar*. ConJur. 20 dez. 2009. Disponível em: https://www.conjur.com.br/2009-dez-20/segunda-leitura-poder-judiciario-brasileiro-regime-militar. Acesso em: 18 ago. 2021.

FROSSARD, Antônio Carlos. *Identidade do jovem rural confrontando com estereótipo de Jeca Tatu*. Um estudo qualitativo com os jovens da EFA Rei Alberto I. Dissertação apresentada na Faculdade de Ciências e Tecnologia da Universidade Nova de Lisboa para a obtenção do grau de Mestre em Ciências da Educação. Disponível em: https://run.unl.pt/handle/10362/393?locale=en. Acesso em: 11 jul. 2021. Ano 2003.

FULLER, Lon. The forms and limits of adjudication. *Harvard Law Review*, v. 92, 1978- 1979.

GALANTER, Marc. Access to Justice in a World of Expanding Social Capability. *Fordham URB. L.J.*, v. 37, n. 115, 2010.

GALANTER, Marc. Acesso à justiça em um mundo de capacidade social em expansão. *Revista Brasileira de Sociologia do Direito*, v. 2, n. 1, 2015, p. 37-49.

GALANTER, Marc. Why the "Haves" Come out Ahead: Speculations on the Limits of Legal Change. *Law & Society Review*, v. 9, n. 1, 1974, p. 95-160.

GALDINO, Flávio. *Introdução à teoria dos custos dos direitos*: direitos não nascem em árvores. Rio de Janeiro, Lúmen Juris, 2005.

GARCIA, Nicole. Prorural: a criação da previdência social rural no governo Médici. *Dia-logos*, Rio de Janeiro, v. 3, set. 2009, p. 147-158.

GARGARELLA, Roberto. *Courts and social transformation in new democracies*: an institutional voice for the poor? Taylor and Francis. Edição do Kindle. 2006.

GARGARELLA, Roberto. Latin American Constitutionalism: the engine room of the constitution. *In:* NINO, Santiago. *The Debate Over Constitutional Reform in Latin America.* Oxford University Press, EUA, 2013.

GARGARELLA, Roberto. *The legal foundations of inequality*: constitutionalism in the Americas, 1776-1860. Cambridge University Press, 2010.

GARGARELLA, Roberto; ROUX, Theunis; DOMINGO; Pilar (Ed.). *Courts and social transformation in new democracies*: an institutional voice for the poor? Inglaterra: Routledge, 2016.

GARTH, Bryant; CAPPELLETTI, Mauro. *Acesso à justiça*. Porto Alegre: Sergio Antonio Fabris, 1988.

GAURI, Varun; BRINKS, Daniel M. *Courting social justice*. Cambridge: Cambridge University Press, 2008.

GERRING, John. *Case study research:* principles and practices. Cambridge: Cambridge University Press, 2007.

GIAMBIAGI, Fabio; TAFNER, Paulo. *Previdência Social*: uma agenda de reformas. 2011. Disponível em: http://www.schwartzman.org.br/simon/agenda4.pdf. Acesso em: 22 fev. 2019.

GIANNATTASIO, Arthur Roberto Capella; ASPERTI, Maria Cecília de Araujo; SILVA, Paulo Eduardo Alves da. Estudo de caso em previdenciário. *In:* GABBAY, Daniela Monteiro; CUNHA, Luciana Gross. (Orgs.). *Litigiosidade, morosidade e litigância repetitiva no judiciário*. Uma análise empírica. São Paulo: Saraiva, 2012, p. 53- 104.

GIBSON, J. L. From simplicity to complexity: The development of theory in the study of judicial behavior. *Political Behavior*, v. 5, n. 1, 1983, p. 7-49.

GICO JUNIOR, Ivo Teixeira. *A tragédia do judiciário*: subinvestimento em capital jurídico e sobreutilização do Judiciário. Tese (Doutorado em Economia). Universidade de Brasília, Brasília, 2012.

GIMÉNEZ, Francisca Pou. Judicial review and rights protection in Latin America: the debate on the regionalization of activism. RODRÍGUEZ-GARAVITO, César. *Law and society in Latin America*. Nova York: Routledge, 2015.

GINSBURG, Tom. *Judicial review in new democracies*: Constitutional Courts in Asian Cases. Cambridge: Cambridge Univ. Press, 2003.

GIOVANELLA, Lígia. *Entre o mérito e a necessidade*: análise dos princípios constitutivos do seguro social de doença alemão. Cad. Saúde Pública, Rio de Janeiro, 15(1):133-146, jan-mar, 1999.

GLOBEKNER, Osmir Antonio. Racionalidade econômica, escolhas trágicas e o custo dos direitos no acesso à saúde. *Revista Jurídica do Curso de Direito da UESC*, v. 119, 2017.

GLOPPEN, Siri. Litigation as a strategy to hold governments accountable for implementing the right to health. *Health and Human Rights*, v. 10, n. 2, 2008, p. 21- 36.

GLOPPEN, Siri; YAMIN, Alicia E. (Org.). *Litigating health rights:* can courts bring more justice to health? Human Rights Program Series, Harvard Law School. Harvard University Press, 2011.

GODOY, Gabriel Gualano de. *Asilo e hospitalidade*: sujeitos, política e ética do encontro. Tese (Doutorado em Direito Civil Constitucional; Direito da Cidade; Direito Internacional e Integração Econômica; Direi) – Universidade do Estado do Rio de Janeiro, Rio de Janeiro, 2016.

GOMES, Juliana Cesário Alvim. *Por um constitucionalismo difuso*: cidadãos, movimentos sociais e o significado da constituição. 2. ed. rev. e atual. Salvador: Editora Juspodivm, 2020.

GOMES, Sandra. O impacto das regras de organização do processo legislativo no comportamento dos parlamentares: um estudo de caso da Assembléia Nacional Constituinte (1987-1988). *Dados*, Rio de Janeiro, v. 49, n. 1, 2006, p.193-224.

GRYNSZPAN, Mario. *O período Jango e a questão agrária*: luta política e afirmação de novos atores. João Goulart: entre a memória e a história. Rio de Janeiro: Editora FGV, 2006, p. 57-77.

HAILBRONNER, Michaela. Transformative constitutionalism: not only in the global south. *American Journal of Comparative Law*, v. 65, n. 3, 2017.

HALL, Matthew E. Judicial Impact. *In:* EPSTEIN, L.; LINDQUIST, S. A. (Eds.). *The Oxford handbook of us judicial behavior*. Oxford: Oxford University Press, 2017.

HALLIDAY, Simon. The influence of judicial review on bureaucratic decision-making. *Public Law*, v. 1, 2000, p. 110-122.

HAM, Cristopher; HILL Michael. *The policy process in the modern capitalist state*. Londres, 1993.

HANSSEN, F. Andrew. The effect of judicial institutions on uncertainty and the rate of litigation: The election versus appointment of state judges. *The Journal of Legal Studies*, v. 28, n. 1, 1999, 205-232.

HARLOW, Carol. Administrative reaction to judicial review. *Public Law*, v. 116, 1976.

HARTMANN, Ivar; MOLHANO, Leandro Ribeiro. Judicialização do direito à saúde e mudanças institucionais no Brasil. *Revista de Investigações Constitucionais*, Curitiba, v. 3, n. 3, set./dez. 2016, p. 35-52.

HARTMANN, Monica E. *Judicial discretion and sentencing behavior*. 2009. Disponível em: https://ssrn.com/abstract=1355742. Acesso em: 20 mar. 2021.

HELFAND, Steven M.; ROCHA, Rudi; VINHAIS, Henrique E.F. Pobreza e desigualdade de renda no Brasil rural: uma análise da queda recente. *Pesquisa e Planejamento Econômico*, v. 39, n. 1, abr. 2009, p.59-80.

HELMKE, Gretchen; RIOS-FIGUEROA, Julio. Introduction: Courts in Latin America. *In:* HELMKE, Gretchen; RIOS-FIGUEROA, Julio. *Courts in Latin America*. Nova York: Cambridge University Press, 2011.

HERTOGH, Marc; HALLIDAY, Simon (org.). *Judicial review and bureaucratic impact*. Cambridge: Cambridge University Press, 2004.

HIGGINS, Richard S.; Rubin, Paul H. Judicial discretion. *The Journal of Legal Studies*, v. 9, n. 1, 1980, p. 129-138.

HILL, Michael; HUPE, Peter; BUFFAT; Aurelien. Introduction: defining and understanding street-level bureaucracy. *Understanding street-level bureaucracy*. Policy Press. Edição do Kindle. 2015

HILL, Michael; HUPE, Peter; BUFFAT; Aurelien. The New Constitutionalism and the Judicialization of Pure Politics Worldwide. *Fordham Law Review*, v. 75, n. 2, 2016, p. 721-53.

HIRSCHL, Ran. *Towards juristocracy*: the origins and consequences of the new constitutionalism. 2004.

HOFFMAN, Florian F.; BENTES, Fernando R. N. M. Accountability for social and economic rights in Brazil. *In*: GAURI, Varun; BRINKS, Daniel M. *Courting social justice*. Cambridge: Cambridge University Press, 2008, p. 100-145.

HOLMES, Stephen; SUSTEIN, Cass R. *The cost of rights*: why liberty depends on taxes. New York: W.W. Norton & Company Inc., 1999.

HOROWITZ, Donald L. *The courts and social policy*. Washington: The Brookings Institution, 1977.

https://doi.org/10.1111/j.1467-9299.2007.00650.x. Acesso em: 20 set. 2019.

HUGHES, James W.; SNYDER, Edward A. *litigation and settlement under the english and american rules*: theory and evidence. Chicago (EUA): University of Chicago Press, v. 38, n. 1, 2017, p. 225-250.

HUNEEUS, Alexandra; COUSO, Javier A.; SIEDER, Rachel (Eds.). *Cultures of legality*: judicialization and political activism in Latin America. Cambridge: Cambridge University Press, 2010.

HUPE, Peter. Dimensions of discretion: Specifying the Object of Street-Level Bureaucracy Research. *In*: *der moderne staat – dms*: Zeitschrift für Public Policy, Recht und Management, 6(2), 425-440, 2013.

HUPE, Peter; HILL, Michael. Street-level bureaucracy and public accountability. *Public administration*, n. 85 (2007).

IGREJA, Rebeca. O Direito como objeto de estudo empírico: o uso de métodos qualitativos no âmbito da pesquisa empírica em Direito. *In*: Machado, Maíra Rocha (Org.). *Pesquisar empiricamente o direito*. São Paulo: Rede de Estudos Empíricos em Direito, 2017.

INATOMI, Celly Cook. *As análises políticas sobre o judiciário*: lições da ciência política norte-americana. Campinas: Editora da Unicamp, 2020.

INATOMI, Celly Cook. *O acesso a justiça no Brasil*: a atuação dos Juizados Especiais Federais Civeis. 2009. 176 p. Dissertação (mestrado) – Universidade Estadual de Campinas, Instituto de Filosofia e Ciencias Humanas, Campinas. Disponível em: http://www.repositorio.unicamp.br/handle/REPOSIP/281644. Acesso em: 14 ago. 2018.

INSTITUTO BRASILEIRO DE GEOGRAFIA E ESTATÍSTICA (IBGE). *Censo Agro 2017*. Disponível em: https://censos.ibge.gov.br/agro/2017/. Acesso em: 02 set. 2020.

INSTITUTO BRASILEIRO DE GEOGRAFIA E ESTATÍSTICA (IBGE). PNAD/IBGE, ano 2009. Disponível em: https://biblioteca.ibge.gov.br/. Acesso em: 15 set. 2021.

ITURRALDE, Manuel. Access to constitutional justice in Colombia: opportunities and challenges for social and political change. *In*: MALDONADO, Daniel Bonilla (Ed.). *Constitutionalism of the Global South*: The Activist Tribunals of India, South Africa, and Colombia. Cambridge University Press, 2013.

JAMES, Simon. The political and administrative consequences of judicial review. *Public Administration*, v. 74, 1996, p. 613-637.

JASPER, James M. Introduction: Players and Arenas Formerly Known as the State. *In:* JASPER, James M.; DUYVENDAK, Jan Willem (Orgs.). *Breaking Down the State*. [s.l.]: Amsterdam University Press, 2015, p. 9–24.

JOHNSON, Charles A. Judicial decisions and organization change: some theoretical and empirical notes on state court decisions and state administrative agencies. *Law & Society*, v. 14, n. 1, 1979.

KAGAN, Robert. A. *American legalism*: the american way of law. Harvard University Press, 2001.

KAPISZEWSKI, Diana; MACLEAN, Lauren M.; READ, Benjamin L. Interviews, oral histories, and focus groups. *In:* KAPISZEWSKI, Diana; MACLEAN, Lauren M.; READ, Benjamin L. *Field research in political science practices and principles*. Cambridge: Cambridge University Press, 2015.

KAPISZEWSKI, Diana. *High courts and economic governance in Argentina and Brazil*. Cambridge: Cambridge University Press, 2012.

KAY, Stephen J. Unexpected privatizations: politics and social security reform in the southern Cone. *Comparative Politics*, v. 31, n. 4, jul. 1999, p. 403-422.

KEISER, Lael R. Understanding Street-Level Bureaucrats Decision Making: Determining Eligibility in the Social Security Disability Program. *Public Administration Review*, v. 70, n. 2, 2010, p. 247-257.

KENNEDY, David. The "rule of law," political choices, and development common sense. *In:* TRUBEK, DAVID M.; SANTOS, ALVARO. *The new law and economic development*: a critical appraisal. Cambridge University Press. Edição do Kindle. 2006.

KERSTENETZKY, Celia Lessa. *O estado do bem-estar social na idade da razão*: a reinvenção do estado social no mundo contemporâneo. Rio de Janeiro: Elsevier, 2012.

KING, Gary; KEOHANE, Robert; VERBA, Sidney. *Designing social inquiry*: scientific inference in qualitative research. Princeton University Press, 1994.

KING, Jeff A. The pervasiveness of polycentricity. *Public Law*, 2008, p. 101-124. KING, Jeff. Two ironies about American exceptionalism over social rights. *International Journal of Constitutional Law*, Volume 12, Issue 3, 2014.

KLARE, Karl. Legal culture and transformative constitutionalism. *South African Journal on Human Rights*, 1998.

KOBAYASHI, Bruce. Economics of litigation. *In:* PARISI, Francesco. (Ed.). *The Oxford handbook of law and economics*. Volume 3: Public Law and Legal Institutions. Oxford: Oxford University Press, 2017.

KOERNER, Andrei; FREITAS, Lígia Barros de. O Supremo na Constituinte e a Constituinte no Supremo. *Lua Nova*, São Paulo, v. 88, 2013, 141-184.

KOMESAR, Neil. *Imperfect alternatives*: choosing institutions in law, economics, and public policy. Chicago e Londres: The University of Chicago Press, 1994.

LALLEMENT, Dominique; MCMILLAN, Della; O'SULLIVAN, Kryan; PLANE, Patrick; SAVADOGO, Kimsey. *Evaluation of the comprehensive development framework (CDF)*: Burkina Faso case study (English). Washington (DC): Word Bank Group, 2003. Disponível em:

http://documents.worldbank.org/curated/en/705491468236986042/Evaluation-of-the-comprehensive-development-framework-CDF-Burkina-Faso-case-study. Acesso em: 27 ago. 2020.

LANDAU, David. The reality of social rights enforcement. *Harvard International Law Journal*, v. 53, n. 1, 2012, p. 189-248.

LANGA, Pius. Transformative constitutionalism. *Stellenbosch Law Review*, n. 351. Stellenbosch, 2006.

LENS, Vicki. Judge or bureaucrat? How administrative law judges exercise discretion in welfare bureaucracies. *Social Service Review*, v. 86, n. 2, 2012, p. 269-293.

LIMA, Roberto Kant. *Ensaios de antropologia e de direito*. Rio de Janeiro: Iumen juris. 2008.

LIPSKY, Michael. *Street-level bureaucracy*: dilemmas of the individual in public services. 30. ed. Russell Sage Foundation. Edição do Kindle. 1980.

LOPES, José Reinaldo Lima. *Direitos sociais*: teoria e prática. São Paulo: Método, 2006.

LOTTA, Gabriela S. *Implementação de políticas públicas*: o impacto dos fatores relacionais e organizacionais sobre a atuação dos burocratas de nível de rua no Programa Saúde da Família. Tese (Doutorado em Ciência Política). Universidade de São Paulo, São Paulo, 2010.

LOWI, Theodore. Four Systems of policy, politics, and choice. *Public Administration Review*, 33, 298–310, 1972.

LUPION, Bruno. Por que o Brasil tem tantos advogados. *Nexo Jornal*. 02 jan. 2017. Disponível em: https://www.nexojornal.com.br/expresso/2017/01/02/Por-que-o-Brasil-tem-tantos-advogados. Acesso em: 10 out. 2018.

MACEY, Jonathan R. Judicial preferences, public choice, and the rules of procedure. *The Journal of Legal Studies*, v. 23, 1994, p. 627-646.

MACHADO, Maíra R. *Pesquisar empiricamente o direito*. São Paulo: Rede de Estudos Empíricos em Direito, 2017.

MACHADO, Marina Amaral de Ávila *et al*. Judicialização do acesso a medicamentos no Estado de Minas Gerais, Brasil. *Rev. Saúde Pública*, v. 45, n. 3, 2011, p. 590-598.

MACIEL, Débora Alves; KOERNER, André. Sentidos da judicialização da política: duas análises. *Lua Nova: revista de cultura e política*, v. 57, 2002, p. 113-133.

MÆSTAD, O.; RAKNER, L.; MOTTA FERRAZ, O. Assessing the impact of health rights litigation: a comparative analysis of Argentina, Brazil. Colombia, Costa Rica India and South Africa. *In:* GLOPPEN, S.; YAMIN, A. *Litigating Health Rights*. Cambridge: Harvard University Press, 2011.

MAESTAD, Ottar *et al*. How does litigation affect health financing? *In:* WORLD HEALTH ORGANIZATION. *The World Health Report, Health Systems Financing*, 2010. Disponível em: http://cdrwww.who.int/healthsystems/topics/financing/healthreport/LitigationTB15pdf.pdf. Acesso em: 18 mar. 2018.

MALLET, Sean J. Judicial discretion in sentencing: a justice system that is no longer just? *Victoria University of Wellington Legal Research Paper*, Student/Alumni Paper n. 37, 2015. Disponível em: https://ssrn.com/abstract=2654118. Acesso em: 21 jul. 2019.

MALLOY, James M. *A política da previdência social no Brasil*. Imprenta: Rio de Janeiro, Graal, 1986.

MARANHÃO, Rebecca Lima Albuquerque; VIEIRA FILHO, José Eustáquio Ribeiro. *Previdência rural no Brasil*. IPEA Texto para Discussão nº 2404. Agosto de 2018.

MARINHO, Carolina Martins. *Justiciabilidade dos direitos sociais*: análise de julgados do direito à educação sob o enfoque da capacidade institucional. Dissertação (Mestrado em Direito). Universidade de São Paulo, São Paulo, 2009.

MARINHO, Emerson; ARAÚJO, Jair. Pobreza e o sistema de seguridade social rural no Brasil. *Revista Brasileira de Educação*. Rio de Janeiro v. 64 n. 2, p. 161-74, 2010.

MARQUES, Eduardo César Leão. Em busca de um objeto esquecido: A política e as políticas do urbano no Brasil. *Revista Brasileira de Ciências Sociais*, v. 32, n. 95. 2017.

MARSHALL, T. H. *Cidadania, classe social e status*. Rio de Janeiro: Zahar, 1967.

MAXWELL, Joseph A. *Collecting qualitative data*: a realist approach. Uwe Flick. The SAGE Handbook of Qualitative Data Collection, 2018.

MCCORMICK, Neil. *Rhetoric and the rule of law*: a theory of legal reasoning. Oxford University Press, 2005.

MELISH, Tara J. *The Inter-American Court of Human Rights Beyond Progressivity*. New York: Cambridge Univ. Press, M. Langford, 2006.

MENDES, Conrado Hübner. *Constitutional courts and deliberative democracy*. OUP Oxford. Edição do Kindle, 2013.

MENDES, Conrado Hübner. *Direitos fundamentais, separação de poderes e deliberação*. São Paulo: Saraiva, 2011.

MENEZES, Julio. Law and absolute poverty. *Valparaíso University Law Review*, n. 15, 1981, p. 343-370.

MILESKI, Maureen. Courtroom Encounters: an observation study of a lower criminal court. *Law & Society Review*, v. 5, n. 4, 1971, p. 473-538.

MINKLER, Lanse; PRAKASH, Nishith. The role of constitutions on poverty: a cross-national investigation. *Journal of Comparative Economics*, v. 45, n. 3, 2017, p. 563-581.

MOREIRA JR., Adilson. *Tratado de direito antidiscriminatório*. São Paulo: Contracorrente, 2020.

MOREIRA, Marcelo Sevaybricker; SANTOS, Ronaldo Teodoro dos. Cidadania regulada e Era Vargas: a interpretação de Wanderley Guilherme dos Santos e sua fortuna crítica. *Estudos históricos*, Rio de Janeiro, v. 33, n. 71, 2020, p.539-558.

MORIN, Edgard. *La Méthode*. France: Editions du Seuil. 1977.

MUSHENO, Michael; MAYNARD-MOODY, Steven. *"Playing the rules"*: discretion in social and policy context. Understanding street-level bureaucracy. Policy Press. Edição do Kindle. 2015.

NEITZ, Michele Benedetto. *Socioeconomic Bias in the Judiciary*, 61 Clev. St. L. Rev. 137. Disponível em: https://engagedscholarship.csuohio.edu/clevstlrev/vol61/iss1/6. Ano 2013.

NERI, Eveline; GARCIA Lorely. Atrizes da roça ou trabalhadoras rurais: o teatro e a fachada para obtenção da aposentadoria especial rural. *Revista Sociedade e Estado*, v. 32, n. 3, setembro-dezembro de 2017, p. 701-724.

NEWTON, Scott. Dialetics of Law and Development. *In:* TRUBEK, David M.; SANTOS, Alvaro (Orgs.). *The New Law and Economic Development*. Cambridge: Cambridge University Press, 2006.

NOBRE, Marcos. Apontamentos sobre a Pesquisa em Direito no Brasil. *Novos Estudos CEBRAP*, São Paulo, n. 66, jul. 2003.

NOBRE, Marcos. Apontamentos sobre a pesquisa em direito no Brasil. *Cadernos Direito GV 2009*. Escola de Direito de São Paulo. Disponível em: http://bibliotecadigital.fgv.br/dspace/handle/10438/2779. Acesso em: 16 set. 2021.

NUNES, Edson de Oliveira. *A gramática política do Brasil*: clientelismo e insulamento burocrático. 5. ed. Rio de Janeiro: Garamond Universitária, 2017.

O'DONNELL, Guillermo. *The rule of law and the unprivileged in Latin America*. Méndez, Juan, O'Donnell, Guillermo e Pinheiro, Paulo Sérgio (orgs.). Notre Dame: University of Notre Dame Press, 1998.

OHNESORGE, John K. M. The Rule of Law. *Univ. of Wisconsin legal studies research paper series*, Paper N. 1051, Agosto 2007. Disponível em: https://ssrn.com/abstract=1006093. Acesso em: 28 mar. 2021.

OLIVEIRA, Alexandre Vidigal de. Justiça Federal: Evolução Histórico-Legislativa e a Trajetória em seus 50 Anos. *Revista CEJ*, Brasília, ano XXI, n. 72, 2017, p. 95-101.

OLIVEIRA, Fabiana Luci de; SILVA, Virgínia Ferreira da. Processos judiciais como fonte de dados: poder e interpretação. *Sociologias*, Porto Alegre, v. 7, n. 13, jan/jun 2005, p. 244-259.

OLIVEIRA, Regis Fernandes. *Curso de direito financeiro*. 4. ed. São Paulo: Revista dos Tribunais, 2011.

OLIVEIRA, Vanessa Elias de. (Org.). *Judicialização de políticas públicas no Brasil*. Editora Fiocruz, 2019.

OLIVEIRA, Vanessa Elias; NORONHA, Lincoln. Judiciary-Executive relations in policy making: the case of drug distribution in the state of São Paulo. *Brazilian Political Science Review*, v. 5, n. 2, 2011, p. 10-38.

OLLAIK, Leila Giandoni; ZILLER, Henrique Moraes. *Concepções de validade em pesquisas qualitativas*. Educação E Pesquisa, 38(1), 2012.

OPEN SOCIETY FOUNDATIONS (OSF). *Strategic litigation impacts*. Insights from global experience. Open Society Justice Initiative. 2018.

PAIVA, Luis Henrique; STIVALI, Matheu; RANGEL, Leonardo Alves. *devemos unificar as idades de elegibilidade das previdências urbana e rural?* Brasília, IPEA, 2018. Disponível em: https://www.ipea.gov.br/portal/index.php?option=com_content&view=article&id=34444. Acesso em: 18 ago. 2021.

PARRA-VERA, Oscar. La Juscuabilidad de Los Derechos Económicos, Sociales y Culturales en el Sistema Interamericano a la Luz del Artículo 26 de la Convención Americana em Sentido y la Promesa de Caso Lagos Del Campo. *In*: PIOVESAN, Flávia; VON BOGDANDY, Armin; ANTONIAZZI, Mariela Morales (Org.). *Constitucionalismo transformador, inclusão e direitos sociais*. Salvador: Juspodvm, 2019, p. 263-308.

PEREIRA, Caroline Nascimento; CASTRO, César Nunes de. *Educação no meio rural*: diferenciais entre o rural e o urbano. Ipea. Texto para discussão nº 2632. Brasília: março de 2021.

PEREIRA, Jane Reis Gonçalves. O Judiciário como impulsionador dos direitos fundamentais: entre fraquezas e possibilidades. *RFD-Revista da Faculdade de Direito da UERJ*, v. 29, 2016, p. 127-157.

PEREIRA, Jane Reis Gonçalves. *Interpretação constitucional e direitos fundamentais*. 2. ed. São Paulo: Saraiva Educação, 2018.

PEREIRA, Jane Reis Gonçalves. Direitos sociais, estado de direito e desigualdade: reflexões sobre as críticas à judicialização dos direitos prestacionais. *Quaestio Juris*, Rio de Janeiro, v. 9, n. 3, 2015, p. 2080-2114.

PEREIRA, Jane Reis Gonçalves; OLIVEIRA, Renan Medeiros de. Hércules, Hermes e a Pequena Sereia: uma reflexão sobre estereótipos de gênero, subpresentação das mulheres nos tribunais e (i) legitimidade democrática do poder judiciário. *Rev. Bras. Polít. Públicas*, Brasília, v. 8, n. 2, 2018, p. 877-910.

PEREIRA, Januária Ramos; SANTOS, Rosana Isabel dos; NASCIMENTO JUNIOR, José Miguel; SCHENKEL, Eloir Paulo. Análise das demandas judiciais para o fornecimento de medicamentos pela Secretaria de Estado da Saúde de Santa Catarina nos anos de 2003 e 2004. *Ciênc. saúde coletiva*, v. 15, n. 3, 2010, p. 3551-3560.

PEREIRA, Marcos. *Definição de estereótipos*. 5 jul. 2008. Disponível em: https://estereotipos.net/2008/07/05/definicao-de-estereotipos/. Acesso em: 10 out. 2020.

PIERSON, Paul. *Post-industrial pressures on the mature welfare states*. Oxford: Oxford University Press, 2001.

PINHEIRO, Armando Castelar. *Judiciário e economia no Brasil*. Editora Sumaré, 2000.

PIOVESAN, Flávia. Proteção Constitucional dos direitos sociais: jurisprudência emblemática do Supremo Tribunal Federal sob a perspectiva multinível. *In:* PIVESAN, Flávia; VON BOGDANDY, Armin; ANTONIAZZI, Mariela Morales (Org.). *Constitucionalismo transformador, inclusão e direitos sociais*. Salvador: Juspodvm, 2019, p. 625-656.

PIRES, Roberto. Introdução. *In: Implementando Desigualdades*: reprodução de desigualdades na implementação de políticas públicas. Rio de Janeiro: Ipea, 2019.

PIRES, Roberto; LOTTA, Gabriela; OLIVEIRA, Vanessa Elias de. *Burocracias e políticas públicas no brasil*: interseções analíticas. Brasília: Ipea; Enap, 2018.

PISTOR, Katharina; WELLONS, Philip A. *The role of law and legal institutions in asian economic development 1960-1995*. Nova York: Oxford University Press, 1999.

POMPEIA, Caio. *Formação política do agronegócio*. São Paulo: Elefante, 2021. PORTILLO, Shannon; RUDES, Danielle S. Construction of Justice at the Street Level. *Annu. Rev. Law Soc. Sci.*, v. 10, 2014, p. 321-34.

POSNER, Richard. *How judges think*. Cambridge: Harvard University Press, 2010.

POSNER, Richard. *Economic analysis of law*. 9. ed. Aspen Publishers, 2014.

POUPART, Jean. A entrevista de tipo qualitativo: considerações epistemológicas, teóricas e metodológicas. *In:* POUPART, J. *et al*. *A pesquisa qualitativa*: enfoques epistemológicos e metodológicos. Trad. Ana Cristina Nasser. Petrópolis: Vozes, 2012.

PRADO, Mariana Mota. O paradoxo das reformas do estado de direito: quando reformas iniciais se tornam obstáculos para reformas futuras. *Rev. Sociol. Polít.*, v. 21, n. 45, 2013, p. 73-90.

PRADO, Mariana Mota. The debatable role of courts in Brazil's Health care system: does litigation harm or help? *Journal of Law, Medicine and Ethics*, v. 41, n. 1, 2013, p. 124-137. ressman, Jeffrey L.; Wildavsky, and Aaron B. *Implementation: How Great Expectations in Washington Are Dashed in Oakland*. Berkeley: University of California Press, 1973.

PRIEST, G. L.; KLEIN, B. The selection of disputes for litigation. *The Journal of Legal Studies*, v. 13, n. 1, 1984, p. 1-55.

PRILLAMAN, William C. *The judiciary and democratic decay in Latin America*: declining confidence in the rule of law. Westport: Praeger Publishers, 2000.

PRITCHETT, C. HERMAN. *The Roosevelt court*. New York: Macmillan Company, 1948.

RATHBUN, Brian Christopher. Interviewing and qualitative field methods: pragmatism and practicalities. *In:* BOX-STEFFENSMEIER, Janet M.; BRADY, Henry E.; COLLIER, David (Ed.). *The Oxford handbook of political methodology*. Oxford: Oxford University Press, 2008.

RENK, Arlene. Uns trabalham e outros lutam: brasileiros e a luta na erva. *Novos horizontes antropológicos*. Porto Alegre, ano 6, n. 14, p. 239-258, nov. 2000.

RESNIK, Judith. Managerial Judges. *Harvard Law Review*, n. 374, 1982.

REZENDE, Maurício Corrêa. 2018

RIBEIRO, Leandro Molhano; ARGUELHES, Diego Werneck. Contextos da judicialização da política: novos elementos para um mapa teórico. *Direito GV L. Rev.*, v. 15, n. 1, 2019, p. 3-21.

RIBEIRO, Leandro Molhano; HARTMANN, Ivar Alberto. Judicialização do direito à saúde e mudanças institucionais no Brasil. *Rev. Investig. Const*, v .3, n. 3, 2016, p. 35-52.

RICHARDSON, Genevra; SUNKIN, Maurice. Judicial review: questions of impact. *Public Law*, n. 1, 1996, p. 79-103.

RICHARDSON, Roberto Jarry. *Pesquisa social*: métodos e técnicas. 4. ed. rev., atual. e ampl. São Paulo: Atlas, 2017.

RIOS, Roger Raupp. *Direito da antidiscriminação*. Porto Alegre: Editora Livraria do Advogado, 2008.

RÍOS-FIGUEROA, Julio; TAYLOR, Matthew M. Institutional Determinants of the judicialization of policy in Brazil and Mexico. *Journal of Latin American Studies*, v. 38, n. 4, 2006, p. 739-766.

RODRIGUES, Fabiana Alves. *Operação lava jato*: aprendizado institucional e ação estratégica. Dissertação (Mestrado em Ciência Política). Universidade de São Paulo, São Paulo, 2019.

RODRÍGUEZ-GARAVITO, César Rodriguez. Empowered Participatory Jurisprudence: Experimentation, Deliberation and Norms in Socioeconomic Rights Adjudication. *The Future of Economic and Social Rights*. Cambridge: Cambridge University Press. 2019.

RODRÍGUEZ-GARAVITO, César Rodriguez. *Juicio a la exclusión*: El impacto de los tribunales sobre los derechos sociales del Sur Global. Buenos Aires: Siglo XXI Editores, 2000.

RODRÍGUEZ-GARAVITO, César Rodriguez. Beyond the courtroom: The impact of judicial activism on socioeconomic rights in Latin America. *Texas Law Review*, v. 89, 2010, p. 1669-1698.

RODRÍGUEZ-GARAVITO, César Rodriguez. Remapping law and society in Latin America: Visions and topics for a new legal cartography. *In:* RODRÍGUEZ-GARAVITO, César. *Law and society in Latin America*. Nova York: Routledge, 2015.

RODRÍGUEZ-GARAVITO, César; RODRÍGUEZ-FRANCO, Diana. *Radical deprivation on trial*. The impact of judicial activism on socioeconomic rights in the global south. Cambridge: Cambridge University Press, 2015.

ROSEMBERG, Gerald N. The hollow hope: *Can courts bring about social change?* Chicago: Univesity of Chicago Press, 1991.

RUEDA, Pablo. Legal language and social change during Colombia's economic crisis. *In:* COUSO, Javier; HUNEEUS, Alexandra; SIEDER, Rachel (Ed.). *Cultures of legality:* Judicialization and political activism in Latin America. Cambridge: Cambridge University Press, 2010, p. 25-50.

SABATIER, P. Introduction: the need for better theories. *In:* SABATIER, P. (Org.). *Theories of the policy process.* Colorado: Westview Press, 2007, p. 3-20.

SABEL, Charles F.; SIMON, William H. Destabilization rights: how public law succeeds. *Harvard Law Review*, v. 117, n. 4, 2004, p. 1015-1101.

SADEK, Maria Tereza. *Litigiosidade, morosidade e litigância repetitiva no judiciário:* uma análise empírica. São Paulo: Saraiva, 2012.

SAFATLE, Cláudia. Justiça no Brasil é uma das mais caras do mundo. *Jornal Valor Econômico*. 30 set. 2015.

SANDEFUR, Rebecca *et al*. Access to justice and inequalities: an interview with Professor Rebecca Sandefur. *Revista Direito GV*, v. 16, n. 2, 2020, p. 2-25.

SANDEFUR, Rebecca L. Access to Civil Justice and Race, Class, and Gender Inequality. *Annual Review of Sociology*, v. 34, 2008, p. 339-358.

SANDIM, Tatiana; ASSIS, Marcos de. O arranjo institucional de implementação do PAIF e seus potenciais efeitos no cotidiano de operação do serviço: introduzindo questões para o debate. *In: Implementando desigualdades:* reprodução de desigualdades na implementação de políticas públicas. Rio de Janeiro: Ipea, 2019.

SANT'ANA, Ramiro Nóbrega. *A judicialização como instrumento de acesso à saúde*: propostas de enfrentamento da injustiça na saúde pública. 2017. Tese (Doutorado em Direito) – Instituto CEUB de Pesquisa e Desenvolvimento, Centro Universitário de Brasília. Brasília, 2017.

SANTOS, Pedro Felipe de Oliveira. Beyond Minimalism and usurpation: designing judicial review to control the mis-enforcement of socio-economic rights. *Wash. U. Global Stud. L. Rev.*, v. 18, 2019, p. 493-558.

SANTOS, Wanderley Guilherme dos. *Ordem burguesa e liberalismo político.* São Paulo: Duas Cidades, 1978.

SANTOS, Wanderley Guilherme dos. *Cidadania e justiça:* a política social na ordem brasileira. Rio de Janeiro: Campus, 1979.

SAPRU, R. K. *Public policy:* art and craft of policy analysis. New Delhi: PHI. Learning, 2011.

SARLET, Ingo Wolfgang. *A eficácia dos direitos fundamentais.* 6. ed. Porto Alegre: Livraria do Advogado, 2006.

SARLET, Ingo. O Tribunal Constitucional Federal da Alemanha e o direito ao ensino superior. *Conjur.* 5 jan. 2018. Disponível em: https://www.conjur.com.br/2018-jan-05/direitos-fundamentais-tribunal-constitucional-alemanha-direito-ensino-superior. Acesso em: 22 fev. 2021.

SARLET, Ingo; FIGUEIREDO, Mariana. Reserva do possível, mínimo existencial e direito à saúde: algumas aproximações. *Revista Brasileira de Direito Fundamentais & Justiça*. v. 1 n. 1 (1): Volume 1, número 1, outubro a dezembro de 2007.

SCAFF, Fernando Facury. Sentenças aditivas, direitos sociais e reserva do possível. *In:* SARLET, Ingo Wolfgang; TIMM, Luciano Benetti. *Direitos fundamentais, orçamento e "reserva do possível"*. 2. ed. Porto Alegre: Livraria do Advogado, 2010, p. 133-153.

SCHRITZMEYER, Ana Lúcia Pastore. Etnografia dissonante dos tribunais do júri. *Tempo Social*, v. 19, n. 2, 2007. Disponível em: http://www.scielo.br/scielo.php?frbrVersion=2&script=sci_arttext&pid=S0103-20702007000200004&lng=en&tlng=en. Acesso em: 22 jul. 2019.

SCHWARZER, Helmut. *Impactos socioeconômicos do sistema de aposentadorias rurais no Brasil* – evidências empíricas de um estudo de caso no Estado do Pará. Rio de Janeiro: Ipea, 2000 (Texto para Discussão, n. 729).

SECCHI, Leonardo. *Políticas públicas*: conceitos, esquemas de análise, casos práticos. São Paulo: Cengage Learning, 2012.

SEN, Amartya. *Desenvolvimento como liberdade*. São Paulo: Companhia das Letras, 1999.

SENTENCING PROJECT. *Racial justice report*. Disponível em: https://www.sentencingproject.org/issues/racial-disparity/ 2018. Acesso em: 15 set. 2021.

SEVERI, Fabiana Cristina. *Justiça em uma perspectiva de gênero*: elementos teóricos, normativos e metodológicos. *In:* Revista Digital de Direito Administrativo. vol. 3, n. 3, p. 574-601, 2016.

SHAPIRO, Martin. *Courts*. Chicago: University of Chicago Press. Edição do Kindle, 1981.

SHAPIRO, Martin. Judicial Review and Bureaucratic Impact: The Future of European Union Administrative Law. *Judicial review and bureaucratic impact*, v. 1667, n. 813, 2004.

SHAPIRO, Martin. *The Supreme Court and administrative agencies*. New York: The Free Press, 1968.

SHAPIRO, Martin; SWEET, Alec Stone. *On law, politics, and judicialization*. Oxford University Press. 2002.

SHAVELL, Steven. *Foundations of economic analysis of law*. Boston: Harvard University Press, 2009.

SIBAHI, Pedro. Governo nega aposentadoria a 260 mil trabalhadores rurais em 2019, recorde da década. *Repórter Brasil*. 17 mar. 2020. Disponível em: https://reporterbrasil.org.br/2020/03/governo-nega-aposentadoria-a-260-mil-trabalhadores-rurais-em-2019-recorde-da-decada%EF%BB%BF/ Acesso em: 04 maio 2021.

SIEDER, Rachel; SCHJOLDEN, Line; ANGELL, Alan (Ed.). *The judicialization of politics in Latin America*. Springer, 2016.

SIERRA, Vania. O poder judiciário e o serviço social na judicialização da política e da questão social. *SER Social*, Brasília, v. 16, n. 34, jan.-jun./2014, p. 30-45.

SILVA, Naiane Louback da. A judicialização do benefício de prestação continuada da assistência social. *Serviço Social & Sociedade*, n. 111, 2012, p. 555-575.

SILVA, Paulo Eduardo Alves da. Pesquisas em processos judiciais. *In:* Machado, Maíra Rocha (Org.). *Pesquisar empiricamente o direito*. São Paulo: Rede de Estudos Empíricos em Direito, 2017.

SILVA, Sandro Pereira da. *Panorama da produção acadêmica sobre alimentação escolar e agricultura familiar no Brasil*. Ipea. Texto para discussão 2656, maio 2021.

SILVA, Virgílio Afonso da. *Direitos fundamentais*: conteúdo essencial, restrições e eficácia. São Paulo: Melhoramentos, 2009.

SILVA, Virgílio Afonso da. Taking from the poor to give to the rich: the individualistic enforcement of social rights. In: *World Congress of the International Association of Constitutional Law*, 7, Atenas. 2008. Disponível em: www.enelsyn.gr/papers/w13/PaperbyProf.VirgilioAfonsodaSilva.pdf. Acesso em: 20 fev. 2021.

SILVA, Virgilio Afonso da; TERRAZAS, Fernanda Vargas. Claiming the right to health in Brazilian courts: the exclusion of the already excluded. *Law and Social Inquiry*, 2011.

SOARES, Fabio Veras. SOARES, Sergei; MEDEIROS, Marcelo; OSÓRIO, Rafael Guerreiro. *Programas de transferência de renda no brasil*: impactos sobre a desigualdade. Ipea. Texto para discussão nº 122. Brasília: outubro, 2006.

SOARES, Sergei. BARTHOLO, Letícia; OSORIO, Rafael Guerreiro. *Uma proposta para a unificação dos benefícios sociais de crianças, jovens e adultos pobres e vulneráveis*. Ipea. Texto para discussão nº 2505. Brasília: agosto, 2019.

SOARES, Sergei; SOUZA, Pedro H. G. Ferreira de; OSORIO, Rafael Guerreiro. PAIVA, Luís Henrique. *Os efeitos do programa bolsa família sobre a pobreza e a desigualdade*: um balanço dos primeiros quinze anos. Ipea. Texto para discussão nº 2499. Rio de Janeiro: agosto, 2019.

SPIRE, Alexis. 'L'asile au guichet' La dépolitisation du droit des étrangers par le travail bureaucratique. *Actes De La Recherche En Sciences Sociales*, v.4 n. 169, 2007, p. 4-21.

SPRIGGS, James F. The Supreme Court and federal administrative agencies: a resource-based theory and analysis of judicial impact. *American Journal of Political Science*, v. 40, n. 4, nov. 1996, p. 1122-1151.

STANLEY, Jason. *Como funciona o fascismo*. A política do "nós" e "eles". São Paulo: LP&M, 2020.

STEINMETZ, George. Reflections on the role of social narratives in work class formation: narrative theory in the social sciences. *Social Science History*, v. 16, n. 3, 1992, p. 489-516.

SUNKIN, M.; PICK, K. The changing impact of judicial review: the independent review service of the social fund. *Public law*, v. 4, 2001, p.736-762.

SUNSTEIN, Cass R. Against positive rights in Western Rights? *E. Eur. Const. Rev.*, v. 2, 1993, p. 225-232.

SUNSTEIN, Cass R. *Legal reasoning and political conflict*. Oxford: Oxford University Press, 1996.

TATE, C. Neal. *The global expansion of judicial power*. NYU Press. Edição do Kindle, 1995.

TAYLOR, Mattew M.; KAPISZEWSKI, Diana. Doing courts justice? Studying judicial politics in Latin America. *Perspectives on Politics*, v. 6, n. 4, 2008, p. 741-767.

TAYLOR, Matthew M. *Judging policy*: courts and policy reform in democratic Brazil. California: Stanford University Press, 2008.

TAYLOR, Matthew; KAPISZEWSKI, Diana. Compliance: Conceptualizing, measuring and explaining adherence to judicial rulings. *Law & Inquiry*, v. 38, n. 4, 2013, 803- 835.

TAYLOR, Matthew; KAPISZEWSKI, Diana. *A ausência de racionalidade da administração federal na utilização do poder judiciário*. Tese (Doutorado em Economia). Universidade Federal do Rio de Janeiro, Rio de Janeiro, 2017.

TAYLOR, Matthew; KAPISZEWSKI, Diana. *Abuso no acesso ao judiciário*: custos econômicos e sociais. Dissertação (Mestrado em Economia). Universidade Federal do Rio de Janeiro, Rio de Janeiro, 2010.

TERRA, José Luís Luvizetto. A (im)possibilidade de determinação judicial para a realização de Justificação Administrativa, com fixação de critérios judiciais de observância obrigatória. *Revista de Doutrina do TRF da 4ª Região*, 2009.

TIMM, Luciano Bentti. Qual a maneira mais eficiente de prover direitos fundamentais: uma perspectiva de direito e economia. *In:* SARLET, Ingo Wolfgang; TIMM, Luciano Benetti. *Direitos fundamentais, orçamento e "reserva do possível"*. 2. ed. Porto Alegre: Livraria do Advogado, 2010, p. 51-62.

TORRES, Ricardo Lobo. O mínimo existencial e os direitos fundamentais. *Revista de Direito Administrativo*, v. 177, 1989, p. 29-49.

TRF1. Justiça Federal prepara estrutura para mutirão que julgará 5,4 mil processos. *JusBrasil*. Disponível em: https://trf-1.jusbrasil.com.br/noticias/148870970/justica-federal-prepara-estrutura-para-mutirao-que-julgara-5-4-mil-processos. Acesso em: 30 jun. 2019.

TRIBUNAL DE CONTAS DA UNIÃO. TCU, 2018. Levantamento de Auditoria TC-017.878/2017-9. *Judicialização dos benefícios concedidos pelo INSS*. Disponível em: https://portal.tcu.gov.br/biblioteca-digital/judicializacao-de-beneficios-do- inss.htm . Acesso em: 17 ago. 2021.

TRIBUNAL REGIONAL FEDERAL DA 1ª REGIÃO (TRF1). *Justiça Federal prepara estrutura para mutirão que julgará 5,4 mil processos*. Disponível em: https://trf- 1.jusbrasil.com.br/noticias/148870970/justica-federal-prepara-estrutura-para-mutirao-que-julgara-5-4-mil-processos 2014. Acesso em: 13 abr. 2021.

TRUBEK, David M. Law and development: 40 years after scholars in self estrangement. *A Preliminary Review*. Univ. of Wisconsin Legal Studies Research Paper. University of Wisconsin Law School, n. 1255, 33 p. maio/2014. Disponível em: https://ssrn.com/abstract=2435190 ou http://dx.doi.org/10.2139/ssrn.2435190. Acesso em: 20 mar. 2021.

TRUBEK, David M.; SANTOS, Álvaro. *The Third moment in law and development theory and the emergence of a new critical Practice*. Georgetown Law Faculty Publications and Other Works, 2006.

TRUBEK, David. Unequal protection: thoughts on legal services, social welfare and income distribution in Latin America. *International Law Journal*, vol. 3, n. 2, 1978, p. 243-262.

TULLII, Marcela Silveira. *Para além da judicialização*: política pública da justiça no campo da saúde. Dissertação (Mestrado em Ciência Política). Universidade de São Paulo. São Paulo, 2017.

TURRA, Cassio M.; AFONSO, L.E. A consolidação da previdência social desde 1988 e seu futuro em um país em envelhecimento. *In:* MENDES, Gilmar; PAIVA, Paulo (Org.). *Políticas públicas no Brasil*: uma abordagem Institucional. 1. ed. São Paulo: Saraiva, 2017, p. 317-350.

TUSHNET, Mark. An essay on rights. *Texas Law Review*, volume 62, n. 08, 1994.

TUSHNET, Mark. *Weak courts, strong rights*. Judicial review and social welfare rights in comparative constitutional law. Princeton: Princeton University Press, 2008.

UPRIMNY, Rodrigo. Enforcement of social rights by the colombian constitutional court: cases and debates. In: GARGARELLA, Roberto; ROUX, Theunis. *Courts and social transformation in new democracies*: an institutional voice for the poor? (p. v). Taylor and Francis. Edição do Kindle. 2015.

VALADARES, Alexandre Arbex; GALIZA, Marcelo. Nota Técnica n. 25 (Disoc): *Previdência rural*: contextualizando o debate em torno do financiamento e das regras de acesso. Repositório de conhecimento do Ipea. Ano 2016. Disponível em: http://repositorio.ipea.gov.br/handle/11058/6516.

VASCONCELOS, Natália Pires de. *Mandado de segurança ou Ministério da Saúde?* Gestores, procuradores e respostas institucionais à judicialização. Tese de doutorado apresentada ao Programa de Pós-graduação em Direito do Estado, Faculdade de Direito, Universidade de São Paulo. Orientador Marcos Paulo Veríssimo. São Paulo, 2018.

VERÍSSIMO, Marcos Paulo. *A judicialização dos conflitos de justiça distributiva no Brasil*: o processo judicial pós-1988. Tese (Doutorado em Direito). Faculdade de Direito, Universidade de São Paulo, São Paulo, 2006.

VERONESE, Alexandre. *A judicialização da política na América Latina*: panorama do debate teórico contemporâneo. Ano 2008. Disponível em: http://rubi.casaruibarbosa.gov.br/bitstream/20.500.11997/17127/1/FCRB_Escritos_3_13_Alexandre_Veronese.pdf2008. Acesso em: 14 set. 2021.

VIANNA, Luiz Werneck et al. *A judicialização da política e das relações sociais no Brasil*. Rio de Janeiro: Revan, 1999.

VIEIRA, Fabiola Supino; ZUCCHI, Paola. Distorções causadas pelas ações judiciais à política de medicamentos no Brasil. *Revista Saúde Pública*, v. 41, n. 2, 2007, p. 214-222.

WANG, Daniel Liang; FERRAZ, Octavio Luiz Motta. Atendendo os mais necessitados? Acesso à justiça e o papel dos defensores e promotores públicos no litígio sobre direito à saúde na cidade de São Paulo. *Sur: Revista Internacional de Direitos Humanos*, v. 10, n. 18, 2013.

WANG, Daniel Wei L. *Social rights adjudication and the nirvana fallacy*. Disponível em: https://qmro.qmul.ac.uk/xmlui/handle/123456789/39504. Acesso em: 21 jul. 2019.

WANG, Daniel Wei L.; VASCONCELOS, Natália Pires de; OLIVEIRA, Vanessa Elias de; TERRAZAS, Fernanda Vargas. The impacts of health care judicialization in the city of Sao Paulo: public expenditure and federal organization. *Rev. Adm. Pública*. v. 48, n. 5, 2014, p. 1191-1206.

WANG, Daniel Wei Liang. *Can litigation promote fairness in healthcare?* The judicial review of rationing decisions in Brazil and England. Tese (Doutorado em Direito). Department of Law, London School of Economics, Londres, 2013a.

WANG, Daniel Wei Liang. Courts as healthcare policy-makers: the problem, the responses to the problem and problems in the responses. São Paulo Law School of Fundação Getulio Vargas Direito GV, *Research Paper Series Legal Studies*, Paper n. 75, 2013b.

WANG, Daniel Wei Liang. *Poder judiciário e participação democrática nas políticas públicas de saúde*. Dissertação (Mestrado em Direito). Faculdade de Direito, Universidade de São Paulo, São Paulo, 2009. Disponível em: http://www.teses.usp.br/teses/disponiveis/2/2134/tde-21062011-134507/. Acesso em: 18 mar. 2019.

WANG, Daniel Wei Liang. *Social rights adjudication and the nirvana fallacy*. 2018. Disponível em: https://dialnet.unirioja.es/servlet/articulo?codigo=6479888. Acesso em: 21 jul. 2019.

WANG, Daniel; VASCONCELOS, Natália Pires. Adjudicação de direitos e escolhas políticas na assistência social o STF e o critério de renda do BPC. *Novos Estudos CEBRAP*, n. 103, nov. 2015.

WEBER, Max. *The theory of social and economic organization*. Free Press. Edição do Kindle. 2009.

XIMENES, J. M. Judicialização dos benefícios de prestação continuada e impactos simbólicos na cidadania. *Pensar-Revista de Ciências Jurídicas*, v. 21, n. 2, 2016, p. 600-625. Disponível em: https://periodicos.unifor.br/rpen/article/viewFile/3647/pdf. Acesso em: 30 dez. 2019.

YAMIN, Alicia Ely. Power, Suffering and Courts. *In:* YAMIN, Alicia Ely; GLOPPEN, Siri (Eds.) *Litigating Health Rights*. Can Courts bring more justice to Health. Cambridge, Massachussets: Harvard University Press. 2011.

YAMIN, Alicia Ely; GLOPPEN, Siri (Eds.) *Litigating Health Rights*. Can Courts bring more justice to Health. Cambridge, Massachussets: Harvard University Press. 2011.

YANG, Crystal. Free at last? Judicial Discretion and Racial Disparities in Federal Sentencing. *Coase-Sandor Institute for Law & Economics*, Working Paper, n. 661, 2013.

YEUNG, Luciana. Demandas Repetitivas. *Escola Judicial do Tribunal Regional do Trabalho da 1ª Região*. 2019. Disponível em: https://www.trt1.jus.br/documents/21708/12030252/Demandas+Repetitivas/84ef6721-2dd6-ab5c-f6f5-154bb1b561da. Acesso em: 07 set. 2020.

YEUNG, Luciana. Jurimetria ou análise quantitativa de decisões judiciais. *In:* MACHADO, M. R. (Ed.). *Pesquisar empiricamente o direito*. São Paulo: Rede de Estudos Empíricos em Direito, 2017.

YIN, Robert K. *Estudo de caso*: planejamento e métodos. 5. ed. Porto Alegre: Bookman, 2015.

YOWELL, Paul. Empirical research in rights-based judicial review of legislation. *In:* ZIEGLER, K. S.; HUBER, P. M. (Eds.). *Current problems in the protection of human rights*: perspectives from Germany and the UK. Oxford: Hart Publishing. 2012.

ANEXO

Dados produzidos pelo Conselho Nacional de Justiça através de BusinessIntelligence (BI)

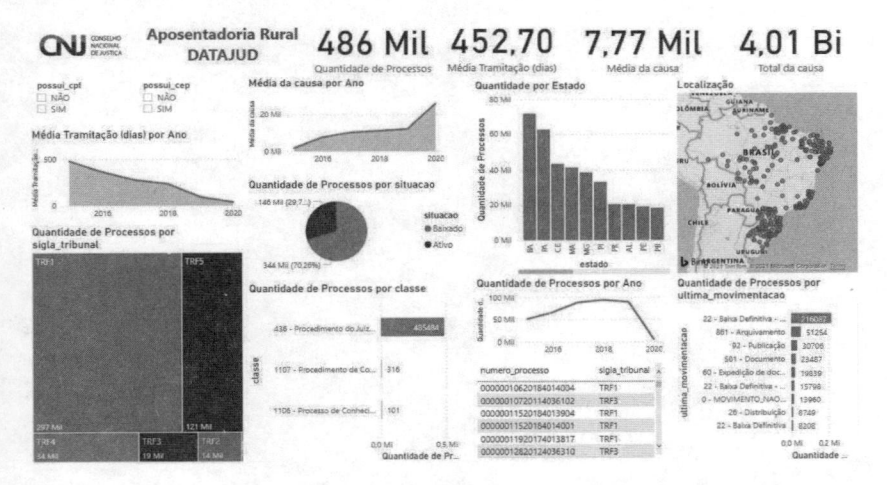

Disponível em: https://app.powerbi.com/view?r=eyJrIjoiZTkxZDk1NTEtMjY2ZC00MzI4LWIyZmEtZDE1ZmI5NDg1NWQxIiwidCI6ImFkOTE5MGU2LWM0NWQtNDYwMC1iYzVjLWVjYTU1NGNjZjQ5NyIsImMiOjJ9.

Esta obra foi composta em fonte Palatino Linotype, corpo 10
e impressa em papel Pólen Bold 70g (miolo) e Supremo 250g (capa)
pela Gráfica Paulinelli.